陈晨　赵民　著

中国城镇化发展中的人口流动研究

特征、机制与启示

上海人民出版社

本书列选同济大学 2024 年度文科精品力作培育计划,受中央高校基本科研业务费专项资金资助(项目编号 22120240528)。

序　言

人口迁移流动是城镇化研究绕不开的核心议题。在中国特色的城镇化进程中,城乡周期往返、非制度性的流动人口构成了独特的"中国现象",其规模之大、模式之复杂,偏离了西方城镇化发展的传统经验和理论阐释。本书由陈晨教授与赵民教授联袂呈现,既是两代学者学术传承的生动见证,更是中国本土城镇化理论研究创新成果的一次重要展示。赵民教授曾长期担纲同济大学城乡规划学科带头人,是国家级教学团队"城市与区域规划理论和方法"的首席专家,这项研究成果既延续了赵民教授领衔的学科团队几十年来在城乡规划领域深耕的学术脉络,又以陈晨教授青年学者的敏锐视角开辟了新的理论疆域。

学术薪火:两代学者的智慧接力

本书源自陈晨教授 2010—2015 年的博士论文工作,赵民教授作为导师展现出令人敬佩的学术胸襟——他始终鼓励青年学者突破既有框架,这种"甘为人梯"的育人精神,使得团队既保持学术传统的延续性,又孕育出创新的理论萌芽。两位作者较早提出了"经济家庭"的理论假说,指出中国农民家庭人口及劳动力的迁移方式由家庭收入增长期望、家庭存量和增量资产效用最大化的权衡所决定。但随着我国经济社会发展,现代中国农民家庭发展的目标和功能导向越来越复杂丰富,家庭城镇化的决定指标远非"经济"单一维度可解释,以市场化力量为核心的现代性进村带来了农民家庭策略的深刻变化,"家庭功能"逐渐开始主导家庭发展。因此,本书进行了从"经济家庭"到"功能家庭"的理论解释迭代,这种学术传承与创新的辩证关系,本身就是中国学术自主知识体系建设的微观缩影。

理论突破：三个维度的学术创新

本书构建的"特征分析—机制解释—理论建构—政策启示"四维分析框架，在三个方面实现了对西方研究的超越：在研究视角上，独创"家庭策略"分析单元，从流动人口的"经济家庭"行动策略假说分析，到"功能家庭"视角的中国新时期人口流动的内在机制分析；在解释系统上，将人口流动的微观家庭决策与宏观空间格局通过"生命周期"理论有机衔接，解释区域层面的人口迁移动态平衡；在学术观点上，提出"教育驱动城镇化"等具有中国特色的理论命题，解释流动人口迁移在不同行政层级区域与城市的分布特征与内在机制。特别值得关注的是对"县域城镇化悖论"的破解——通过功能家庭理论揭示出农民家庭在村镇、县城、大城市的"三元空间配置"逻辑，为理解中国城镇化的层级分化提供了全新钥匙，也对当前中国新型城镇化"分类推进以县城为重要载体的城镇化建设"的重要策略提供了路径支撑。

学术对话：双向镜鉴的桥梁价值

本书的学术贡献不仅体现在理论创新，更在于搭建起中外学术对话的双向通道。通过对 1987—2020 年长达三十余年的纵贯分析，本书清晰地呈现出中国城镇化道路与西方经典理论的"偏离点"：当西方城市化发展进程所产生的大量理论和经验规律在解释中国快速、大规模的人口流动现象时表现出一定的"水土不服"时，本书并未拘泥于通常加入制度等结构性影响因素的分析模式，而是认为市场力量作用下的个体理性决策对城镇化发展进程的影响被低估，并通过"功能家庭"策略和"周期性流动"等人口流动的微观动力机制分析来解释城镇化的整体图景。这些研究发现既为国际学界理解中国城镇化的特殊性提供了理论工具，也为国内政策制定者呈现了微观决策与宏观政策的互动路径。

实践启示：流动中国的治理智慧

在理论建构之外，本书的实证发现具有显著的政策价值。关于2010年以来中国人口流动家庭化、本地化和高等级城市导向的三大趋势分析，以及"教育驱动城镇化"的研究揭示了流动人口的家庭策略如何影响区域城镇体系的发展，这些发现为新型城镇化政策提供了精准施策的靶点。本书作者团队多年来对我国流动人口总体特征和空间格局演变特征的实证研究，以及对历次全国人口普查数据的深度挖掘，更使本书成为理解当今中国城镇化转型和新型城镇化发展的重要参考文献。

作为两位作者多年研究的集大成者，本书的价值不仅在于其丰硕的成果，更在于它展示了一条中国学术自主创新的可行路径：在扎根本土实践的基础上批判吸收国际理论，通过代际传承实现知识更新，最终形成具有全球意义的学术贡献。期待这部凝聚两代学者心血的著作，能够推动国内外学界重新审视中国城镇化的理论价值，为全球城市时代的治理变革提供东方智慧。

彭震伟

2025 年 8 月 17 日

目 录
contents

前　言

我国城镇人口中包含大量的城乡周期往返、非制度性的流动人口，这使得我国城镇化发展的特征经常偏离西方的经验和理论阐释。因此，对我国城镇化发展中的人口流动进行研究，既是为了认识中国城镇化发展的特征和规律，也是为了深化对城镇化的理论研究和策略探讨。基于这样的目标，笔者采用"特征分析—机制解释—理论建构—政策启示"的研究框架，在辨识结构性因素的前提下，着重从人口流动的微观动力机制角度解释我国城镇化的特征，包括与西方经验的比较，并诠释偏离原因，进而在理论和政策层面归纳我国城镇化研究的建树和意义，与此同时，为我国新时期的新型城镇化和以县城为载体的城镇化建设提供政策启示。

笔者考察了1987—2020年人口流动演进的总体状况，以及人口流动作用下的城镇化发展演变的特征，主要发现如下：一是全国层面的城乡人口流动存在农村劳动力转移和农村总人口转移的"不对称性"；与此相对，我国在较低的城镇化水平下迎来"刘易斯拐点"（或劳动力供求拐点），同时，城乡差距不是在收敛，而是仍在扩大。二是区域性人口流动的两端地区——主要流入/流出地的城镇化特征具有显著的"对偶性差异"，包括在主要人口流入地省份向500万人口以上特大城市集聚，在主要人口流出地省份则是向小城市和县城及镇区集聚；同时，人口流动的"本地化态势"逐渐凸显。三是与上述特征相对的，主要人口流入/流出地省份的经济发展并没有进入趋同的阶段，其城镇体系的发育状况也仍然存在较大的差异性。

相关研究通常从制度及结构的视角解释我国城镇化发展的特殊性，如户籍制度对人口流动的限制、劳动力市场的二元区隔等。诚然，这些解释均有一定的说服力，但笔者认为，在国家改革开放40多年后及"结构性安排"已经发生了重大变化的背景下,绝不能低估或忽视流动人口个体及其家庭的"能动性"。因此,在辨识相关制度和结构性成因的基础上,笔者着重从人口流动的微观动力机制角度解释中国城镇化的特殊性。本书的主要理论观点为:

一是人口流动的决策单元应从"经济人"扩展为"经济家庭",借此可构建乡—城流动人口的"经济家庭"行动假说,来解释全国层面在较低城镇化水平下迎来劳动力供求"拐点"的成因,并可以进一步延伸为考虑经济、社会、文化、教育等复杂因素的农户"功能家庭"策略。

二是在家庭理性的基础上,可从流动人口的个体生命周期理论出发,来解释我国区域性人口迁移系统中流动人口的年龄分布特征,亦即流动人口年龄段选择的形成机制。研究表明,家庭策略与我国流动人口整体年轻化有着很强的内在关联性。同时,还可以用功能家庭策略来解释区域层间县域城镇化的区域分异,这对推动我国区域和城乡协调发展、分类引导县城高质量发展具有重要参考价值。

三是可从流动人口的社会流动性、家庭团聚、定居偏好、子女教育的视角来解释人口流动的空间分布特征,即对流动人口向城镇体系两端集聚、本地化、家庭化等现象做出理论诠释。

最后,本书还讨论了人口流动视角下的城镇化研究的理论与政策意义。一方面,对西方经典城镇化理论在中国的适用性及必要修正做了阐述;另一方面,对我国城镇化的发展趋势和政策导向做了分层次的讨论,提出了若干政策思考。

本书包括以下十章:

第一章是研究背景、意义和方法的综合阐述。介绍人口流动与城镇化的基本内涵,阐明研究目的、实践意义,以及从人口流动视角研究中国城镇化的概念框架和可能的理论创新。

第二章是城镇化的西方理论演变与我国实证研究进展。分为城镇化发展进程的经验规律和西方相关理论的演变,以及我国城镇化发展阶段、动力机制的相关研究的文献综述。

第三章是国内外人口流动研究的热点、进程和展望。厘清近30年来国内外人口流动领域的研究热点,并以此为基础分析国内外人口流动研究热点的演进进程和发展趋势。分析国内外人口流动研究的共性、差异及其驱动逻辑,提示新时期我国人口流动研究的前沿方向。

第四章是我国人口流动的城乡空间格局演化(1987—2020)。基于笔者建立的"可比的分县市城乡流动人口数据库",重点考察全国层面、城镇体系层面和区域层面上的人口流动的城乡空间分布状况,包括城镇化水平、城镇体系的规模等级结构、城镇就业空间格局演变,以及对主要流入地和流出地的城镇化与经济发展的对照分析等。

第五章是从流动人口的"经济家庭"行动策略来解释全国层面的人口流动及城镇化发展的悖论。利用笔者所属课题组在湖北、安徽、河南地区的微观调研数据,以及《中国住宅调查资料》中的数据,分析主要流出地和流入地的城镇化微观动力机制。建构流动人口的"经济家庭"行动策略的假说,并据此考察流动人口离开农村地区和进入城镇地区的"摩擦成本",讨论我国农村劳动力转移和农村总人口转移的"不对称性"的成因,并重新解释"民工荒"(中国特色的刘易斯拐点)与农村劳动力"冗余"共存的悖论。

第六章是功能家庭视角下的对区域层间县域城镇化的区域分异的实证检验。随着我国城镇化转型和现代性进村,农民家庭城镇化的决策考量由"经济收益最大化"向"家庭功能最大化实现"转变,家庭功能的次序性、角色性和空间性三重属性相互作用,使得当代中国农民家庭在村镇、县城、县外的流动产生独特的三元空间配置,成为我国县域城镇化区域差异的微观注脚。据此,从"功能家庭"视角出发的研究策略为新时期我国人口流动的内在机制提供了新的解释,对推动我国区域和城乡协调发展、分类引导县城高质量发展具有重要参考价值。

第七章是区域层面上对人口迁移系统的动态平衡的解释:家庭理性基础上的"生命周期"考量。从对流动人口的"生命周期"的考量出发来解释区域性人口迁移系统的动态平衡,并解释流动人口群体长期保持年轻化和周期性往返流动的成因。利用家庭调查数据,采用分年龄段的概率模型分析方法,有效地辨别造成年轻流动人口选择的因素和对所有年龄段的流动人口都起作用的因素。

第八章是对人口流动向城镇体系两端集聚及流动人口本地化的解释：社会流动性、家庭团聚与定居偏好。利用一系列家庭调查数据，主要讨论流动人口的社会流动性，以及"长期流动（/返乡）"和"定居（/其他）"的决定因素。通过分析人口流动过程中，个人因素、家庭因素与"空间因素"之间的相互作用，讨论在既有结构和制度安排下，流动距离因素和流入地城市规模等级的影响，以及针对流动人口家庭的"安居"策略与人口流动本地化发展态势的关系。

第九章是人口流动家庭化、本地化和高等级城市导向的驱动机制：子女教育作为一种家庭策略。利用全国流动人口动态监测调查（CMDS）数据，对中国不同行政等级城市的流动人口定居意愿展开分析，进而揭示不同家庭生命周期阶段中流动人口在不同行政等级城市的定居意愿的特征和影响因素。在厘清相关成果的基础上，笔者构建了流动人口定居意愿影响因素的 Logistic 模型，解释了人口流动家庭化、本地化和高等级城市导向背后的微观机制。

第十章是人口流动视角下中国城镇化研究中的理论创见、政策思考与前沿议题。一方面，讨论西方经典城镇化理论在中国的适用性及其需要进行的理论修正或新建构；另一方面，基于理论解释和思考，对我国城镇化的发展趋势和政策导向分层次展开针对性的讨论。

1 人口流动与中国城镇化

1.1 人口流动与城镇化的概念内涵

1.1.1 城市化与城镇化

"城市化"与"城镇化"在英文中均对应"urbanization"一词,但两者的中文内涵存在显著差异。21 世纪以来,中国政府的政策文件和学界研究多采用"城镇化"这一提法。"城市化"作为国际通用术语,指的是人口从农村向城市集中,以及城市规模拓展的进程,强调城市的功能提升和现代化发展。中国政策语境下的城镇化涵盖"城市"和"镇"这两个层级,不仅意味着人口向城市转移,还强调发展小城镇,注重城乡统筹和协调发展,并且与"乡村振兴"战略形成联动,其目标在于消除城乡二元结构,实现城乡融合发展。因此,在关于西方和国际视野的相关阐述中,本书采用"城市化"的提法;在针对国内的主体研究阐述中,则相应采用"城镇化"一词。

除了城乡规划以外,我国的地理学、社会学、人类学、人口学、经济学等多个学科都将城镇化作为重要研究对象,使其内涵得到不断的扩充,但相关研究尚未能达成共识并形成统一的定义(张立,2010;王云等,2018)。例如,从经济学的角度看,城镇化指人们在经济发展进程中逐渐离开农业经济而走向非农经济活动的过程,这个过程一般表现为人口在城镇集聚的过程(周一星,1997)。而地理学对城镇化的定义是农村人口和空间向城市人口和空间转化的过程,是城市形成和发展的过程。一般来说,城市地理学主要关注城市人口分布的空间格局及其成因机制,以及城市系统在经济社会发展中的角色和作用(王瑞成,1996),等等。

本书主要考察人口城镇化的过程,即人口从农村向城镇转移的过程。基于城市规划学科对空间属性的关注,本书将城镇化现象看作经济因素驱动下的地理空间现象,并主要关注城镇化水平、城镇化动力机制,以及城镇体系。由此,首先需要明确空间上城乡划分的标准。目前,我国官方统计数据对城乡人口的划分有两种常用口径,即公安部门的户籍口径(农业/非农业)与统计部门的常住口径(市、镇、村)。随着人口流动现象和城镇化的快速发展,以户籍性质来区分城乡人口显然已不能准确描述当前发展的现实情景;因此,城镇化率通常以统计部门的常住口径的数据来计算。不过,由于大规模的"人户分离"是1990年以后才发生的现象,所以可以认为,1990年以前户籍口径的非农化率与常住口径的城镇化率相近似,因而可以作为估算值而采用;至于1990年及以后的城镇化率,则应以常住口径的城镇化率为准。

值得特别注意的是,我国历次人口普查采取的城乡划分标准是不一致的(Zhou & Ma, 2003, 2005;周一星、于海波,2004;沈建法,2005;赵群毅等,2005)。张立(2011)对2006年以前的历次人口普查(1982、1990、2000)和1%抽样调查(2005)的城乡划分标准进行了详细梳理,发现从2000年开始,我国城乡划分标准从"城乡行政地域"过渡到"城乡空间地域",使得对城镇化的统计更符合我国快速城镇化发展的现实情景。一方面,2000年以前,我国对城镇人口的定义主要以"行政地域"为标准,这种方式受到我国市镇建制标准变更的影响。①一般认为,除了1963年第

①　实际上,新中国成立以来,市镇建制标准数次变更,各时期的口径不完全一致。1953年人口普查规定,聚居人口在2 000人以上的为城镇。1955年,国务院规定聚居人口在2 000人以上可以设镇,人口在10万人以上可以设市。1963年,设镇的条件改为:人口在3 000人以上,其中非农业人口在70%以上;人口在2 500人以上,不足3 000人,其中非农业人口在85%以上。1984年,新建制的标准为乡(原公社)人口在2万人以上,其中非农业人口在10%以上者可以撤乡设镇;县城达到设市标准的,改为市的建制(《中国人口统计年鉴》,1988)。

二次人口普查在行政区的概念基础上进一步定义"市的城市人口"是市区和郊区的非农业人口,从而被认为低估了城镇化水平以外,用"行政地域"这一标准会高估城镇人口的规模(张立,2010);[①]另一方面,从 2000 年开始,我国城乡划分标准弱化了行政区概念,而强化了"与建成区相连"这个空间概念。如 2000 年第五次人口普查把设区的城市按照人口密度划分为两类,除了将人口密度大于 1 500 人/km^2 的区的全部人口划分为城市人口外,将人口密度小于 1 500 人/km^2 的区或不设区的市与城市建成区相连的乡镇也纳入了城市人口统计。不过,2000 年五普口径中仍包含了大部分所辖乡或镇的外围行政村人口;而 2010 年六普和 2020 年七普已将这部分地域划为农村,并将城乡划分的口径细分到了村委会和居委会级别,从而进一步提高了城乡人口划分的精度。

城乡划分从强调行政地域到强调与城镇建成区相连,对城乡划分的最小单元从乡、镇、街道细化到村委会和居委会,这使人口流动的城乡属性可以得到准确判断,对城镇化研究具有重要意义。总体来看,2000 年、2005 年、2010 年和 2020 年的人口普查和 1‰人口抽样调查资料,比较适合研究人口流动对城镇化的影响。此外,相关研究认为,一普、三普、四普对城镇人口数据存在不同程度的高估,二普对城镇人口数据存在低估(张立,2010)。并且,大部分学者认为,1990 年的城镇人口数据与其他时间的人口普查数据不具有可比性,而 1982 年(二普)与 2000 年(五普)的城镇人口数据是可比的,这是因为两者的系统性统计误差基本上可以互相抵消(沈建法,2005;张立,2010)。因此可以认为,从 1982 年、1987 年、2000 年、2005 年、2010 年、2020 年的人口普查和 1‰人口抽样调查中获得的城乡人口数据具有较好的历史可比性。

---

① 如 1953 年第一次全国人口普查一般包括市的市区(但不包括市郊农业区的人口)、县的城关镇,以及人口规模大于 3 000 人且工商业比较发达的集镇和工矿区、森林作业所等;1982 年第三次人口普查定义城市人口包括市镇人口,不含市辖县(乡人口)。这两种方式显然包含了市、镇范围内大量的农业人口,从而高估了城镇化水平。1984 年设镇标准和 1986 年设市标准的调整使得 1984 年以后设的市和镇包含了大量的农业人口(统计局,1989)。因此,1990 年的四普采用了新标准,对设区的市采用区的总人口,对不设区的市和镇采用街道办事处和居民委员会的人口。

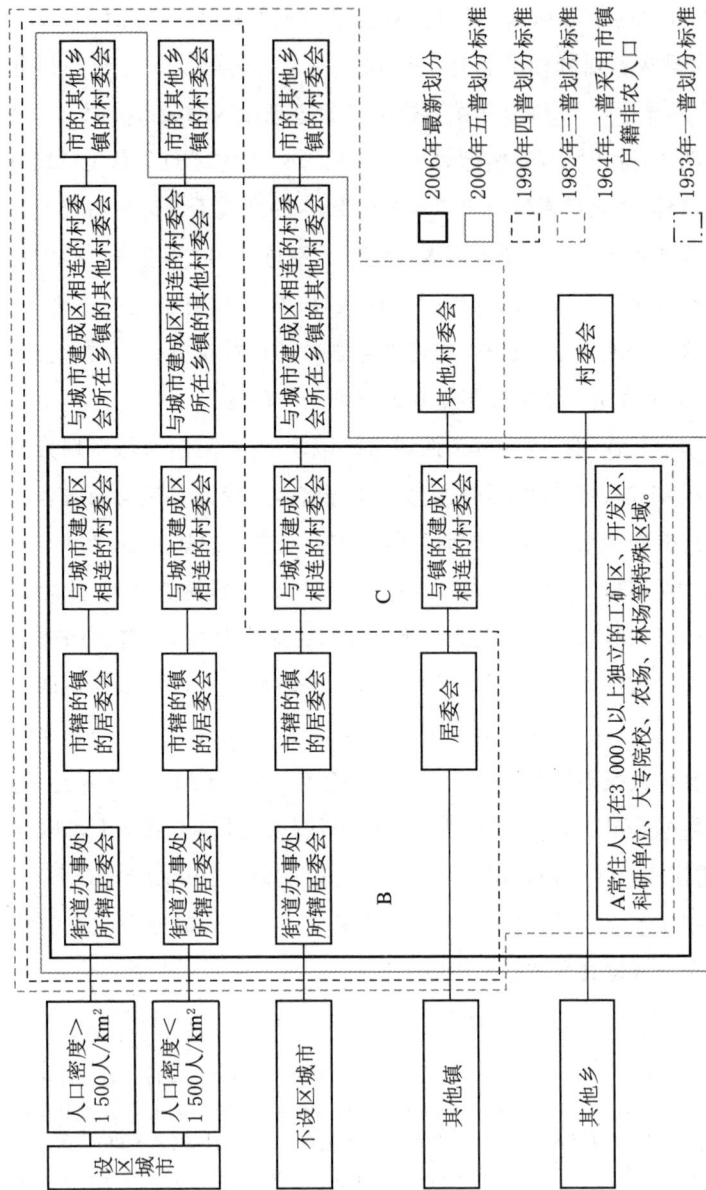

图 1-1　历次人口普查城市人口统计口径

资料来源：张立，2011。

1.1.2　人口流动和流动人口

人口流动(migration),通常指我国户籍制度作用下的"人户分离"现象。人口流动通常是周期性的和往返流动的,是非制度性的和不稳定的(赵民、陈晨,2013);与这种暂时性的现象相对应是永久性改变户籍登记地的人口迁移现象。"人口流动"和"人口迁移"在英文中通译为"migration",但发达国家的 migration 一般是永久性的人口迁移,而在发展中国家,migration 一般是暂时性的人口流动。即使是在许多没有户籍制度的发展中国家,也有与我国相似的周期性往返的人口流动现象。

张立(2010)指出,考察人口流动,还必须关注两个基本概念,一是"时间",例如我国第四次人口普查以五年为时间界限,只有迁移超过五年才算作永久迁移;而在统计意义上,四普定义在某地常住超过一年就算作当地常住人口,五普则把常住某地超过半年就算作当地常住人口。二是"空间",即人口移动了多少距离才算作迁移或流动,这取决于研究对象的尺度,如果研究市县政区,那么它内部街区间的人口位移,如一般意义上的搬家,就属于人口流动范畴;而如果研究对象是省级政区,那么市县街区内部的人口位移就不能够算作人口流动或者迁移,只有跨越了市、县或者乡镇以上行政单元的人口位移,才可纳入统计。

在官方统计资料中,能够准确区别人口的常住地和户口所在地的资料为统计局口径的十年一次的人口普查和五年一次的1%抽样调查资料。据此,五普、六普、七普、2005 年 1%抽样调查对"流动人口"(floating population)的定义均为"居住地与户口登记地所在的乡镇街道不一致且离开户口登记地半年以上的人口",而 2000 年以前,对"流动人口"或"迁移者"的定义则用"跨市县""一年""五年"等时空概念作为分界点。值得注意的是,"流动人口"强调的是"人户分离",而不区别其户口性质(农业/非农业);因此,流动人口可能持有非农户口,也可能持有农业户口。其中,全社会广为关注的"农民工"(rural migrant workers)指的是持有农业户口的流动人口。此外,不同部门对流动人口的定义也不尽相同,据此,各部门对流动人口数量和特征的估算也不尽相同(详见第 4 章第 1 节"全国总量层面:人口流动的城乡分布状态")。

本书定义的"流动人口"是基于国家统计局口径的"跨乡镇街道外出半年以上的人口"。进一步而言,基于"迁移者"统计口径的一致性,人口流动数据在 1987—1995 年、2000—2020 年两个区段之间有较好的可比性(注意:下文有关人口普查和 1%抽样调查的流动人口数据分析均具有这种阶段可比性)。

1.2 从人口流动视角研究中国城镇化的历史背景

1.2.1 我国的城镇化发展与大规模人口流动

我国的经济社会发展伴随着大规模人口流动,城镇化研究必定介入人口流动研究。但是,对人口流动的现有研究倾向于形成相对独立的研究领域,其研究涵盖了规模、空间格局、动因机制、人口学特征、流动和定居行为等诸多方面。总体而言,在城镇化发展进程的背景下系统性地考察人口流动并解释其与城镇化关系的研究还不多。

在计划经济体制下,我国实行严格的户籍制度以控制人口流动;因此,1978 年以前的人口流动主要以带户籍(户籍变动)的人口迁移为主。改革开放以来,"人户分离"的流动人口数量快速上升,在 1990 年前后第一次超过了"带户籍"的迁移人口数量。此后,人口流动现象愈发显著,对城镇化发展的作用也日益突出。此外,1990 年到 2020 年的三十年间,我国城镇化率年均增长 1.25 个百分点。其中,1990 年到 2010 年间非农户籍人口增长的贡献仅为 0.46 个百分点,考上大学或征地后的安置是典型的农转非的路径,因此变化十分缓慢;另一方面,流动人口增长对城镇化率的贡献则高达年均 0.74 个百分点。[1]在促进"农民工市民化"的新型

---

① 根据第四次和第六次中国人口普查数据,1990 年和 2010 年我国城镇化率分别为 25.84%和 49.68%,即共增长 23.84%;而非农户籍人口比例则为 20%和 29.1%,即仅增长 9.1%。

城镇化战略下,非农人口也将主要由流动人口转变而来。可见,流动人口被看作我国未来城镇人口增长的主要来源(World Bank & DRCSC,2012)。因此,人口流动与城镇化发展已经形成了密不可分的关系。

由此引发的第一个问题是:在城镇化进程中,人口流动在全国、区域的等级梯度等方面存在什么样的特征和演变历程?考察这一问题,首先就需要解决流动人口与城镇人口的统计口径问题,既使这两个概念不仅在各自的统计体系中是历史可比的,也要求它们具备相同的统计时点和统计单元。随着人口普查数据的设置不断完善,对人口流动现象的反映及城乡人口划分标准均有了改进,这使得笔者能够建立一个 1987—2020年间历史可比的、细分至市县层面的城乡流动人口数据库。这个数据库具有时间跨度长、空间单元小、数据可比性好等特点,可谓构成了考察人口流动特征的坚实基础(详见附录 A)。

1.2.2 我国城镇化发展进程的特征及既定政策导向

在工业化和现代化发展的背景下,西方国家的城市化进程早已显示出一定的规律性。诸如:①城市化水平增长速度呈现为 S 形曲线(Northam Curve),城市化发展在 30%—70%之间保持高速增长;②城市体系规模分布逐渐成熟,即一般从首位分布向位序—规模分布转变;③城市体系的职能结构应产生一系列的分化;④城市化与经济发展存在显著的相关关系;⑤产业(就业)结构发生转换,一二产业就业比例下降,三产就业比例上升;等等。

然而,我国流动人口与发达国家永久性的人口迁移现象有着鲜明差异,它既有非制度性的、周期性的流动特性,又有规模大、速度快的总体特征,堪称人类城市化发展历史上前所未有的现象。以 2011 年为节点,我国城镇化率为 51.27%,而非农化率仅 34.71%。这其中的差距即流动人口。同年,我国流动人口总量超过 2.3 亿人,占总人口的 17%;大体上,流动人口对我国城镇化率的"指标贡献"高达 1/3(赵民、陈晨,2013;李红等,2017)。流动人口群体的乡村—城镇迁移是非制度性的和不稳定的。

笔者认为,该群体被计入城镇常住人口,使得我国城镇化率的实际内涵与其他国家有较大的差异,这可能是我国城镇化的发展特征经常偏离西方理论研究论断的重要原因。此外,学界对我国城镇化发展中的一些最基本的问题长期存在争论,例如,我国城镇化究竟是落后于经济发展,还是超前于经济发展,抑或是两者相互协调? 我国的城镇化进程是否会重复诺瑟姆曲线的三阶段发展趋势? 等等。

由此引发的第二个问题是:在人口流动的作用下,我国的城镇化发展出现了什么样的演变和特征? 人口流动在全国、区域、等级梯度等方面对我国城镇化发展分别有哪些影响? 上述我国城镇化的发展特征与经验认知存在哪些差异,其政策意义何在? 我国已经发布了《"十四五"新型城镇化实施方案》,提出要坚持走以人为本、四化同步、优化布局、生态文明、文化传承的中国特色新型城镇化道路。此外,《方案》还提出,到2025 年,全国常住人口城镇化率稳步提高,户籍人口城镇化率明显提高,户籍人口城镇化率与常住人口城镇化率差距明显缩小;农业转移人口市民化质量显著提升,城镇基本公共服务覆盖全部未落户常住人口。为了落实这些政策目标,既定的宏观政策导向与微观层面的演进机理是否契合? 如何优化相应的政策设计? 诸如此类的问题都有待系统探究和解答。

1.2.3 既有理论和研究解释的述评

对人口流动及其作用下的城镇化特征等的分析,必然会引发对研究的理论工具及其解释力的探究。由此,第三和第四个问题分别是:从人口流动作用下的城镇化特征及其对西方经验的偏离来看,我国人口流动的动力机制存在什么样的特殊性? 上述分析在理论和实践层面对我国城镇化发展有什么样的政策启示?

一方面,关于中国城镇化偏离西方理论和经验的现象,相关研究主要强调户籍制度对人口流动的限制和劳动力市场的二元区隔、行政等级对城镇体系分布的显著干预,以及区域经济发展的不均衡性等问题。

对这些问题的研究通常是从结构主义的理论视角切入的。举例来说，根据城镇化和经济增长之间的统计相关性规律，许多学者相信中国是一个典型的城镇化落后于经济发展的国家（Quigley，2008）。他们认为，作为一个典型的社会主义市场经济体，中国的工业偏向的经济发展政策、思想意识形态领域的反城市的偏见、户籍制度对人口流动的控制等因素人为地抑制了城镇化的发展（Au & Henderson，2006；Chang & Brada，2006），而落后的城镇化被认为显著阻碍了中国的经济发展、就业和社会福利的增长（Chang & Brada，2006）；同时，许多研究也认为，与同一经济发展水平的国家相比，中国的城市规模和集聚经济发育是不足的，由此形成的城镇体系发育也是不成熟的（Au & Henderson，2006）；等等。

笔者认为，上述论述尽管均有一定的解释力，但忽略了中国已经历经了四十余年的改革开放，在变化了的结构性安排下，流动人口个体及其家庭有着其自身的能动性，同时，人口流动与区域发展之间亦存在着互为因果的关系。我国的人口流动现象是与全社会从计划经济向市场经济的剧烈转变过程相联系的，其中经常存在非正式的、微观的行为现象，这些行为特征难以被西方语境下的正式的、结构性的理论所解释。有鉴于此，在既定的改革开放和经济社会发展宏观背景下，笔者试图主要从人口流动的微观动力机制，特别是既有结构安排下能动者的主动策略的角度，来观察我国城镇化的特征，并试图对其偏离西方经验的特征做出理论解释。

另一方面，人口流动是地理学和区域经济学的经典议题，其研究体系已经比较成熟；但现有的相关研究主要是对西方经验（西方学者）的总结和理论归纳。尤其是对发展中国家而言，人口流动的动力机制、人口流动与区域发展的关系等，都还有待深入研究。就我国而言，户籍制度作用演变、经济体制转型、城乡发展差异等特殊背景，都为相关理论研究和原创性成果产出提供了有利条件。

此外，国内外人口流动的相关研究大多遵循两种路径：其一是侧重于宏观层面的研究，主要内容包含流动的趋势和模型、流动者的特征，以及与人口过程相关的社会、经济、生态等问题。另一种是聚焦于中微观层面的研究，如从流动决策者角度分析，揭示流动者的心理、逻辑方面的特征（陈天惠、刘盛，2009；张晓青，2001；陈双等，2020）。总体上看，我国在宏观层面上对人口流动的研究已经获得了较多的成果；但对人口流动的行为研究因受到微观数据的限制而相对滞后。所幸，21世纪以来，以高校为主的科研机构，包括北京大学、北京师范大学、中山大学等组织进行了大量全国层面的家庭抽样调研，这些调研不仅包含个人和家庭层面的丰富数据，在全国层面的地理空间分布上也具有较好的代表性。上述家庭抽样调研的样本数据中包含了与人口流动有关的问题，这为笔者对全国层面特别是主要流入地和流出地的人口流动的微观行为研究提供了便利。

1.3 从人口流动视角研究中国城镇化的重要意义

人口流动作用下的中国城镇化现象，一方面是由"自上而下"的户籍控制、人口类型转变、跨国企业寻求廉价劳动力等制度性或结构性因素造成的，另一方面也是"自下而上"的数千万甚至上亿微观个体理性选择、发挥主观能动性及与既有结构"博弈"的结果。

本书将微观视角的人口流动研究与宏观视角的城镇化研究结合起来，通过对相关理论文献的检索和综述，试图将两个领域的微观行为理论和空间理论工具整合在一个统一的解释框架中。本书希冀揭示如下问题：①在城镇化进程中，人口流动在全国、区域、等级梯度等方面存在什么样的特征和演变历程？②在人口流动的作用下，我国城镇化发展进程的特征与经验认知存在哪些差异或悖论？③从我国城镇化的特征及其对西方经验的偏离来看，我国人口流动的动力机制有着怎样的特殊性？④上述分析研究对我国城镇化发展的理论和实践有哪些启示？

基于经验，我国新型城镇化的相关政策以"自上而下"的控制—放开权衡为逻辑主线；这种政策制定的思路较忽视微观个体在既有结构下的能动性反应，其实际政策效果可能会面临挑战。因此，在当前的现实发展框架下,亟须分析流动人口的行为特征、与城镇化发展政策进行博弈的结构,以及其在宏观层面的总体表现。借此,本书希冀可为城镇化的相关政策制定提供基于人口流动的微观动力机制的认知。

1.4　从人口流动视角研究中国城镇化的基本框架

1.4.1　从微观视角切入构建概念框架

中国城镇化发展的大背景是中国实行改革开放政策和融入全球化进程,其基本驱动力是工业化,而改革城乡二元制度则顺应和保障了工业化和城镇化进程;但在工业化、城镇化的一般进程中,亦出现了若干悖论(不同于其他新兴发展国家),因而在既定的宏观背景下,需要深入研究其微观机理。人口流动与经济社会发展是典型的互为因果的动态过程,在此背景下,本书的研究对象是人口流动与城镇化发展的关系。实际上,我国城镇人口中包含大量呈周期往返等的非制度性流动人口("人户分离"的人口),这使得对城镇化现象的考察难以因循现有的西方理论或经验,其中一个重要的原因是正式的、结构性的理论无法解释城镇化中的非正式的、能动性的微观行为。由此,笔者拟从人口流动的微观动力机制解释我国城镇化的特征及其对西方经验的偏离,并讨论其政策启示。

本书的总体研究框架分为三个部分,即对人口流动与城镇化发展的特征分析,从流动人口的微观行为逻辑展开对上述特征的理论诠释,以及在此基础上的理论和政策思考。

首先,运用各类统计数据对1987—2020年人口流动的总量、人口学表征、区域分布状况和城乡分布状态进行分析。分析的侧重点是考察流动人口在全国、区域、等级梯度等方面的人口城乡分布存在什么样的特征和演变历程;在此基础上,仍是在经验研究层面,深化考察1987—2020年间人口流动对城镇化发展特征的作用,包括城镇化水平、城镇体系的规模等级结构、城镇就业空间格局演变,以及主要流入地和流出地的城镇化与经济发展的对照分析等,并重点观察人口流动作用下的城镇化现象在全国层面、城镇体系层面和区域层面对西方理论研究论断的偏离。

其次,在理论诠释部分,主要分为流动人口的总体行为逻辑和流动人口的空间分布解释两个部分。其中,流动人口的总体行为逻辑部分主要从人口流动的微观动力机制出发解释我国城镇化的特征及其偏离西方经验的原因,即基于流动人口的"经济家庭"行动策略来解释全国层面

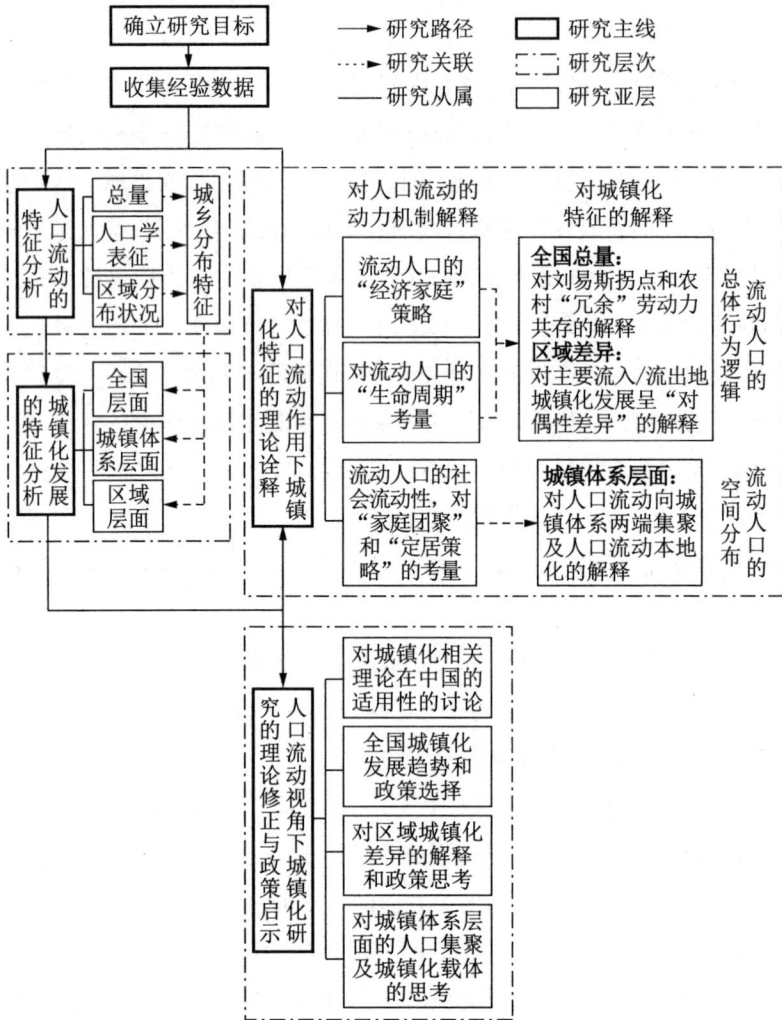

图1-2 本书概念框架示意

人口流动与城镇化发展的悖论,以及从对流动人口的"生命周期"考量出发来解释区域性人口迁移系统的动态平衡。在此基础上,流动人口的空间分布解释部分主要解释人口流动向城镇体系两端集聚和人口流动本地化的成因。

最后,全书收敛于人口流动视角下城镇化研究的理论与政策意义。

1.4.2 多元视角的理论创新

1. 经济视角:从结构主义到新古典主义

国内外的经济学家常用刘易斯模型或以其为基础的费尼斯—拉景汉模型、托达罗模型等来观察我国城镇化和经济发展。刘易斯模型是发展经济学中结构主义①的代表。这一派理论强调国家干预和工业化的重要作用,认为发展中国家的市场机制失灵,要以政府为主导,直接动员资源并配置资源,来发展现代化的资本及技术密集型大产业。这种植入性的大产业,在理论上可"以高于农村地区的劳动边际生产力的固定的'制度工资率',源源不断地吸收农村剩余劳动力,直至工农业部门的边际劳动生产率相等"(速水佑次郎、神门善久,2005;赵民、陈晨,2013)。但这种模式下的大产业在工业化初期的市场体系内无法生存,因此,政府需要配置一整套制度来"保护"这一系统的运行。如工业化初期的粮食配给与户籍制度挂钩,可显著地将人口迁移控制在以户籍非农人口为对象的正式城市化轨道中。由此,在改革开放前的我国,非正式的流动人口数量便极少。

但是,在改革开放的条件下,市场经济体制建设过程中的分权化和市场化对地方的工业化起到了关键的作用;随着民间资本的份额越来越大,以及国有企业转型建立现代企业制度等,现代部门(工业部门)的工资率从由制度决定逐渐转向由市场决定。今天,同是用刘易斯模型来看

---

① 林毅夫将发展经济学思想分为20世纪50年代兴起的结构经济学,20世纪80年代初发端的新自由主义,以及他提出的新结构主义三种思潮(2010)。

中国经济发展，支撑和解读这一经济增长的经济学思想已经在很大程度上从结构主义过渡到了新古典主义，[1]即强调工资水平是由理性决策和市场力量的平衡决定的。通过对我国城乡家庭劳动力收入的实证研究，可发现刘易斯模型所描述的工业和农业部门的"保持不变的工资率"并不存在，两部门的收入实际上并不是由制度性因素所决定的，实际上，其劳动投入和产出一直是弹性的和竞争性的(Ge & Yang, 2011)。我国历时性的流动人口的非正式城镇化进程可谓充分印证了这样一个变迁(赵民、陈晨，2013)。

总之，经过四十多年的改革和开放，我国的经济和社会领域都已经发生了深刻的变化，新古典主义视角下的个体理性决策和市场力量对我国城镇化的作用不断增强。理论分析和经验研究均已经表明，制度、结构等因素只能解释我国城镇化特征形成的部分原因。因此，笔者在考察结构性因素的同时，将主要从流动人口的微观行为特征入手来解释相关现象。

2. 社会视角：从结构分析到"结构—能动者"分析

基于文献梳理比较，笔者借鉴当代英国著名社会学家安东尼·吉登斯(Anthony Giddens)的结构化理论(Structuration Theory)对人口流动的特征及其成因机制进行分析，寻求制度、权利、主体与行为的相对统筹机制和方法。所谓结构化，指社会关系凭借结构二重性(duality of structuration)，[2]跨越时空不断形成结构的过程(Giddens, 1998)。该理论阐述了结构(structure)和行动(agency)[3]之间相互作用、转化的过程，"结构既是行动的约束，也是行动的媒介"，从而促使社会的宏大结构得以不断构建(吴予敏，2016)。从历史发展的角度考察，该理论观点对我国四十

---

① 当时主流的看法认为，发展中国家之所以经济发展缓慢，是因为没有像发达国家那样完善的市场经济体制，政府对市场过多的干预导致资源错配，寻租、腐败横行。因此，新自由主义主张以"休克疗法"推行包括私有化、市场化、自由化等激进改革措施在内的"华盛顿共识"来建立完善的市场经济体制(林毅夫，2010)。

② "结构既是行动的约束，也是行动的媒介。"吉登斯把结构的这种双重性质称为"结构的二重性"。结构最基本的意思是规则与资源。行动是一种"连续的行动流"，也就是个人或群体的连续性的能动性活动。详见后文理论解释。

③ 部分著作也翻译为"能动""使动"。

多年改革开放的发展演进极具解释力。

审视我国的状况,在既有整体结构(制度)缺失和不足的情况下,流动人口通过各种正式和非正式的实践行动,不断与既有结构博弈,进而使人口流动现象由量变到质变,最终促使整体制度发生结构性转变(如户籍制度的改革、土地制度的改革等)。这个过程充分印证了结构化理论中"结构和能动的互构性":其一方面使行动得以结构化(制度化),另一方面也使结构得以通过行动而连续不断地得到再生产(姚上海,2010;武常岐等,2022)。亦即改革因原有的制度松动而得以推进,而并非因循严密的制度设计,现实发展的矛盾积累和新诉求又有赖于并推动着制度创新和建构。

3. 空间视角:对均衡理论与循环累积因果论的修正

对于人口流动引致的空间发展,有均衡理论和循环累积因果论两种理论解读。一方面,新古典主义的均衡发展理论认为,人口流动会加快地区间人均产出的收敛速度。也就是说,随着人口由不发达地区不断向发达地区流动,我国各地区之间的经济差异会逐渐减小。另一方面,循环累积因果论认为,经济发展过程在空间上并不是同时产生和均匀扩散的,而是从一些条件较好的地区开始;一旦这些区域由于初始优势而超前发展,基于既得优势,这些区域就能通过累积因果过程,不断积累有利因素继续超前发展,从而进一步强化和加剧区域间的不平衡,导致增长区域和滞后区域之间发生空间相互作用(高志刚,2002;陈景信,2020)。

然而,基于既有的研究,我国人口流动与区域发展的过程并不完全符合均衡发展理论或循环累积因果论,但上述理论为考察我国人口流动与区域发展提供了一种理论情景。本书在相关理论的基础上进行了修正或新建构。

2 西方的城市化研究与我国的研究进展综述

2.1 城市化发展的经验研究与理论阐释

2.1.1 城市化发展的经验

在西方的相关研究中,描述城市化发展阶段有两种方式。第一种是基于对城市化发展进程的规律性把握,相应划分其发展阶段。也就是说,随着城市化发展的深化,会出现一些变化:①城市人口与农村人口之间的分布发生变化(顾朝林,2012);②城市体系的发育和分布趋于平衡发展(El-Shaks,1972)。在大量经验研究的基础上,研究者建构了诺瑟姆曲线(Northam Curve)和齐夫法则(Zipf's Law),它们均可被证实。第二种是基于城市化与经济发展、产业(或就业)结构演变的显著相关性,以经济发展水平或工业化水平来表征城市化的发展阶段。从国际经验来看,城市化进程是经济社会发展的结果,具有某种客观规律;因此,西方经验和规律性认知经常被用作预测我国城镇化发展进程的依据。

上述两个方面的研究成果对各国的相关研究和政策制定都具有重要的参考价值,但需要根据国情加以检验,并作适用性修正。在过去几十年的城市化研究中,我国的学者也已经取得了丰硕的成果。

1. 城市化发展的经验研究和规律描述

a. 诺瑟姆的城市化 S 形曲线

西方对城市化发展阶段的规律描述,最著名的是诺瑟姆(R. Northam)

的城市化 S 形曲线。作为地理学的经典成果,诺瑟姆曲线被广泛用于解释各国的城市化发展阶段,其三阶段划分的理论在我国也经常被用作政策制定和学术研究的标准。诺瑟姆曲线揭示城市化发展水平同发展阶段的对应关系,以城市人口占总人口比重的城市化率表征不同的城市化发展阶段,在图形表达上总体呈 S 形曲线。根据这一曲线,城市化过程主要有三个阶段:城市化率在 30% 以下是城市化的初级阶段,它对应着经济学家罗斯托划分的传统社会这一阶段,即农业占国民经济绝大比重且人口分散分布,而城市人口只占很小的比重;城市化的加速阶段特征是城市人口从 30% 增长到 50% 乃至 70%,经济社会活动高度集中,第二、三产业增速超过农业且占 GDP 比重越来越高,制造业、贸易和服务业的劳动力数量也持续快速增长;成熟阶段城市人口比重超过 70%,但仍有一定的乡村人口从事农业和非农业生产来满足城市居民的需求,城市化速度趋于缓慢(陈明星等,2011;杨晓娇、王效科,2019)。

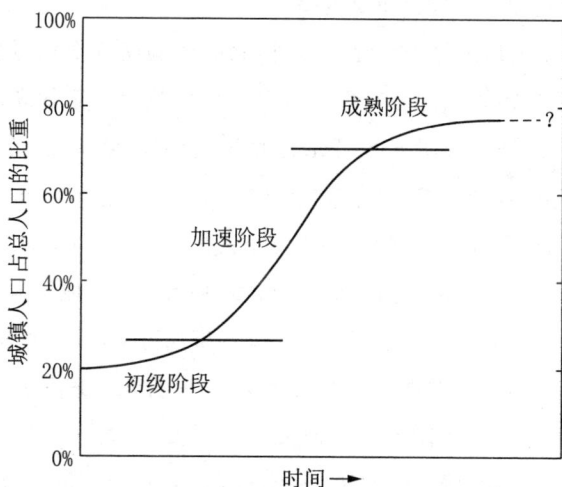

图 2-1 诺瑟姆对城市化三阶段划分示意图

资料来源:陈明星等,2011。

不过,许多学者也曾指出,将诺瑟姆曲线当作规律套用在我国的城镇化发展阶段研究上并不合适,亦即西方研究理论要在中国得到应用,需要进行一定的修正(陈彦光,2011;陈明星等,2011;王建军、吴志强,

2009；李欣、吴志强，2023)。其中，陈明星等(2011)认为，不是所有国家的城市化水平都能达到100%，城市化水平在30%到70%之间也不是一直处于加速状态，进而推导出我国城镇化速度变化的四阶段倒U形曲线；而王建军、吴志强(2009)认为，2004年我国城镇化发展已经出现速度拐点，而当年正是"民工荒"现象首次引起公众关注的时期。

实际上，诺瑟姆在自己的论述中也曾提到，历史上存在与上述一般模式有出入的状况。具体来说，比如进入成熟阶段，城市人口比重可能下降；或者由于城市中心人口的外迁，乡村地区的人口增长可能会超过城市地区，从而使城市化曲线颠倒过来。前者意味着向城市的人口迁移可能减缓或者停止，结果会达到一种均衡，例如一旦城市人口比重达到40%—50%，就可能趋于稳定而进入成熟阶段。后者意味着将形成逆城市化的态势，即向城市迁移可能被向农村迁移所替代，导致城市化水平下降(陈明星等，2011；段龙龙，2021)。

b. 城市体系的规模分布及规律

除了城市人口占总人口比重以外，相关经验研究发现，随着城市化发展的深入，城市体系的分布特征及其演变也具有一定的规律性，这包括首位分布、位序—规模分布、中心地理论、金字塔分布、二倍数规律等，但其中最广为引用的是首位分布和位序—规模分布。

一方面，Jefferson(1939)提出了城市首位律分布，即一国最大城市与第二大城市人口的比值，也被称为首位度(Primacy)。他认为，一个国家的"首位城市"总要比这个国家的第二位城市大得多，其功能和影响力往往对全国的经济社会发展有着重要意义；另一方面，城市的规模和位序分布的关系也是城市体系发展研究中的重要规律之一(F. Auerbach, 1913；A. J. Lotka, 1925；H. W. Singer, 1936；G. K. Ziff, 1949)。研究认为，在经济发达的国家里，一体化的城市体系的规模分布可用简单的公式表达：$Pr=P1/R$(式中：Pr是第R位城市的人口；$P1$是最大城市的人口；R是Pr城市的位序)。这一关系把城市位序和规模置入双对数坐标中，其特征接近一条直线。在此基础上，B. J. L. Berry曾经在1960年对38个国家的城市资料作经验分析，对不同国家和地区的城市体系进行了横向的比较研究,认为位序规模分布与经济发展具有相关性,即不发达国家在城市化的初级阶段倾向于首位分布,而高度城市化、经济发达的国家倾向于位序—规模分布,处于中间地带的为"过渡类型"(Berry,1960)。值得注意的是,贝里设定的城市人口门槛值仅是2万人以上。

此外,还有研究曾推论一国或地区的城市体系规模分布的成因。与Berry等(1960)强调的"随机模式"(促进城镇体系分布的因素是随机的)和"政治、经济、文化综合模式"不同的是,El-Shacks(1972)认为,不同经济发展阶段及其城市规模分布有一定的内在规律。因此,一个国家或地区的经济发展和城市规模分布处于动态调整之中。他认为,位序—规模分布是与社会均衡发展相联系的,这种均衡状况一般出现在经济发展起飞前和发展后。在此模式中,一个国家或区域,在经济起飞前属均衡状态,城市系统呈位序—规模分布;在经济大发展过程中,均衡状态被集中发展的几个经过选择的大城市所动摇,城市规模呈首位分布;随着时间推移,经济发展渐渐从大城市转向中小城市,城市系统的均衡状态又逐渐恢复,在新的基础上,再现位序—规模分布(李茂、张真理,2014)。这意味着,城市体系规模分布是随着经济发展和城市化的阶段而变化的。

在此基础上,许多学者对我国全国和区域层面的城市规模体系分布也进行了研究。20世纪80年代以后,随着国外相关研究理论和模型的引入,国内学界掀起了研究城市规模分布的热潮,并取得了一系列研究成果。许学强(1982)运用全国城镇详细人口资料对位序—规模法则做出验证。1992年,顾朝林系统研究了我国城市体系的历史、现状以及未来的发展方向;1999年,他进一步对我国城市体系的规模分布进行回归分析,求得了全国及各省份的城市体系等级规模分布模型,并就我国城市体系的空间分布进行了全面系统的分析(张锦宗等,2008)。刘继生和陈涛(1995)、陈彦光和周一星(2001)、谈明洪和范存会(2004)等则从分形的视角探究城市规模分布的分形本质,加深了对城市规模结构的认识。顾朝林等(2005)强调全球化对国家城市体系的作用,开展了对城市体系发展战略、城市等级规模分布、城市体系功能重组等方面的研究。

尽管我国的城市体系与一定的行政等级体系紧密相连,且其发展过程又受到 20 世纪 80 年代以来的城市发展方针的影响(如 20 世纪 80 年代的"控制大城市规模,合理发展中等城市,积极发展小城市",等等),但许多研究发现,我国的城市体系仍在逐渐趋向位序—规模分布(李震等,2006;陈良文等,2007;张锦宗等,2008;魏建飞等,2019)。此外,许多学者认为,与其他经济发展水平相似的国家相比,我国的城市发育水平是相对较低的(Au & Henderson, 2006)。

总之,相关研究已经取得了很大进展,成果丰硕。为了体现研究的延续性,笔者将人口流动现象整合在城镇化和城镇发展的分析框架内,以对上述研究成果进行检验。在数据方面,本书的实证研究做了三个部分的改进,主要是考虑到统计口径的修正:①相关研究通常采用非农人口,由于流动人口已经占到我国城镇人口的 1/3,其中不仅包含农户流动人口,还包含较大规模的非农户流动人口,因此,在非农人口的基础上,本书还使用了国家统计局的人口普查口径的常住人口资料;②国内相关研究通常仅对"市"进行研究,而西方已有研究对位序—规模关系的检验使用的城市数据的规模下限较低,如 Berry(1960)使用的数据为 2 万人以上的城市。实际上,东部沿海发达地区和中部许多人口稠密省份的县城人口规模甚至超过许多小城市的人口规模,更远远高于 2 万的下限。因此,笔者将估算的县城人口规模数据纳入研究范围,对 10 万人以上的市县城市规模体系进行位序—规模分布的检验;③为了直观考察人口流动对城镇化的作用,笔者对 2000 年、2010 年和 2020 年的非农人口和常住人口进行比较验证(详见第 4、5 章)。

2. 城市化与经济发展、产业结构演变等的相关规律

a. 城市化与经济发展的相对关系

钱纳里等在 1975 出版的《发展的型式:1950—1970》(*Patterns of Development:1950 - 1970*)一书中,在第一阶段的研究发展的一致性特点部分,通过模型回归,提出了城市化过程中城市化率与人均 GDP 的一般对应关系,并给出了一定城镇化率水平下的人均 GDP 参考值。这一研究成果随后被普遍用于讨论城镇化与经济发展水平的关系(张颖、赵民,2003)。

一方面,将钱纳里等的研究作为经验规律来套用存在一定的局限性,许多学者继而转向讨论该成果在我国的适用性,并试图对其进行修正。有研究质疑城市化率和人均 GDP 的相关性的使用条件,如张颖、赵民(2003)认为,城市化水平评价中的正常区间、时间因素、发展的阶段特征,以及大国与小国的城市化进程的不同特征,都将影响到城市化率和人均 GDP 的相关性。此外,他们还讨论了钱纳里成果的适用性问题。在实证统计研究的基础上,他们构建了一个新的城市化发展与经济发展的一般关系模型。还有研究则致力于对钱纳里模型的拟合参数进行修正,来获得适应我国发展特征的经验规律。如陈明星等(2013)以钱纳里模型为基础,基于1990—2009 年间 149 个国家或地区的经验数据,证明了城市化与经济发展水平的定量关系型式在过去50 年里发生了显著变化,钱纳里模型中的标准发展型式已不再能直接用来比较当前城市化与经济发展的关系。陈彦光(2011)在已有的可以用作描述城市化水平与经济发展水平关系的数学模型——对数函数和幂指数函数——的基础上,基于 Logistic 函数发展了第三种模型来描述这一关系。

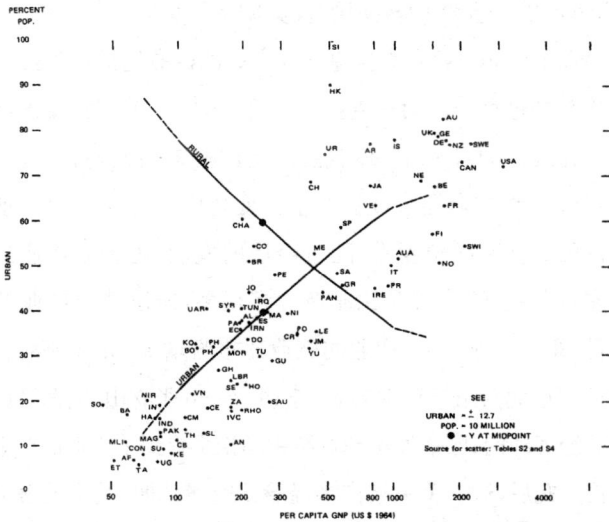

图 2-2　1965 年九十国城市化率与人均 GDP 的散点和线性拟合图

资料来源:Chenery et al. , 1975.

　　另一方面,更多的学者以钱纳里对经济发展和城市化水平的关系的研究为基础,针对我国城市化水平与经济发展的关系实际上是"滞后""超前"还是"基本协调"展开了讨论。迄今为止,多数国外学者认为中国是一个典型的城市化落后于经济发展的国家(Lin,1998；Quigley,2008)。他们认为,作为一个典型的社会主义经济体,中国的工业偏向的经济发展政策、思想意识形态领域的反城市的偏见、控制人口迁移的户籍制度等因素人为地抑制了城市化的发展(Au & Henderson,2006；Chang & Brada,2006；Zhang & Zhao,2003),而落后的城市化水平被认为显著阻碍了经济发展、就业和社会福利的增长(Chang & Brada,2006；Pan & Zhang,2002；Chang,2004)。我国学界对于城市化与经济发展的关系,则长期存在争论,是"滞后""超前"还是"基本协调",至今没有获得统一的认识。尽管近20年来发表的学术研究倾向于认为我国城市化发展与经济发展水平已经相对协调(周一星,2006；陈明星等,2009；Chen,Liu & Tao,2013；马慧强等,2020),但是,这种认知上的一致性趋向并没有使以我国城市化水平为核心的争论得以平息。实际上,许多学者认为流动人口被计入城市人口是一种"城市化率虚高"的表现。

　　b. 工业化的"产业结构转换论"及其城市化意义

　　配第(William Petty)和克拉克(Colin Clark)最先描述了经济发展中的产业结构转换过程("配第—克拉克定理"),即一个国家或地区由传统经济向现代化迈进的过程中,必然会出现产业结构的转化。此外,产业结构对人口转变的影响是通过就业结构变化引起的对就业劳动力需求的变化实现的。从实证角度看,随着经济的发展,由于制造业的收益比农业多得多,而商业的收益又比制造业多得多,所以第一产业的就业比重不断降低,第二产业、第三产业的就业比重将增加,亦即劳动力会由第一产业向第二产业与第三产业转移(李明,2006；张屹山、胡茜,2016)。刘易斯两部门经济理论、库兹涅茨产业结构理论都提到了类似的产业(就业)结构转换论。此后,这一关系被许多经验研究所证明,其中最著名的是在《发展的型式》中钱纳里对城市化水平和工业化水平的关系进行的经验研究。钱纳里发现,随着城市化水平的上升,第一产业的就业占比不断下降,而第二产业和第三产业的就业比重则持续上升(Chenery et al.，1975)。

可见,工业化的产业结构转换论具有显而易见的城市化意义,可以通过工业化和城市化之间的关系来判定城市化所处的阶段。一些研究据此建立了工业化与城市化相互关系的逻辑框架,如叶裕民(2001)、顾朝林(1992)、辜胜阻和刘传江(1996)、仇保兴(1999)、左鹏飞等(2020)都对城市化与产业结构转换的理论联系进行了理论讨论和实证研究;另一些研究则从工业化水平(以非农产值比重或非农就业比重衡量)与城市化水平的关系出发,来考察城市化水平的相对发展阶段(杨阳,2011)。如郭克莎(2002)以工业化水平与城市化率为衡量标准,通过钱纳里模型比较,认为我国城市化进程并没有过多偏离工业化进程;吴宏洛和王来法(2004)对就业结构与城市化的偏差进行了相关分析,认为城市化滞后与就业结构偏差的结果,制约了劳动力在三次产业之间的调整与转换,由此也制约了城市化的推进速度。

许多经验研究对工业化进程中的产业(就业)转换进行了进一步的研究,这对判断城市化所处的阶段具有重要意义。其中具有较大影响力的是钱纳里的"六个时期、三个阶段"理论、库兹涅茨的"五阶段"理论、霍夫曼的"四阶段"理论、罗斯托的"经济起飞"理论中的"六阶段"理论等。以钱纳里的"六个时期、三个阶段"理论为例,其经验研究揭示了这样一个规律,即根据人均国内生产总值,一个国家从不发达经济发展到成熟工业经济的整个变化过程可以划分为三个阶段、六个时期,其中,任何跨阶段的跃进都是通过产业结构转化来推动的。其中,第一阶段(初期产业)包括产业结构以农业为主的时期和以农业为主的传统结构逐步向以食品、烟草、采掘、建材等初级产品的生产为主的工业化结构转变的时期;第二阶段(中期产业)包括制造业内部由轻型工业的迅速增长转向重型工业的迅速增长的时期和第三产业,特别是新兴服务业,如金融、信息、广告、公用事业、咨询服务等开始由平稳增长转入持续高速增长的时期;第三阶段(后期产业)是制造业内部结构由以资本密集型产业为主导向以技术密集型产业为主导转换的时期和知识密集型产业开始从服务业中分离出来,并占主导地位的时期。

2.1.2 城市化发展进程的相关理论模型

有关城市化发展阶段,学界已经积累了大量的经验研究成果,但多是基于统计的经验研究和规律描述;发展经济学、新增长理论和新经济地理学对城市化的动力机制和城市增长现象给出了若干解释。需要指出的是,尽管新马克思主义的国际劳动分工理论、集体消费论、资本积累论等观点对城市增长的解释力也已被广泛接受,但我国的城市化和城镇发展由于受到来自政府部门的较多行政干预,而政府的行政逻辑具有综合性,似较多地受发展经济学、新古典经济学和新经济地理学的影响。由此,关于城市化发展进程的相关理论模型,笔者的观点主要包括:经济学为城市化过程给出了一体化的概念模型,其中最具影响力的是刘易斯二元模型、新兴古典分工模型等;此外,针对城市增长现象,新经济地理学从集聚经济的角度,对城市增长也给出了进一步的解释。

1. 刘易斯二元模型及托达罗模型等

刘易斯二元经济模型是结构主义的典型代表,它将发展中国家的劳动力从传统向现代经济部门的转移,与人口从乡村地区向城镇地区的转移巧妙地统一起来。这使得我们可以将城市化与经济发展作为一个统一的过程来研究。刘易斯模型是结构主义增长理论的代表,是由刘易斯在 1954 年发表的《劳动力无限供给下的经济发展》一文中建立的。刘易斯认为发展中国家的经济结构具有二元性质,表现为传统部门(以农业和农村为代表)和现代部门(以工业和城市为代表)之间的交互作用的发展过程。由于发展中国家的农村地区的劳动边际生产力大大低于工业制度工资率,如果工业部门按固定的制度工资率提供就业机会,农业产出边际低于制度工资率的劳动力就会愿意转移到工业部门去。在所有农业剩余劳动力都被工业部门吸收之后,农业部门的工资率将沿着它的边际生产力曲线提高,这标志着传统经济转向现代经济的"点"到来了,即"刘易斯拐点"(Lewis Turning Point)(速水佑次郎等,2005;陈晨,2011)。此后,二元经济逐渐融合为一元经济。

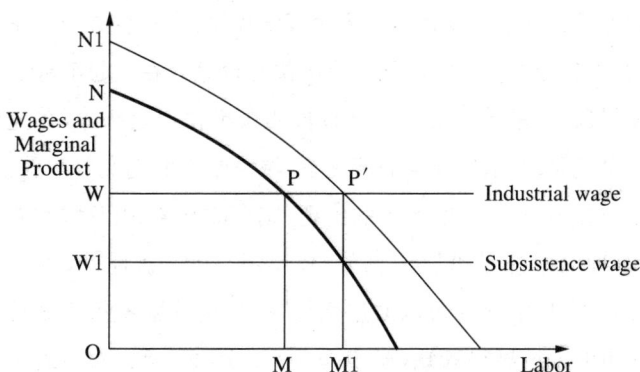

图 2-3　刘易斯二元经济模型

资料来源：Arthur Lewis，1954.

刘易斯二元经济模型为研究发展中国家的城市化现象提供了重要的基础理论，在此基础上，G. Ranis 和 J. Fei（2004）、D. W. Jogenson、Todaro（1969）分别从食品供给、农村剩余劳动力、失业等角度入手对其进行了修正。其中，最具影响力的是托达罗提出的旨在修正发展中国家城乡普遍存在的失业问题的城乡人口流动模型（Todaro，1969）。在此之前，二元经济模型不能对城市失业人口与农村流入城市人口同步增长的现象做出合理解释，而托达罗模型的核心思想在于：①影响人口迁移决策的不是实际的工资收入，而是"期望收入"。②农村劳动力是否向城市转移的决策主要取决于对在城市里获得较高收入的概率和在相当长时间内成为失业者的风险之间的利弊权衡。上述两点就可以解释为什么在当时发展中国家城市地区普遍存在高失业率的情况下，农村人口仍大量涌向城市地区。③城市就业机会的创造无助于解决城市的失业问题，因为那只会创造更高的收入预期而带来更多的移民。④注重农业和农村自身的发展，鼓励农村综合开发，增加农村就业机会，能够缓解城市人口就业压力（李峰峰、周意，2005）。从后两点的内容来看，托达罗模型还具有促进城乡协调发展的政策意义。

2. 新兴古典城市化模型

20 世纪 90 年代，以杨小凯、赖斯和孙广振为代表的新兴古典经济学家运用超边际分析的现代分析方法来解释城市化现象，形成了新兴古典城市化理论。这一模型能将新经济地理学集聚经济、主流经济学报酬递增和劳动分工、专业化经济以及古典区位理论结合在一起解释城市化的产生和发展（赵红军等，2006）。新兴古典城市化理论认为，在允许城乡劳动力自由迁居、自由择业等的情况下，城乡收入的真实差距就会缩小，城乡差距开始消失。因此，城市的出现、城乡的分离，以及城乡差距的消除，在这一理论中都是可以预见的（杨小凯，2003）。此外，该模型还指出，城市地区的集中交易可以改进交易效率，这种城乡间的交易效率差异会使城市的土地显得稀缺，城市土地价格逐渐上涨，人均消费的城市土地面积逐渐减少；此外，由于人们并不会把所有交易都集中在一个大城市，也不会把所有的交易分散进行，因此，城市并不是越大越好，市场会自发地形成最优的分层城市体系结构。

由此，新兴古典城市化模型主要有两方面的政策含义。一是市场会自发形成分层的城市结构和合理的城市规模。城市的规模与分层取决于分工的水平和交易效率。因此，是否应该限制大城市的发展就成为一个值得思考的问题。二是城乡之间的人员自由流动有助于打破城乡二元经济结构，使之跳到完全专业化的分工；同时，城乡之间的人员自由流动是形成合理的城市规模和分层结构的必要条件，因而要降低要素流动成本。因此，从新兴古典城市化模型来看，我国城乡发展主要存在两个亟待解决的问题——户籍制度和农地流转制度。

3. 新经济地理学的集聚经济和区域不平衡发展理论

相关理论从地理位置、要素禀赋、技术选择和政策因素等角度对地区发展差异做出了解释。但是，新古典增长理论忽略了空间因素对经济活动的重要影响，因而无法对经济活动的空间集聚，以及地区生产率差异的持续存在和扩大这一典型事实做出合理解释（王良举、陈甬军，2014）。

20世纪90年代以来，新经济地理学派对全球化条件下的经济积聚累计因果机制进行深入研究，提出了要素迁移驱动模型（Krugman，1991）和投入—产出联系驱动模型（Venables，1996）等理论模型（张景华，2007），这些研究成果一定程度上解释了集聚经济的形成以及地区发展差异的成因。例如，已有研究认为集聚经济会产生两种类别的经济效应:一是相似产业内的厂商集聚会形成本地化经济,二是不同产业的集聚则会产生城市化经济,使得城市中所有厂商均能从中获益(Ohlin,1935;Hoover,1937)。显然,这种集聚经济带来的本地化和城市化经济效应具有循环累积的机制,这就可以解释区域经济发展不平衡的现象。

与上述分析相类似,许多研究讨论了区域经济不平衡发展现象所对应的空间表现。其中,A. Hirschman、W. Rostow、F. Perroux 等人反对全面投资、各部门均衡增长的"平衡发展"战略;他们认为在发展初期,发展中国家各经济部门和地区按一定的优先顺序或不同速度发展,是一种必要的发展战略。在此基础上,佩鲁将地区不平衡发展中的某一先发地区或大城市定义为"增长极",从"吸引中心"和"扩散中心"两个典型案例出发,较好地解释了城市化的空间机制;进一步,Myrdal(1957)提出了"地理上的二元经济"结构理论(或称"循环累积论")。他认为,发达地区对不发达地区的作用有着扩散效应和回波效应两种。其中,回波效应指劳动力、资金、技术、资源等受到要素收益差异的影响而发生的从落后地区向发达地区流动的现象。在"循环累积"的二元结构下,地区之间的发展差距不断扩大(李明,2006)。类似地,Friedmann(1966)的"核心—边缘理论"也从创新的角度划分了二元空间经济结构。

2.2　我国城镇化发展中的阶段与拐点

尽管西方关于城市化的理论研究获得了丰富成果,但我国的现有情况和西方国家的状况及其城市化理论有很大不同(张立,2010)。在英文文献中,大量关于中国城市化的研究集中于具有显著中国特色的因素;因而可以通过比较研究,修正西方城市化和城市发展理论在发展中国家的适用性条件。如 Chan(2010)认为,与西方城市化研究相比,中国案例的特殊性包括从国家主导的计划经济模式向市场经济模式转型的特殊背景,城市体系与一定的行政管理体系相对应,以及国家通过以户籍制度为中心的人口控制政策来调节和控制城市化发展等。而在国内,研究我国城镇化发展面临的实际问题和具体特征就自然成了当代学者的主要任务之一（孙施文，2005）。这项研究既要借鉴西方发达国家的经验和成熟理论，也要基于国情和现实语境。

2.2.1　我国城镇化的发展阶段和动力机制

1. 我国城镇化发展阶段的相关研究

针对我国城镇化发展阶段的相关研究已经形成了较多的成果，但大多是基于对我国发展情况的经验性总结，而不是与一定的城镇化发展的理论情景相对应的比较研究。如李浩、王婷琳（2012）对我国城镇化历史分期的既有方案进行了梳理，发现相关研究对我国城镇化的发展阶段的划分较多地将城镇化水平（城镇化率）的提升速度（如快速、缓慢、停滞等）作为历史分期的重要依据（邹德慈，2004；叶嘉安等，2006）。同时，也

表 2-1　我国城镇化历史分期既有方案一览

作者（年份）	阶段划分数量	分界年份的选择	备　注
蒋永清（2001）	5 个阶段	1958，1962，1966，1978	
武力（2002）	3 个阶段	1985，1992	仅研究改革开放以来
白南生（2003）	6 个阶段	1959，1967，1978，1987，1996	
朱文明（2003）	3 个阶段	1958，1978	
邹德慈（2004）	3 个阶段	1958，1978	
中国工程院"我国城市化进程中的可持续发展战略研究"课题组（2005）	6 个阶段	1957，1965，1978，1984，1992	
唐子来、周一星（2005）	3 个阶段	1958，1978	
叶嘉安等（2006）	4 个阶段	1978，1990，2000	
方创琳等（2008）	2 大阶段，6 个亚阶段	1958，1961，1966，1977，1984，1996	
陈锋（2009）	4 个阶段	1984，1992，2003	仅研究改革开放以来

资料来源：李浩、王婷琳，2012。

有其他的一些划分依据,如城镇人口的增长情况及城乡关系(白南生,
2003;刘继来等,2008)、城镇化动力机制的变化(叶嘉安等,2006;陈锋,
2009;涂正革等,2016)、与城镇化相关的指导思想或政策的变化(邹德慈,
2004;陈锋,2009)等。一方面,李浩、王婷琳(2012)在相关研究的基础上
提出了细致的两个时期、四个阶段、八个亚阶段的"248"方案;另一方面,
笔者也认为,作为一种结构性的分析方法,历史发展的阶段性是客观存
在的,而历史工作者划分历史阶段的标准却是主观设定的,因而不可避
免地存在一定的主观性。

2. 我国城镇化动力机制的相关研究

在我国城镇化动力机制方面,相关研究形成了"自上而下"和"自下
而上"的动力论、产业结构转换论、矛盾动力论、内生与外力、全球化等成
果(张立,2010)。其中,"自上而下"和"自下而上"的动力论影响最广,如
Shen(2012)认为我国有两种类型的城镇化:一是自上而下的城镇化,由
中央政府有计划地对城镇(包括新城)进行投资建设,其主动力是中央政
府发动的工业化;二是自下而上的城镇化,以乡村集体或个人为投资主
体,通过乡村工业化实现乡村城镇化,其根本动力来自农村经营体制和
经济体制的改革创新。在"自上而下"和"自下而上"的基础上,一些研究
认识到我国城镇化发展过程中外力的作用,由此形成了对内力与外力和
全球化(及其带来的 FDI)对城镇化发展的拉动作用的讨论(顾朝林、吴莉
娅,2008;罗奎等,2017)。

2.2.2　我国城乡发展中的"刘易斯拐点"

1. 民工荒和我国城乡发展的"刘易斯拐点"困惑

2003 年以来,"民工荒"现象首先发端于我国工业化发展较快、用工
数量较多的东南沿海省份,随后蔓延至北部和中部地区,并一直延续至
今。迄今为止,全国各省、自治区、直辖市已经多次上调最低工资标准,①

---

① 　人社部数据显示,2008 年以来,全国最低工资标准年均增幅 12.6%。

各地民工工资也在持续上升，而"民工荒"却仍在持续（见图 2-4）。[①]这种劳动力供求关系趋紧和工资上涨现象与刘易斯二元经济模型在跨越"刘易斯拐点"时的推论有一定的相似性，引发了广泛的争论（Cai，2010；Ge & Yang，2011；Golley & Meng，2011；Minami & Ma，2010）。这些讨论有助于引申出关于对我国人口流动具有重要影响的关键因素的辨析（陈晨，2011）。

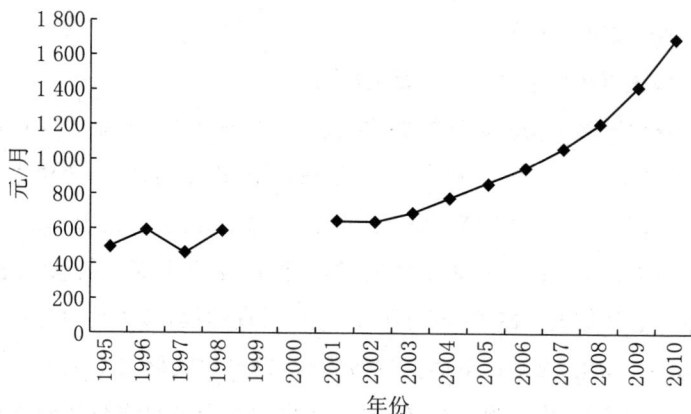

图 2-4　国家统计局农调队数据中我国农民工工资的演变（1995—2010）

资料来源：《中国农民工工资走势：1979—2010》（卢锋，2012）。

如能得出跨越"刘易斯拐点"的论断，其意义十分重大；因为正是在这里，劳动力从无限供给转向有限供给，经济增长方式从主要依靠劳动和资本等要素的投入转向主要依靠劳动生产率的全面提高，二元经济最终融合为一元经济。这与中央"转方式、调结构、科学发展"的宏观战略取向和要求也是一致的，符合新时期发展的主旋律。但是，一方面，我国独特的经济社会发展特征与刘易斯二元经济模型的许多预设条件有着较大的差别，导致许多发展的现实不符合经典模型推论；另一方面，我国

---

① 如在中国流动人口数量最多的广东省，香港中华厂商联合会于 2013 年 7 月 3 日发表的调查报告指出，珠三角劳工短缺的问题在当年似乎并未得到改善。近九成半的受访企业都遇到了劳工短缺的问题；其中，39.3％的企业表示短缺工人的比例在 10％或以下，另有 42.9％的企业的缺工率在 10％—30％之间。

国土广袤,东、中、西部区域差异巨大,这使得以国家为单元的抽象研究和仅依靠统计数据归纳得出的研究结论不可避免地存在一定的局限性。

围绕我国城乡发展的"刘易斯拐点"是否已经出现的问题,相关研究迄今仍未取得一致意见。其中,支持方援引包括人口红利枯竭和人口类型转变、工资上升、劳动力需求数量与求职人数的比率趋于上升等证据,认为"刘易斯拐点"已经在中国出现(蔡昉,2007;吴要武,2007;黎煦,2007;王亚楠等,2020);但从亚洲其他国家和地区出现"刘易斯拐点"的时间节点来看,中国的城镇化率处于相对较低的水平(刘建进,2007),[①]并且"农业部门与工业部门边际劳动生产力相等"的判断也与人们的观感体验差距较大。因此,反对方的主要理由包括:我国城镇化率不高,当前劳动力过剩和劳动者工资偏低的情况并没有实质性的改变;"民工荒"现象背后隐藏着劳动力市场的结构性短缺问题;农民工"城乡两栖"等现象导致现有研究对农村剩余劳动力的估计不足;户籍制度等导致城乡分割的制度或政策原因的作用;此外,我国农业收入变化与农业劳动的边际生产力脱节,从劳动的边际生产力看,我国仍存在大量边际生产力很小甚至趋于零的剩余劳动力;等等(周志坚,2008;张宗坪,2008;刘洪银,2009)。

此外,修正方的研究观点为,我国现已通过的是"第一个刘易斯拐点",[②]目前尚未通过"第二个刘易斯拐点",[③]而这个点才是关键(周祝平,2007;刘建进,2007;蔡昉,2010;刘守英、章元,2014)。实际上,反对方主要是反对"第二个刘易斯拐点"的到来,因而相关研究也将当前"民工荒"和工资上涨等现象称为"准刘易斯拐点"。

2. 若干主流观点

总体而言,相关研究均注意到了我国城镇地区的"民工荒"和农村地区大量剩余劳动力共存的悖论(Chan,2010;Colley & Meng,2011;

---

① 刘建进指出,进入"刘易斯拐点"时,日本、韩国等亚洲其他国家和地区的农村人口占全社会人口的比重已经分别下降到30%和34%。而目前,我国农村人口占全社会人口的比重仍较高。

② 工业部门和农业部门以实际工资水平争夺产业工人。

③ 农业部门与工业部门边际劳动生产率相等。

Knight et al.，2011)，对这一现象的认识是理解我国城镇化发展"拐点"的关键，且已经形成了以下几种主要观点(陈晨,2011)。

a. 人口类型转变与人口红利论

不同于刘易斯模型假设的"部门内部劳动力是同质的"，且"农村剩余劳动力的转移结束之前,农村劳动力没有质的下降,不影响农业生产"，我国学者认为,改革开放以来的高速经济发展正是得益于人口红利,即我国总人口抚养比的下降造就了更具生产性的人口结构，并获得了充足的劳动力供给和高储蓄率。有学者进一步认为,人口红利对人均GDP 增长的贡献率达到了约 27%(蔡昉,2007)。但是目前，一方面，进入21 世纪以来,我国农村劳动力转移的速度加快,农村剩余劳动力的增量已经大幅度减少,有迁移能力的农村劳动者已经基本转移了;另一方面，计划生育政策的实施使得人口出生率下降,我国享受了 20 多年的人口红利行将枯竭,正面临剩余劳动力短缺的重大转折,即"刘易斯拐点"的到来。

b. 劳动力市场分割论

刘易斯模型假设"现代经济部门是充分就业的"，而陈广汉和张光南(2010)认为,我国劳动力市场存在"缺乏供给弹性—无限供给弹性"的二元结构。其中,在"缺乏供给弹性"的劳动力市场(如熟练技工市场)中，劳动者工资高,工资由企业与员工谈判的议价机制和企业提供的效率工资决定,不是竞争性的;其群体工作条件优越,就业稳定,安全性好,升迁机会多。而"无限供给弹性"的劳动力市场(如普工市场)中的劳动者工资低,工作机会少,极易失业,教育和训练与报酬的关联性不强。二元劳动力市场的工资存在较大的差别,包括教育和工作经验在内的人力资本对"缺乏供给弹性"的劳动力市场贡献较大。此外,林艳等(2010)通过实证研究指出,我国从农村往城市流动的劳动力主要从事非正规部门工作和报酬比较低的繁重的体力劳动,且主要以制造业和建筑业为主。由于在"无限供给弹性"的劳动力市场中,教育和训练无助于报酬提高,导致农民工无法有效地积累人力资本,熟练技工市场的劳动力供给不足,"拐点"由此迫近。

c. 城乡迁移成本论

刘易斯模型只考虑离农务工产生的机会成本,但城乡迁移成本论认为,中国特色的城乡迁移成本阻碍了农村剩余劳动力的自由转移,因而也是引致"刘易斯拐点"提前迫近的重要原因。首先,大部分相关研究强调城乡分治制度,尤其是户籍制度以及与之相关的各种社会保障和福利制度的不完善妨碍了农业剩余劳动力的自由转移(蔡昉,2007;林艳等,2010;赵国珍,2008;李永杰等,2008;张捷,2008)。首先,如蔡昉认为,在城市,几乎所有的公共服务和公共政策领域,甚至企业行为,都在排他性的户籍制度环境下,将农民工排斥在城市经济和社会生活的主流之外。其次,有研究认为,劳动力转移的物理距离、社会文化、个体迁移能力、劳动力市场发育等要素(张捷,2008;李永杰等,2008)均不同程度地构成劳动力的城乡迁移成本,由此也形成了中国特色的劳动力"城乡两栖"现象。此外,总体而言,劳动力转移的物理距离、社会文化、个体迁移能力、性别等均不同程度地会影响到劳动力城乡迁移的意愿和在迁移目的地定居的意愿(Gao & Smyth, 2011; Shen, 2012; Zhu & Chen, 2010)。上述研究指向市场平衡和个体理性决策的作用,具有启示意义。

d. 外向型经济发展模式的年轻劳动力偏好论

上述研究尽管被广泛认同,但仍难以解释流动人口的另一个重要特征,即整体的年龄结构是年轻化的,且多数流动人口外出并不必然伴随着举家迁徙。有研究由此认为,中国的"刘易斯拐点"其实是年轻劳动力的拐点(Minami & Ma, 2010; Chan, 2010)。与同期全国总人口相比,流动人口确实表现出相对年轻的年龄结构。此外,据《全国农民工监测调查报告》,2012 年外出农民工群体中,举家进入城镇的比例仅为 20.7%,而家庭部分成员外出务工的比例则高达 79.3%。一些研究指出,这是因为在我国出口导向的经济模式下,工业部门偏向于雇用年轻民工,这使年轻民工市场(尤其是 16—31 岁的年轻民工)变得兴盛,而年老的民工与年轻民工相比缺乏竞争力,于是没能大量迁出(Chan, 2010),或是过早返乡。也有研究认为,农民工在人力资本方面的积累对他们的工资收入的贡献很小,这使得中年农民工和青年农民工相比缺乏竞争力,加之家庭责任等，他们会较早回流迁出地。

e. 工业化动力不足论

工业化动力不足论，即问题不是农村的劳动力供给不足，而是城市部门对劳动力的吸收能力有限，即产业能级低（Minami & Ma，2010）。

2.3 小　　结

上述研究尽管均有某种程度的解释力，但也仍存在着若干明显不足。比如，一是将全国作为分析单元，不考虑区域差异，显然脱离实际；二是注重对制度等结构因素的分析，不考虑个体能动性作用，其解释难免片面。

在国际上，人口流动和城市化都已经是比较成熟的研究领域；然而，聚焦人口流动对城市化发展进程的作用的系统性研究还较少。由于我国人口流动与城镇化的密切联系，以及人口流动速度快、规模大的特征，我国人口流动与城镇化发展之间形成了紧密的互为因果的发展关系。从已有研究来看，一方面，关于西方城市化发展进程，已经产生了大量的理论和经验规律的研究成果，但这些经验规律在试图解释中国现象时通常会产生一定的"水土不服"。针对这种西方理论"洋为中用"的不适应性，通常的方法是加入对制度等结构性因素的影响分析。而笔者认为，人口流动的微观动力机制，即市场力量作用下的个体理性决策对城镇化发展进程的影响，很可能是被低估的。另一方面，尽管有关人口流动的微观行为研究具有较强的解释力，但现有研究倾向于针对人口流动的特征和成因等形成独立研究领域，即很少将其与对城镇化整体图景的作用联系起来，做两者的关联性探讨。

3 人口流动的研究进程与展望

随着我国城镇化发展由高速度向高质量转型,人口流动作为城镇化发展的重要驱动力也势必有其特征和规律,因此,对人口流动的深入研究具有重要意义。一是有助于提升对新时期城镇化发展趋势的认识。近10年来,以"加快改革户籍制度,有序推进农业转移人口市民化"为核心的"新型城镇化"一直是我国城镇化政策的核心议题。2022年,中共中央办公厅、国务院办公厅印发的《关于推进以县城为重要载体的城镇化建设的意见》又进一步引出了我国城镇化载体的问题。二是对科学制定国土空间规划和健全城市规划体系具有重要意义。我国当前正值深化国土空间规划改革的重要时期,广大国土空间范围内的人地系统变革如何响应人本需求是一个重要命题。三是全国各地第七次人口普查详细数据已公布,客观上为系统性的人口流动研究奠定了基础。综上,有必要对既有国内外人口流动相关文献进行总结分析,以便为相关研究和实践提供启迪。

我国的城镇化进程伴随着大规模的人口流动,早就引起了国内外学术界的高度关注,并已积累了大量的学术成果,亟待系统性整理,并作必要综述。然而,人口流动的相关文献数量巨大,并仍在快速增长,传统文献阅读方法已难以窥其全貌;相较而言,专业文献计量软件 CiteSpace 的量化分析方法有明显优势。此外,既有文献综述主要聚焦国内人口流动,对国外人口流动研究的新特征、新趋势、新理论还关注不足;而现有国内人口流动和城镇化研究,实际上也是在借鉴西方理论和方法的基础上,针对本土案例和数据开展实证研究。因此,全面汲取国外人口流动研究的理论、方法和经验，并辨析其不足，可谓非常必要，具有深远意义。

笔者借助 CiteSpace 文献计量工具，分别针对 1990—2022 年近 30 年来国内和国外期刊中人口流动相关的研究文献，进行关键词聚类分析、共现分析、突现分析、时间线分析等图谱量化分析，以揭示国内外人口流动研究的演进历程与前沿动态。进而，根据图谱量化分析结果，聚焦 210 篇国内外关于人口流动的种子型、高被引和中枢型文献进行详细研究，以发现国内外人口流动研究的异同点及其成因（刘竹阳、陈晨，2024）。

3.1 近 30 年国内外人口流动研究热点演变

3.1.1 数据来源及研究方法

我国的大规模人口流动开始于 1990 年左右（陈晨、赵民，2016），笔者在文献选择上，将国内外文献发表时间均设定在 1990 年 1 月 1 日至 2022 年 6 月 1 日。具体规则上，国内人口流动研究文献检索基于 CNKI 数据库，主题选择"人口流动"，"篇关摘"中包含"城市化""城镇化"或"市民化"，文献来源限定核心期刊。国外人口流动研究文献选取基于 Web of Science 数据库中的"核心合集"，要求文献标题中必须至少包含"population migration""population immigration""population mobility"之一，文献来源限定中科院 JCR 分区中 urban studies、demography 和 regional & urban planning 领域期刊。经多次人机交互测试，筛选出符合检索条件的中文文献 1 400 篇和英文文献 1 249 篇。

笔者运用了定量和定性研究相结合的方法，首先使用 CiteSpace 对上述文献进行图谱量化分析；具体为先对发文量和变化趋势进行描述性统计，再使用 CiteSpace 文献计量软件进行关键词聚类分析，初步展现国内外人口流动领域的关键研究内容。然后，通过关键词共现分析，对聚类结果进行校核和补充，确定最终研究热点。在此基础上，加入时间维度进行突现分析，以研究各热点的时间分布和变迁规律，并据此推断未来发展趋势。在上述 CiteSpace 图谱分析基础上,再选择近 200 篇与人口流动研究主题高度相关的种子型、高被引和中枢型文献,进行深入比较阅读,以图捕捉国内外人口流动领域的研究热点演变态势(见图 3-1)。

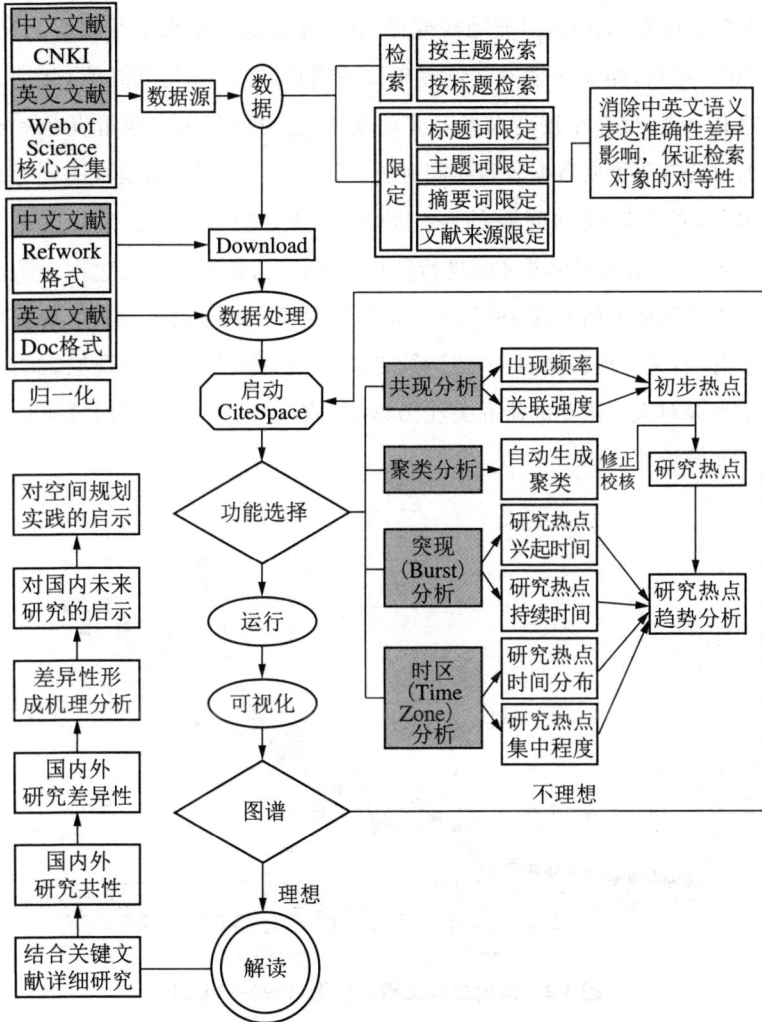

图 3-1 应用 CiteSpace 图谱量化分析的技术路线 *

_____

＊ 本书图表凡未标资料来源的,皆为笔者根据相关资料整理。

3.1.2 国内外人口流动研究发文量分析

对近 30 年来国内外人口流动相关研究的发表情况进行统计（见图 3-2）。首先，国内人口流动研究在 1992 年后总体呈现上升趋势，尤其是 2010 年后，相关文献发文量逐年快速增长，2015 年达到峰值，此后几年略有下滑，最终在较高水平上波动变化，这可能与人口政策发布和全国人口普查等重要数据公布时间有关。2014 年后，随着新型城镇化等政策出台，对人口流动问题的关注热度也极大提升。此外，对 Web of Science 中检索到的国外文献进行分年度统计，可发现国外对包括中国在内的人口流动的研究在 1991 年后总体呈现攀升趋势；在 2019 年前曾短暂下滑，后又出现激增，且增势持续走高，并延续至今。这一现象表明国际学术界对人口流动的研究关注仍热度高涨，应是世界范围内城镇化快速发展的重要注脚。

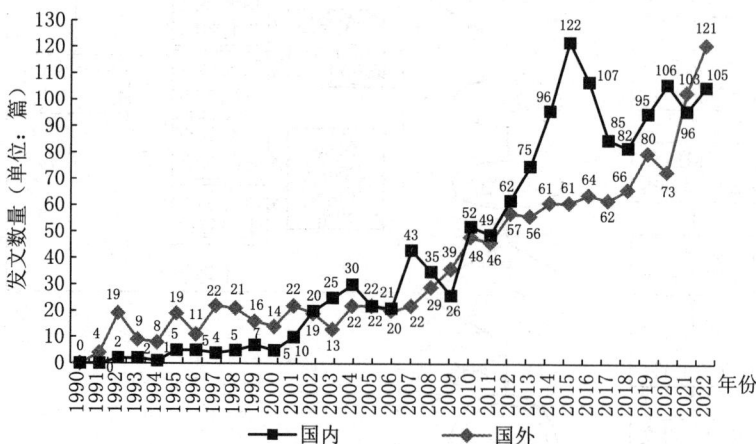

图 3-2　国内外发文量统计图(1990—2022)

3.1.3 国内外人口流动研究热点分析

再分别对国内外人口流动研究的相关文献进行关键词聚类和关键

词共现分析。首先,调用 CiteSpace 内置算法对国内人口流动研究关键词进行聚类分析,结果如图 3-3 所示。除去检索词和无法解读的非相关词,并将近义词合并,最终得到的聚类关键词包括"新型城镇化""农民工""社会融入""少数民族""劳务输出""流动儿童少年""工业化""制度创新""管制""对策""人口流出",归纳起来初步显示了流动方向、特征群体、影响因素、应对对策等关键问题。进而结合关键词共现分析结果(见图 3-4)进行细化、校核与补充,可将国内人口流动研究归纳为人口流动空间格局、流动人口的人口学特征、人口流动的驱动因素、流动人口的流动和定居行为、人口流动对城镇化的影响五大重点领域。

其次,运用 CiteSpace 对国外人口流动研究文献进行聚类分析(见图 3-5),初步发现主要包括国内人口流动(internal migration)、居住移动性(residential mobility)、政治避难寻求者(asylum seekers)等多种流动类型,气候变化(climate change)、选择(choice)、经济地理(economic geography)等多元化的流动原因,协助(aids)、社区(community)等社会描述词语,以及以影响(impact)和政治(politics)为代表的人口流动影响和应对。进而结合关键词共现分析(见图 3-6),可发现国外人口流动领域研究集中于人口流动的地域分布特征与演替、特征群体的形成与解释、人口流动

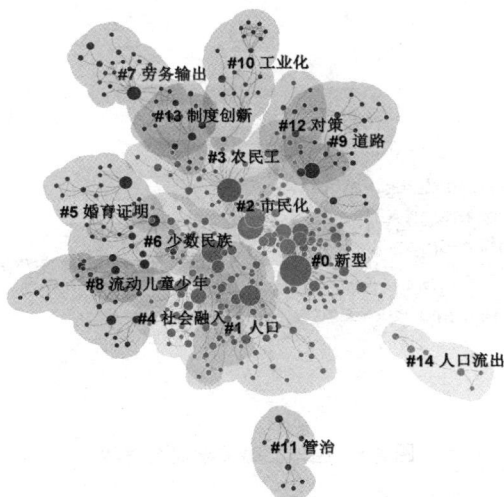

图 3-3 国内文献关键词聚类图

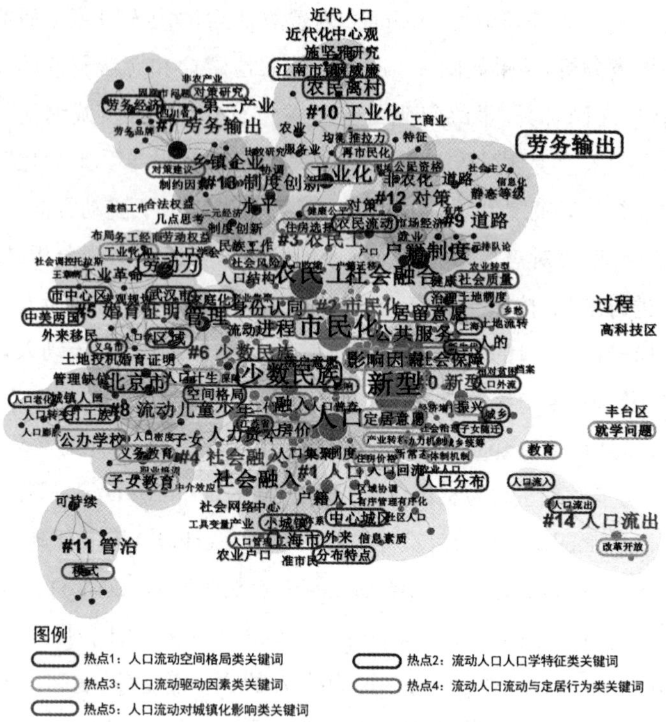

图例

○ 热点1：人口流动空间格局类关键词　　　　○ 热点2：流动人口人口学特征类关键词

○ 热点3：人口流动驱动因素类关键词　　　　○ 热点4：流动人口流动与定居行为类关键词

○ 热点5：人口流动对城镇化影响类关键词

图 3-4　国内文献关键词共现图

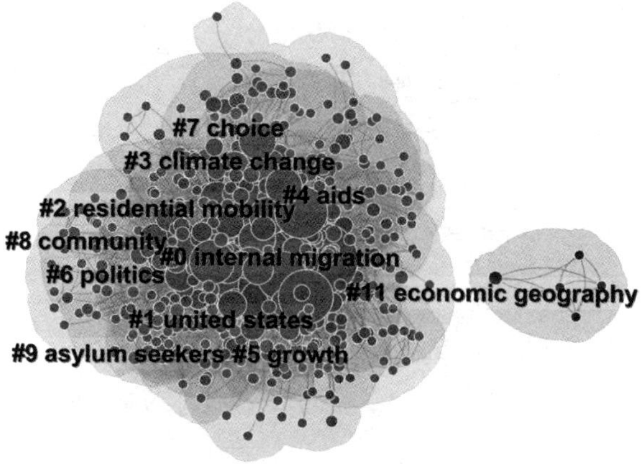

图 3-5　国外文献关键词聚类图

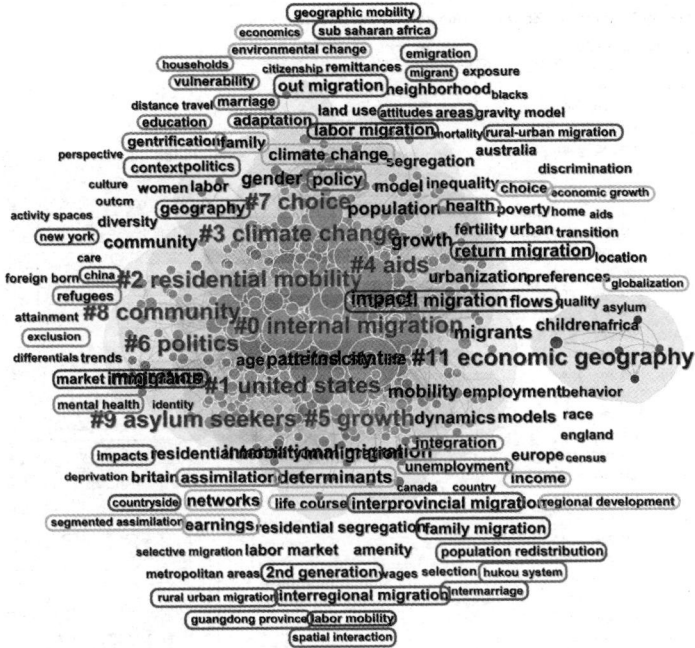

图例

热点1：人口流动地域分布特征与演替类关键词　　热点2：特征流动群体形成与解释类关键词

热点3：人口流动驱动因素类关键词　　热点4：流动人口生存状态与权利表达类关键词

热点5：人口流动影响和政策干预类关键词

图 3-6　国外文献关键词共现图

的驱动因素、流动人口的生存状态和权利表达、人口流动的影响和政策
干预五大方面。

3.1.4　国内外人口流动研究热点演变分析

关于国内人口流动研究的突现分析结果（见图 3-7），总体上表现出
明显的政策影响，即各研究热点的突现与城镇化和人口重要政策的发
布时间高度相关。其中，1990—2000 年，"非农化""工业化""劳务输出"
等关键词恰是当时改革开放如火如荼的生动写照；其后，由于人口快速
增长和剧烈流动带来了众多新问题，人口管理制度改革亟须深化，"户
籍制度""人口计生"等关键词逐渐走红，同时，"农民工"等特殊群体也

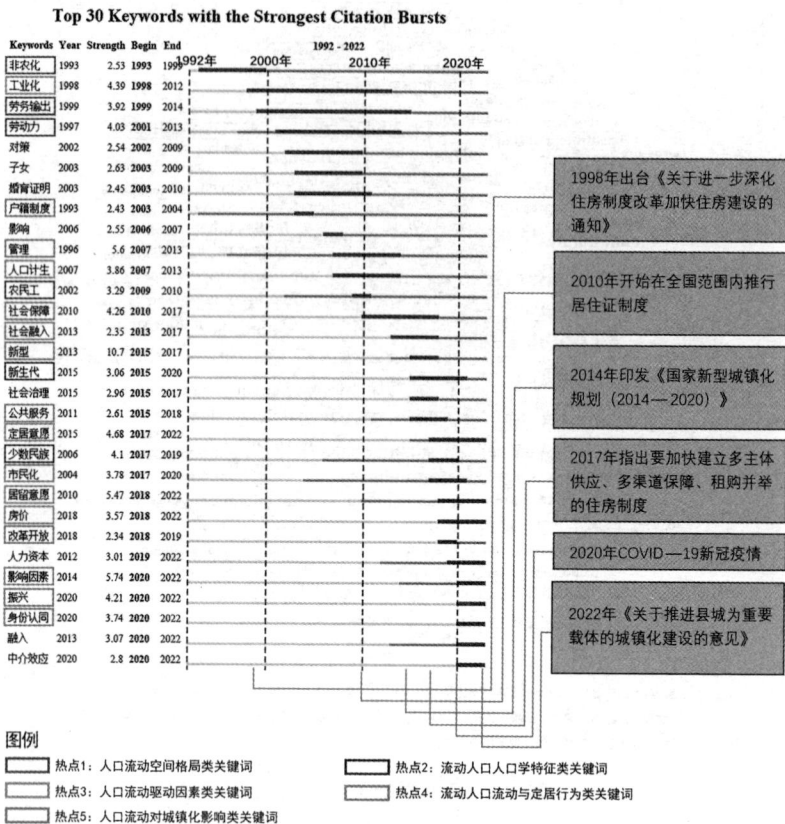

Top 30 Keywords with the Strongest Citation Bursts

图 3-7　1990—2022 年国内人口流动研究关键词突现分析

更加受到关注，引发了"社会保障""社会融入"等社会性议题。在 2013 年以人为核心的新型城镇化战略确立与实施后，其迅速成为研究热点，产生了大量涉及新生代人群、公共服务、房价等相关问题的研究文献。其中，人口流动研究主题文章井喷式增加，内容上延续了"社会融合"等社会性议题，并出现"乡村振兴"等新的研究主题。在时间线分析可视化结果中，各个时间段均有相当数量的研究热点分布，表明国内人口流动的实证研究广为开展，新理论运用、新概念演绎也相当活跃（见图 3-8）。

国外人口流动文献的突现分析结果则较为均衡和多元化，没有明显

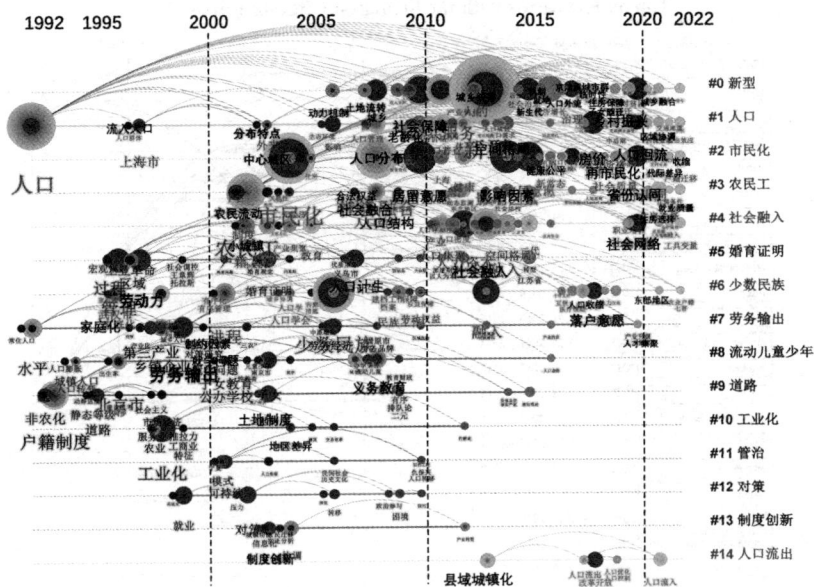

图 3-8　1990—2022 年国内人口流动研究关键词时间线分析

的政策关联性,可能与国外研究同时包括发达国家和发展中国家有关,但是总体上也能看出向内部迁移、微观行为研究转向的发展趋势。具体看,1990—2010 年间的研究重点为就业失业和劳工问题,关键词有收入(earning)、工资(wages)、斗争(fight)等;2011—2015 年间既有种族(race)、女性(women)等人口学特征研究,也开始关注难民(refugees)、健康(health)、适应(adaptation)、生命周期(life course)等流动人口的生存状态与权利表达问题;2016 年至今,突现关键词呈现多元化特征,在仍关注劳工市场问题的同时,也从政治(politics)、汇款(remittances)、整合(integration)等社会学和政策制定的角度分析人口流动问题,大数据(big data)等新技术的应用也逐渐成为新兴热点(见图 3-9)。时间线分析结果显示,国外人口流动文献的重要关键词首次出现时间主要集中在 1990—2000 年;这表明此时间段内国外人口流动研究已经较为成熟,此后研究多为对其的实证与补充。在这一点上,国内的相关研究与其有着较大差异(见图 3-10)。

Top 30 Keywords with the Strongest Citation Bursts

Keywords	Year	Strength	Begin	End	1991年	2000年	2010年	2020年
earnings	1994	3.65	1994	2009				
flight	1996	2.91	1996	2005				
wages	1997	3.38	1997	2007				
family migration	2000	3.71	2000	2010				
impact	1998	4.56	2003	2013				
united states	1993	8.09	2005	2012				
assimilation	1997	3.01	2005	2011				
immigration	1992	5.99	2007	2010				
residential mobility	2004	3.33	2008	2009				
refugees	2010	3.2	2010	2012				
race	1996	2.91	2010	2015				
international migration	1993	3.34	2011	2012				
women	2012	5.21	2012	2016				
urban	1999	2.78	2012	2014				
population change	2012	2.73	2012	2016				
health	2013	3.31	2013	2016				
adaptation	2003	3.42	2014	2019				
life course	2013	3.7	2015	2019				
vulnerability	2010	2.77	2015	2016				
population redistribution	2015	2.75	2015	2019				
urbanization	2002	2.78	2016	2020				
flows	1997	3.88	2017	2020				
politics	1993	4.26	2018	2022				
mortality	2016	3.69	2018	2022				
remittances	2019	5.03	2019	2022				
big data	2019	3.65	2019	2022				
dynamics	1993	3.2	2019	2020				
integration	1999	4.52	2020	2022				
neighborhood	2013	3.65	2020	2022				
country	2004	2.95	2020	2022				

图例

热点1：人口流动的地域分布特征与演替类关键词　　热点2：流动人口特征群体的形成与解释类关键词

热点3：人口流动驱动因素类关键词　　热点4：流动人口的生存状态与权利表达类关键词

热点5：人口流动的影响和政策干预类关键词

图 3-9　1990—2022 年国外人口流动研究关键词突现分析

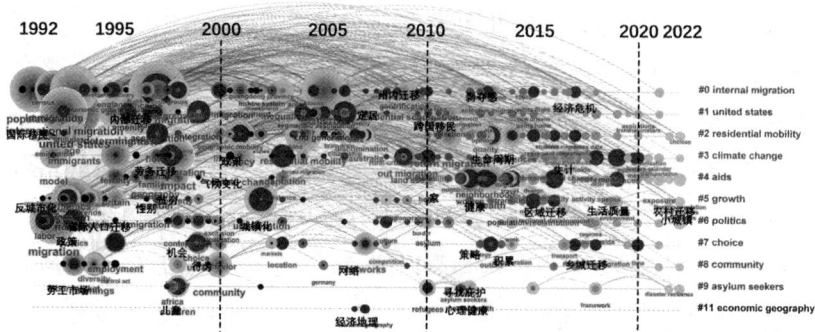

图 3-10　1990—2022 年国外人口流动研究关键词时间线分析

3.2　近 30 年国内人口流动研究的热点演变

3.2.1　人口流动的空间格局

我国流动人口规模庞大,现有研究显示,早期人口流动研究重点关注全国范围内的省际流动。但此后人口流动呈现出新的特征,尤其是从六普到七普以来的变化已经引发较多关注。一是人口主要自西部向东部流动的区域指向保持稳定,但具体省份间的人口流动格局出现新的特征,例如 2010—2020 年东北地区人口收缩明显。此外,跨省流动人口总量虽然近 10 年有所增加,但是主要流入地更加均衡(王婧雯等,2024)。二是城市群等小范围跨省流动以及省内流动逐渐引起学者关注。有学者认为,近 10 年来人口流动以近距离流动为主,其中又以"就地城镇化"和"就近城镇化"为主要形态(王桂新,2021)。还有研究进一步观察到省内人口流动的空间分化现象,即流动人口主要向省会和省内重点城市集聚,而周边部分城市则呈现出人口净流出的现象(王梅婷、周景彤,2022)。也有研究关注流动人口首末"两端集聚",认为县城已逐渐成为重要的人口流动空间载体(陆铭、李鹏飞,2023)。

但是总体而言,有关省内流动的研究目前主要以地级市为基本单位;而对"省内跨市"流动、"市内跨县"流动,以及对县域城镇化乃至更小颗粒度的研究,则还很不充分。同时,诸多地区的人口收缩现象也应引起学界高度重视。

3.2.2　流动人口的人口学特征

一般认为,我国的流动人口年龄结构比较年轻(刘彩云等,2020;王洪亮,2018)。流动人口的教育水平一般是初中左右,高于农村地区的平均水平,但低于城市地区的平均水平(黄婕,2016)。但随着城镇化和城镇社会经济发展,流动人口的构成也逐渐呈现出新的人口学特征。一是流动人口的家庭化流动趋势，越来越多的流动人口以家庭为单位进行流动；二是相关研究开始关注流动人口的代际差别（吴幽，2021），如有研究认为，流动人口的定居意愿与年龄成反比，但也有学者认为这种代际差异是被夸大的；三是流动人口在城市地区的滞留时间正在明显延长（段成荣等，2013）。

总体而言，既有研究一方面较为忽略人口流动两端地区的发展状况对人口流动的"推""拉"作用；另一方面以"乡—城"流动研究为主，而对"城—城"流动的人口学特征关注不足。对这几方面的研究均需要加强。

3.2.3　人口流动的驱动因素

理解人口流动的逻辑是城乡社会治理和政策制定的前提和依据。现有人口流动的动因机制研究分为宏观和中微观两个层面。一方面，宏观层面的研究包含人口流动的时空趋势研判和模型解释，并涉及与人口流动过程相关的社会、经济、生态等问题。这类分析通常从人口流动与地区经济发展的互动关系切入，如相关研究从结构模型入手考察空间距离、城镇新增就业岗位、经济增长、城镇失业率、城乡收入差距，以及户口放开、人才引进、支持就近城镇化与县域城镇化的政策导向对人口流动的作用（沈映春、王逸琪，2019）。[1]另一方面，随着人口流动研究的深化，许多学者也发现了上述结构性分析会一定程度上忽视个体差异性，以及个体主观能动性对制度和结构的反作用（陈英姿等，2022）。由此，相关研究从中微观层面切入，从流动决策者角度进行分析，揭示流动者的心理、逻辑方面的特征。现有研究发现，个体年龄、性别、职业偏好、流动经验、社交能力、教育程度等都显著影响着人口流动的表现形式。

近十年来，家庭策略、个体心理因素、社会网络、生命周期等微观要素逐渐引起关注，已成为与结构性因素相对应的不可忽视的重要关注点，并且还有较大的研究拓展空间。

---

[1]　如"民工荒"现象逐渐蔓延以来，东部沿海地区的许多制造业企业迁移到内地，如富士康，而政府也开始在政策上鼓励制造业内迁，由此，劳动力也随着工作岗位迁移到了内陆地区。

3.2.4　流动人口的流动和定居行为

由于流动人口构成的复杂性及个体差异性的存在,其流动和定居意愿也具有多元性和复杂性。从已经发表的文献看,有关流动意愿的研究主要关注四川、河南、湖北等主要人口流出省份(李聪等,2021);而有关定居意愿的研究主要关注北京、上海、广东等人口流入地(王凯等,2020)。对于流动和定居决策背后的影响因素,也已有大量研究。研究发现,一方面,流动意愿与人口学特征、人力资本等个体特征,与财产和劳动力配置等家庭特征,以及与流入/流出地的经济发展特征、市民化难度和程度有紧密的关系(吴颖,2019);另一方面,虽然户籍身份的可获得性被认为是影响流动人口定居行为的最重要因素,但近五年来,越来越多的研究认为,流动人口的定居意愿实际上是收入差距、房价、社会保险、社会资本等多方面条件综合权衡的结果(刘铭秋,2022)。

鉴于2020年来流动人口群体正在不断分化,对新生代的崛起,农二代、企业主二代的接替,以及养老族的涌现等,均需要加以关注。对其各自的群体特征,以及流动和定居行为等的研究已经刻不容缓。

3.2.5　人口流动对城镇化的影响

我国流动人口约占城镇人口的1/3,是城镇化的重要力量。当前,将人口流动与城镇化进行关联分析的研究,主要将城镇化进程作为一个发展的背景来研究人口流动,或在结构性层面考察人口流动对城乡地区发展的作用。一方面,流动人口被看作城市地区制造业和服务业扩张的重要支撑,但也会对本地劳动力市场、房价、交通产生干扰(陈刚,2016)。另一方面,人口城乡流动也使得农村地区空心化,流出地的人才资源枯竭,进一步造成流出地区的贫穷和落后(龙瀛、吴康,2016;李昊,2012)。但很多研究也发现,人口流动对缩小流出地和流入地之间的收入差距有重要作用,尤其是短距离的就近城镇化和县域城镇化作用明显(王凯风、陈利锋,2018)。并且,流动人口向户口所在地农村老家汇款的现象普遍存在,农村家庭中拥有流动人口也对该家庭的经济福利水平具有重要影响(吴帆,2016)。此外,一些流动人口返乡以后给家乡地区带去的技术、经验、资金也为流出地农村地区发展注入了重要动力(侯玉娟,2021)。笔者认为,人口流动对城镇化影响的研究不应局限于正负效应的评判,而应该在具体的时间语境和空间尺度中进行有针对性的动态评估。

3.3　近 30 年国外人口流动研究的热点演变

3.3.1　人口流动的地域分布特征与演替

相比于国内研究,国外对人口流动的研究更加多元化,且较多具有全球视野。例如,一方面,近 30 年来,欧美、日本、韩国等发达国家和地区的人口流动研究继续推进,对中国、越南、印度、印度尼西亚等东亚和非洲发展中国家的研究热度也不断增长(Cao et al.,2018;Nguyen &Phung,2020;Abraham,2020;Black et al.,2022)。另一方面,在地域分布类型上,其对国内区域人口流动的关注与日俱增(Lai & Pan,2020;Mcgranahan & Kassel,1995)。具体来说:①国际人口流动研究 20 世纪90 年代已较为成熟,其中又以全球南北流动①为研究重点(Castles,2014),并且认为国际移民显著影响全球北方国家与南方国家之间的关系(Paoletti,2010);②各国国内区域人口流动对地域空间重构也具有重要影响,例如研究发现,近十年来欧洲内部迁移不断增加,正在形成移民新地图;③城乡人口流动在不同国家具有较大差异性。发展中国家人口仍主要以向城市流动为主,在发达国家却有反向趋势;但也有学者认为,人口回流可能成为将老龄化或非生产性人口“倾倒”到农村的一种方式(Zhao,2018)。总之,在国际人口流动的地域演替上,内部化、区域化已渐成全球趋势。在较发达国家,国内人口流动的内部化、区域化往往被

---

①　因为南半球大多数是发展中国家,西方发达国家大都在北半球,人们称发展中国家为“南方”,称发达国家为“北方”。

认为是经济效率的重要推动力,但在发展中国家,上述过程还有待开展动态研究和评估。

3.3.2 流动人口特征群体的形成与解释

与国内文献中流动人口相对宽泛的人口学构成相比,国外研究更加聚焦人口流动形成的劳务流动、退休和养老流动、高技能流动等特征群体。具体来说:劳务移民指劳动者因工作需要发生在地理空间上的定向流动。既有研究认为,劳务流动是宏观经济战略、户籍和土地制度,以及微观个体及其家庭层面的经济收入、风险和福利等因素相互交织的结果(Radel et al.,2019)。退休移民指退休后选择流动到与长期居住地不同的城市或地区,多为环境舒适宜居地,或者是出生地与祖籍地。研究表明,退休移民的流动选择主要取决于个体的教育水平、年龄和性别,尤其是经济方面的承受力(Pytel & Rahmonov,2019)。高技能移民指受过高等教育或者具有特殊技能的在空间上流动集聚的群体。研究显示,此类群体的向外迁移和定居意愿受其人生阶段、空间—人口环境及生活质量特征等的共同作用(Whisler et al.,2010)。国外的这些研究对国内的相关研究具有启示性,即在总体层面对人口学特征进行描述的同时,很有必要针对流动中的一些特征群体进行深入研究。

3.3.3 人口流动的驱动因素

相比较而言,国内人口流动研究注重经济和政策因素,而国外学界则从经济、社会、政治、生态多元视角,以及个人、家庭等微观尺度探究人口流动的驱动因素。在经济因素方面,国外文献主要探讨 GDP (Jennissen,2003)、失业率、移徙成本、通勤成本和房价(Zhou & Hui,2022)等经济指标的影响程度。研究表明,人均 GDP 对一个国家的净国际移民有积极影响,而失业率则有消极影响(Jennissen,2003)。较高的住房价格可能会极大地阻碍低学历移民（Zhou & Hui，2022），并会降低移民选择某个区域的可能性。在社会因素方面，现有研究已涵盖性别、社会网络、种族、社会地位，以及社会福利和保险等细分领域（He & Gober，2010；Rosenthal & Strange，2002；Xie et al.，2021）。其中，社会网络可以通过潜在目的地的信息传播来塑造和强化迁移轨迹（Serbeh & Adjei，2020；Ponce，2019）。政治因素主要包括战争、国际形势和人口流动政策。生态因素主要包括气候变化、生态破坏和极端自然事件（Robalino et al.，2015）。此外，流动人口的个体经历和情感依恋，以及对家庭维系和向上跃迁的策略，也会显著影响其流动和定居意愿（古恒宇等，2019；Chen & Zhao，2017；Bratti et al.，2019）。基于此，国内对人口流动驱动因素的研究在视野上应进一步拓宽，如从经济和政策维度延伸到社会、生态、文化等多元维度；在尺度上也应更加精细化，如加强对家庭策略和个人心理等微观尺度的研究。

3.3.4 流动人口的生存状态与权利表达

国内人口流动研究一般较为关注流动人口的物质条件满足情况和经济发展机会；国外研究则更关心流动人口的生存状态与权利表达，具体包括社会隔离和融入、不平等和权利表达、公共服务和设施、社会福利、邻里关系和社会资本等。具体来说，在社会隔离和融入方面，国外学者通常认为，流动人口进入新的生活环境，面对新的社会群体，需要时间和机会才能打破隔离走向融合，长期在外生活的返回人员社会隔离表现更为强烈（Barrett & Mosca，2013）。不平等和权利表达研究主要关注移民、难民、寻求庇护者或移民工人在流入地的权利。城市权利研究者认为，流动人群也有权获得公平的生存资料、生活环境和发展机会，而不平等可能会使流动人群产生挫败感，进而增加政治激进化和动荡的可能性（Lu & Wang，2013）。面向未来，在物质条件和生活环境质量普遍提高后，我国人口流动相关研究也应更加关注流动人口的社会心理需求。

3.3.5 人口流动的影响和政策干预

国内的人口流动研究表现出显著的效率导向和强政策干预导向,而国外人口流动研究更加注重流动过程中的社会公平问题。持正面态度的学者认为,人口流动有利于促进人口增长(Murphy,2016)。从流入地视角来看,人口流动还有利于提升人力资本水平,甚至改变当地经济构成(Maria & Lazarova,2012)。持消极看法的学者则认为,人口流动不但会产生对流动失败后果的担忧,也会造成子女的教育及成长环境的颠簸和动荡(Ye & Pan,2011)。此外,人口流动还会带来生产和消费活动的变化以及碳排放的空间迁移,导致生态平衡破坏(Gao et al.,2021)。

针对人口流动对地区发展的影响,国外学者也认识到应当在政策层面施行积极干预,包括人口政策、福利制度等。在人口政策方面,美国绿卡制度、日本永久定居签证制度等是对人口流动的直接干预(Shi et al.,2017)。反观国内的人口研究,在继续强化效率讨论的同时,应更加重视人口流动过程中的公平性问题。

3.4 小 结

3.4.1 国内外人口流动研究的共性、差异及未来展望

借助 CiteSpace 图谱量化分析和深度文献阅读,笔者发现国内外人口流动研究有三个共同转向。一是研究案例等级和尺度上的内部化、区域化转向。实际上,早期的人口流动研究更多关注跨国迁移,尤其是具有强大人口吸纳能力的"全球城市"和快速崛起的"世界工厂"。但是随着世界城镇化的不断推进和国际形势的演变,跨国人口流动的大潮逐渐被各国内部区域间和区域内部之间的人口流动所替代。二是研究范式上的微观行为转向。国内外研究都始于总量规模和空间地域分布的特征描述,但随着相关研究的不断丰富和深化,宏观分析工具的局限性也

逐渐显现，于是国内外学者都趋于更多地从个人、家庭和社区等微观视角开展研究，诸如流动人口作为行动主体的社会学特征，以及流动对其的特殊意义等。三是研究视角上的社会、文化、生态多元价值转向。可以说，国内外早期的人口流动研究都将经济因素看作人口流动最强有力的驱动因素，认为人口流动本质上是资本等经济发展要素在空间上流动的关联表现；但后来，学界逐渐意识到社会文化、生态环境等要素在人口流动中的重要性，从而使得研究视角不断多元化。

同时，国内外人口流动研究也存在着明显的差异性。一是人口流动的现实内涵不同：国外研究的人口流动对象一般是永久性迁移，对应中文语境中的"移民"概念更加准确；而国内的研究对象则是周期性的、不稳定的人口流动，在英文文献中，中国的流动人口常与欧美的非法移民相提并论。二是研究导向差异：国内的人口流动研究具有强烈的政策导向性，不仅发文量的变化和重要政策出台时间高度重合，研究目的也多是为政策落实提供建议和参考借鉴。而国外人口流动研究的理论导向性相对更强，更重视研究新现象的理论意义。三是研究对象特征差异：国内的人口流动议题虽然自 2020 年以来对城市群人口流动和县域城镇化等的关注度有所上升，但是总体来看，仍然主要针对大群体和大区域；而国外更多关注小群体，乃至个人的空间流动。四是研究落脚点不同：国内人口研究具有明显的实用色彩和管理属性，以民生改善为落脚点，追求大众化的整体最优解，并尽力预判可能出现的消极影响和解决已经显现的现实问题；而国外则更关心个性化的、小群体的社会性议题。

笔者认为，国内外人口流动研究差异性的成因主要如下：首先是发展阶段差异的影响。世界各国和地区间的城镇化阶段并不同步，导致不同阶段的发展目标和着力解决的问题也必然有所不同。总体来看，过去我国处于快速城镇化阶段，很长一段时间都在关注发展的动力和速度问题，所以城镇化研究常与经济增长和土地开发高度相关；近五年来，随着城镇化速率放缓，国内学界才开始逐渐转向对发展质量的研究。其次是制度干预的强度和频度差异的影响。尤其是国内的基础教育、社保等都曾与户籍挂钩，而户籍又与土地资源配置绑定，城—乡两端均是如此。

对城镇而言,吸引人口是土地城镇化的前提,对地方财政具有重要影响,所以对人口相关的政策干预力度很大;由此也就加大了国内人口永久性迁移的难度。

有鉴于此,笔者尝试提出国内人口流动研究趋势的三项展望:一是国内人口流动研究的空间尺度似可进一步收缩,具体表现在研究对象从区域流动转向城市群内部流动和市、县内部短距离流动;同时,城市层面的研究将更加关注流动人口和社区发展的互动关系。二是国内人口流动研究可从特征研究向行为研究的范式转变,即逐渐从宏观上的群体性特征描述和解释下沉到以个体和家庭为主体的微观领域,从而回归以人为本的落脚点。三是人口流动研究将进一步与政策相结合。国内的人口流动研究一直以来都带有强烈的政策属性,这也符合国内学术界"为天地立心,为生民立命"的学术追求。所以随着国内乡村振兴和城市更新的纵深推进,以及"双循环"、"碳中和"、县域城镇化、共同富裕等新政策和发展理念的提出,国内人口流动研究势必将与热点问题产生更多的同频共振。

3.4.2　面向城乡空间规划实践的应用价值探讨

基于上述对国内外文献的综述,笔者认为人口流动研究对于城乡空间规划实践有重要应用价值,因而很有必要开展系统性研究。

一是要加强对人口总量预测与国土空间总体规划的关系研究。重点是在人地关系的指引下,加强国土空间规划人口与城镇化专题研究中的科学论证,并与各类国土空间的用途管制要求紧密结合。

二是要加强对人口主要流入地和流出地两端地区的社区规划研究。不但要对流动人口加以统计,并在服务设施上给予"量"的满足,更要真切关注流动群体的生活状态和精神健康,实现"质"上的公平和关怀,从而体现"以人民为中心"的理念。

三是要加强对人口流动与乡村振兴、城市更新等现实规划议题的关联研究和综合研究。乡村地区在过去一直都是人口流出的区域,但是自

2018年以来，乡村振兴战略取得了实质性推进，为乡村人口回流创造了基础条件；所以在乡村规划中，应当考虑未来人口回流和双向流动的可能性，探索如何将返乡人口及外来人口的知识技术优势转化为内生动力。在城市端，随着既有建筑折旧和建成环境差距拉大，未来将出现大量的物质环境更新问题；而流动人口集聚的地方往往就是需要更新的地区，所以在城市更新工作中，要特别关注流动人口的物质需求和多元价值的实现。

总之，人口流动的现实情景和未来趋势，对我国的现代化和城镇化进程，以及国土空间规划、乡村振兴、城市更新等工作都具有重大影响，需要开展深入和系统的研究。

4 人口流动的城乡空间格局演化(1987—2020)

对人口流动现象的统计存在多种方式和口径。本章对多个统计口径的流动人口规模进行了历时数据的整理,其中,"人户分离"意义上的流动人口规模的数据具有 30 年左右的时间跨度(1982—2012)。许多研究认为,流动人口并不是总人口中的一个随机样本,而是一个经过经济社会发展的自然筛选而形成的特殊样本(Fan,2011)。据此,需要进一步明晰新时期我国人口流动的重要研究议题,尤其是如何从"劳务驱动型城镇化"向城乡融合语境下的"新型城镇化"和"乡村振兴"转型,即改变城乡二元结构,建立"有差异、无差距、可流动、无障碍"的城乡高度融合的一体化发展新格局。

4.1 全国总量层面:人口流动的城乡分布状态

本书采用两种方式评估人口流动对城乡人口分布的作用,第一种方法即比较城镇人口与非农人口。需要指出的是,城镇人口和非农人口之间的差距并不全是由于人口流动造成的,其中还包括城镇建成区拓展和行政区划调整造成的城乡空间范畴改变,由此,大量人口被统计为"常住口径的城镇人口"。这种比较在政策含义上有助于辨析本地公共服务的差距和空间错配。第二种方法为直接考察流动人口在市、镇、村人口中的比例。需要特别指出的是,笔者采用的具有阶段性可比的流动人口数据基于 1987—1995 年和 2000—2020 年两个区间;与前述六个城乡人口具有可比性的时间节点(1982 年、1987 年、2000 年、2005 年、2010 年和

2020年)进行对照,就可以在1987年、2000年、2005年、2010年和2020年这五个时间节点上将人口流动与城镇化现象进行关联分析。

4.1.1 农村的劳动力转移与农村总人口
转移的"不对称性"(1987—2010)

从全国层面人口流动的城乡分布来看,在1987—1995年和2000—2010年这两个区间,"乡—城"流动和"城—城"流动是全国层面人口流动的主要形式。因此,人口流动不但大幅度增加了城镇人口规模,也在很大程度上塑造了城镇体系的规模和职能结构。具体来说,以2010年为例,"乡—城"流动占52.7%,"城—城"流动占34.4%,且上述比例在2005—2010年间变动较小。

表4-1 1987—2010年城乡人口流动 　　　(单位:万人)

		1987年		1995年		2005年		2010年	
		数量	比例	数量	比例	数量	比例	数量	比例
全国	乡村—乡村	531	16.8%	770	23.8%	2 357	12.1%	2 500	10.3%
	乡村—城镇	1 547	49.0%	1 163	35.9%	9 575	49.2%	12 840	52.7%
	城镇—乡村	191	6.1%	154	4.8%	681	3.5%	631	2.6%
	城镇—城镇	887	28.1%	1 148	35.5%	6 845	35.2%	8 385	34.4%
	总计	3 156	100.0%	3 236	100.0%	19 459	100.0%	24 355	100.0%
省内流动	乡村—乡村	405	16.7%	421	19.2%	1 212	9.4%	1 343	8.2%
	乡村—城镇	1 295	53.5%	752	34.2%	5 272	41.1%	7 525	45.8%
	城镇—乡村	155	6.4%	88	4.0%	564	4.4%	520	3.2%
	城镇—城镇	566	23.4%	936	42.6%	5 792	45.1%	7 039	42.8%
	总计	2 421	100.0%	2 198	100.0%	12 841	100.0%	16 426	100.0%
跨省流动	乡村—乡村	126	17.1%	349	33.6%	1 145	17.3%	1 156	14.6%
	乡村—城镇	252	34.3%	411	39.6%	4 303	65.0%	5 315	67.0%
	城镇—乡村	36	4.9%	66	6.4%	117	1.8%	111	1.4%
	城镇—城镇	321	43.7%	212	20.4%	1 053	15.9%	1 346	17.0%
	总计	735	100.0%	1 038	100.0%	6 618	100.0%	7 929	100.0%

注:1995年数据是"五年常住地"口径,2005年和2010年是现住地和户口登记地口径,所有数据均为(按抽样调查比例)折算后数字。

　　在此基础上,可以发现我国的人口城乡流动具有"青壮年劳动力转移多,而其他年龄段人口转移少,大量的老人和中年妇女在家中务农及照顾儿童"的特征,亦即农村的劳动力转移与农村总人口的转移具有显著的不对称性。这种微观层面的流动人口年龄选择性集合成了宏观层面的城镇化特征。在还未能获得流动人口的微观数据库的条件下,可以通过两方面的数据来进一步阐述上述现象。首先,原国家人口和计划生育委员会建立了面向流动人口管理的全员信息数据库,自 2010 年起逐年发布专题报告;其中,据《2011 年中国流动人口发展报告》显示,2010 年全部流动人口平均年龄为 27.9 岁,且劳动年龄流动人口中的新生代(即 16—31 岁,于 1979—1994 年出生)流动人口占 43.8%。与此相印证,2010 年流动人口和农民工的人口年龄金字塔,对比全国人口年龄金字塔,均显示出相似的较年轻的年龄结构(图 4-1、图 4-2)。其次,国家统计局发布的《全国农民工监测调查报告》显示,2012 年外出农民工总量为16 336 万人,其中,"家庭部分成员外出务工"的人数占 79.3%,亦即农村外出人群的主体为劳动年龄段人口,而举家外出进入城镇的比例较低(赵民、陈晨,2013)。

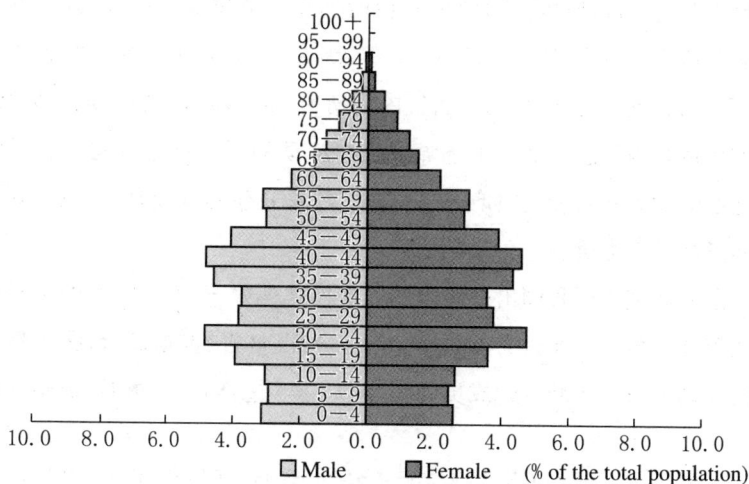

图 4-1　全国人口年龄金字塔(2010)

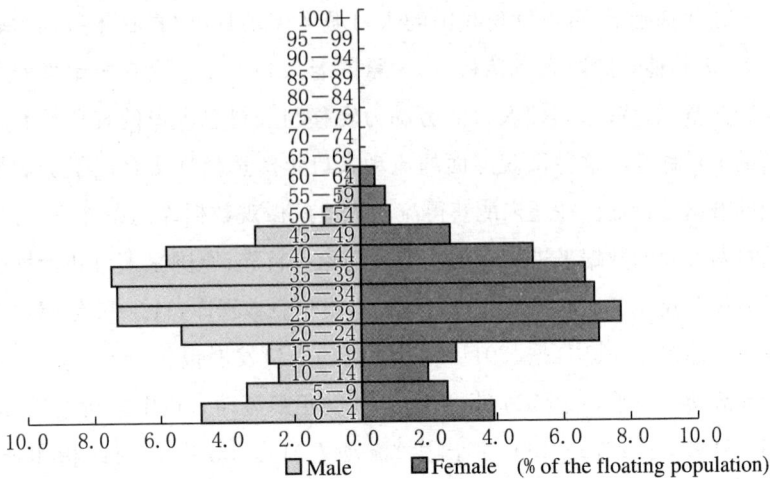

```
100+
95—99
90—94
85—89
80—84
75—79
70—74
65—69
60—64
55—59
50—54
45—49
40—44
35—39
30—34
25—29
20—24
15—19
10—14
5—9
0—4
```

10.0 8.0 6.0 4.0 2.0 0.0 2.0 4.0 6.0 8.0 10.0

☐ Male   ■ Female   (% of the floating population)

图 4-2 流动人口年龄金字塔(2010)

资料来源:总人口数据来自全国第六次人口普查数据,流动人口数据来自《2011 年中国流动人口发展报告》。[①]

再基于六普数据做位序分析,可以发现全国主要人口流入地省份的较高城镇化水平是与较低的总体抚养比相对应的,而主要人口流出地省份则正相反,这个总体态势很明显(图 4-3)。对此的诠释是,因为流出的主要为劳动人口,所以人口流入省份的抚养比被拉低,而人口流出省份的老弱留守人口多、抚养比高(赵民、陈晨,2013)。这种表征是跨省流动中"乡—城"流动占绝对多数,而省内流动中"乡—城"流动和"城—城"流动的比例相当所造成的。上述城乡人口流动的不对称性可能是我国农村地区劳动力冗余和城镇地区"民工荒"现象共存的直接原因,但需要进一步解释其动力机制。

既有研究提到我国出口导向的经济模式偏好于 16—31 岁的年轻劳动力群体。然而,《2011 年中国流动人口发展报告》数据显示,我国劳动年龄流动人口中的新生代成员(即 16—31 岁)占 43.8%。并且,制造业仅

——————

① 迄今为止,中国针对流动人口的研究数据十分有限。原国家人口和计划生育委员会建立的面向流动人口管理的全员信息数据库,被认为最能反映流动人口的真实情况,但并没有公开发布微观数据库。2010 年起,逐年发布《中国流动人口发展报告》,主要讨论流动人口发展的总体特征。

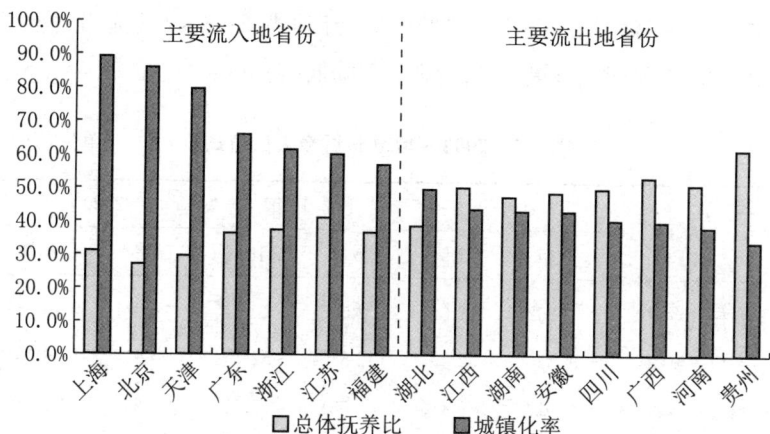

图 4-3　全国主要人口流入地与流出地的总体抚养比与城镇化率（2010）

资料来源：据 2010 年全国第六次人口普查资料测算。

吸纳了 34.1％的流动人口，这意味着年轻人口"供不应求"很可能不完全是由出口导向的经济模式造成的。而流动人口就业的另外两个重要行业，批发零售业和社会服务业吸纳比例分别为 19.4％和 16.2％，这些行业的相当部分工作似乎可以由年龄较大的流动人口承担。此外，一些研究也强调年轻群体较强的迁移能力与较强的迁移意愿之间的关联（Zhu & Chen，2010）。然而，迄今的研究仍未能解释为什么在工资多年普遍上涨的情况下，我国青壮年劳动力的"供求拐点"并没有对其他年龄组的冗余劳动力产生进一步的挤出效应。由此可见，对农村劳动力转移与农村总人口转移的不对称性的动力机制的解读，是理解我国城镇化的特殊性和主要流入/流出地城镇化差异的关键。

4.1.2　不对称性现象逐渐强化（2000—2020）

从全国层面人口流动的城乡分布来看，在 2000—2010 年和 2010—2020 年这两个区间，"乡—城"流动和"城—城"流动是全国层面人口流动的主要形式。因此，人口流动不但大幅度增加了城镇人口规模，也在很大程度上塑造了城镇体系的规模和职能结构。具体来说，以 2020 年为例,"乡—城"流动占 66.3%,"城—城"流动占 21.8%,且前者比例在 2010—2020 年间明显提高,后者则显著降低(表 4-2)。

表 4-2　2000—2020 年城乡人口流动　　　　(单位:万人)

	2000 年		2010 年		2020 年	
	数量	比例	数量	比例	数量	比例
乡村—乡村	2 252	18.6%	2 500	10.3%	3 871	10.3%
乡村—城镇	6 320	52.2%	12 840	52.7%	24 917	66.3%
城镇—乡村	1 017	8.4%	631	2.6%	601	1.6%
城镇—城镇	2 518	20.8%	8 385	34.4%	8 193	21.8%
总计	12 107	100%	24 355	100%	37 582	100%

在此基础上,可以发现 2000—2010 年间,我国的人口城乡流动已经出现"青壮年劳动力转移多,而其他年龄段人口转移少的特征。这种微观层面的流动人口年龄选择性,可谓集合成了宏观层面的城镇化特征。在 2010—2020 年间,不对称性进一步加强,这也可通过 2010 年和 2021 年的《中国流动人口发展报告》中的数据得到进一步阐述。2010 年和 2020 年全部流动人口平均年龄分别为 27.9 岁和 29.3 岁,且劳动年龄流动人口中的新生代(即 16—31 岁)的流动人口占比,在 2010—2020 年间提升了 7.3 个百分点(分别为 43.8% 和 51.1%)。

4.2　城镇体系层面:人口流动的城乡分布状态

4.2.1　向城镇体系的"首末两端"集聚(1987—2010)

基于"常住人口"和"非农人口"这两种口径的城镇体系演变的比较 (1987—2010),分析流动人口在城镇体系中的分布及其演变过程,可发现流动人口在各梯度城镇中的分布并不是均衡的,而是高度集中在城镇体系的"首末两端"。

1. 比较常住/非农口径的城市（"建制市"）体系的规模分布

随着我国人口流动和城镇化的快速发展，农业和非农业人口之间的界限逐渐模糊化；同时，城市人口规模迅速扩大，使得许多县级城市（包括县级建制市和规模较大的县的中心城镇）的市区常住人口已经达到或超过 20 万及 50 万的"临界值"。可见，原有的城市划分标准已经不适应现实的需要。因此，国务院发布的《关于调整城市规模划分标准的通知》和《国家新型城镇化规划 2014—2030》均对城市规模等级进行了重新划分。本书以新标准为基础，同时也考虑到与原标准的衔接（以利于历史比较），采用 20 万、20 万—50 万、50 万—100 万、100 万—300 万、300 万—500 万、500 万—1 000 万和大于 1 000 万常住人口规模为城市规模等级系列的划分标准。如此，亨德森（2009）的《中国城镇化发展报告》提到的 100 万和 500 万两个临界点，也可衔接上述分界点。①

依据上述城市规模等级划分标准，分别基于公安部门口径的非农人口和统计部门普查口径的常住人口，考察 1987 年、2000 年和 2010 年三个时间节点上全国城镇体系的规模分布。由于允许人口自由流动的政策始于 1984 年，1987 年流动人口仅 1 520 万人，约占城镇人口总量的 5%。因此可以认为，1987 年公安部门口径的非农人口与常住口径的全国城镇体系的规模结构基本一致。

就发展现状而言，以城区常住人口口径来看，2010 年，我国共有三个千万级城市，分别为上海、北京、深圳；500 万—1 000 万级城市分别是天津、沈阳、南京、苏州、无锡、武汉、广州、佛山、东莞、重庆、成都；300 万—500 万级城市分别是太原、大连、长春、哈尔滨、杭州、合肥、济南、青岛、郑

---

① 2014 年 10 月 29 日，国务院以国发〔2014〕51 号印发《关于调整城市规模划分标准的通知》（以下简称《通知》），对原有城市规模划分标准进行了调整，明确了新的城市规模划分标准。《通知》明确，新的城市规模划分标准以城区常住人口为统计口径，将城市划分为五类七档。城区常住人口 50 万以下的城市为小城市，其中，20 万以上 50 万以下的城市为Ⅰ型小城市，20 万以下的城市为Ⅱ型小城市；城区常住人口 50 万以上 100 万以下的城市为中等城市；城区常住人口 100 万以上 500 万以下的城市为大城市，其中，300 万以上 500 万以下的城市为Ⅰ型大城市，100 万以上 300 万以下的城市为Ⅱ型大城市；城区常住人口 500 万以上 1 000 万以下的城市为特大城市；城区常住人口 1 000 万以上的城市为超大城市（以上包括本数，以下不包括本数）。

州、昆明、西安,即我国城镇体系的顶端城市(即"300万人口以上"的城市)基本都为直辖市和省会城市(还有少数"较大的市"),这一特征与非农口径的城镇体系顶端城市是一致的。

进一步,可以从1987—2000年和2000—2010年两个区间的户籍人口和常住人口的差异出发,考察人口流动对我国城镇体系的影响。研究发现,在上述两个时期,人口流动对城镇体系的规模分布的影响,逐渐由1987—2000年的"比较均匀"(即包括顶端"500万人口以上"和中端"50万—300万人口")演变为2000—2010年的"向体系顶端集聚"(即向"300万人口以上"集中)。具体来说,1987—2000年间,人口流动创造出了第一个1 000万人口的城市(上海);同时,若用常住口径统计,则500万—1 000万和50万—100万、100万—300万人口级别的城市的数量显著增加。但是,若用常住口径和非农口径分别统计300万—500万,以及50万人口以下规模的城市数量,则是基本相当。在接下来的2000—2010年间,非农口径的50万—100万、100万—300万人口城市数量快速增长。这意味着有较多的人口在这两个级别的城市里获得了非农户籍(或城市户籍),这使得以两种口径衡量的300万人口以下级别的城市数量基本相当,而以常住口径统计的300万人口以上级别的城市数量则明显多于以非农口径统计的城市数量。

表4-3　1987—2010年分规模等级的城市数量变更情况　（单位:万人）

规模等级	1987年	2000年		2010年		1987—2000年增加		2000—2010年增加	
	非农≈常住	非农	常住	非农	常住	非农	常住	非农	常住
≥1 000	0	0	1	1	3	0	1	1	2
500—1 000	2	3	6	7	10	1	4	4	4
300—500	4	5	6	6	11	1	2	1	5
100—300	21	36	41	49	47	15	20	13	6
50—100	31	59	75	95	96	28	44	36	21
20—50	109	198	183	241	235	89	74	43	52
≤20	486	350	337	255	252	−136	−149	−95	−85
统计单元数	653	651	649	654	654	−2	−4	3	5

资料来源:常住口径数据来自全国第五、六次人口普查,非农口径数据来自《中华人民共和国分县市人口数据》。

2. 将县城纳入考察,比较常住/非农口径的城市规模体系

需要指出的是,上述对城市规模体系的分析仅针对建制市(含地级市市辖区和县级市)。但是,2010 年我国城镇人口中的 40%(约 2 亿)住在建制镇镇区,其中约有 1 亿人为流动人口。上文已经揭示,2000—2010年间,主要人口流入地和流出地均有大量的流动人口住在镇区。实际上,在县域发展中,尽管县城(县人民政府驻地)人口也被计入镇人口,但许多地区的县城人口集聚水平已经大大超越了乡镇级别,达到 10 万,甚至是 20 万以上,已经达到小城市或中等城市的规模。因此,在城镇体系分布的考察中纳入县城人口分布是十分必要的。

但是目前的统计部门和公安部门口径并不区分县人民政府驻地镇和其他建制镇的人口。因此,需要合理估算县城人口规模。具体方法如下:①《中国城乡建设统计年鉴 2011》公布了各省快报数据汇总的县城人口数据,结合 2010 年人口普查中各县(或旗)的镇人口总量,可以获得"各县(或旗)的县城人口集聚度=县城人口/镇人口"的等式;②将上文的"县城人口集聚度"与该省的"县级市的市人口占比率"比较,发现两者的弹性系数基本在 90%—110% 之间,说明在缺少县城人口汇总数据的年份,大体可用当年该省的"县级市的市人口占比率"来代替"县城人口集聚度";③假设每个省份的"县城人口集聚度"均相同,则可以估算出各县的县城人口数量。值得注意的是,这一方法仅适用于估算县城常住人口,而不适用于县城非农人口。因此,以下的研究仅估算 2000 年和 2010年两个时间节点上的县城人口规模。

研究发现,2000—2010 年间,人口集聚水平在 10 万—20 万和 20万—50 万之间的县城数量均出现了大规模增长,且主要集中在人口流入和流出地。此外,诸如在山东省,也出现了大量的人口规模在 10 万以上的县城,这可能与山东省内高度活跃的人口流动现象有关。这意味着,在当前城镇规模体系分析中,忽略县城这一级别,而仅考察经官方设立的城市,会对当前我国城镇体系的规模分布,尤其是对"末端"城市(50 万人口以下)的规模造成一定的误读。

因此,若将县城这一级别的城镇加入城镇体系进行考察,则可以发

现在 2000—2010 年间，人口流动对城镇体系的规模分布的影响，明显体现出"两端集中"的特征，即主要影响了"300 万人口以上"和"50 万人口以下"级别的城市增长。

表 4-4　2000—2010 年流动人口占各规模等级城镇的人口份额

（单位：万人）

		市人口					镇人口		
		小计	≥300	100—300	50—100	≤50	小计	县城	镇*
2010 年城镇人口	总量	40 890	15 486	8 033	6 717	10 655	26 402	12 621	13 781
	比例	100.0%	37.9%	19.6%	16.4%	26.1%	100.0%	47.8%	52.2%
2010 年流动人口	总量	17 322	7 908	3 420	2 497	3 497	5 507	2 631	2 876
	比例	100.0%	45.7%	19.7%	14.4%	20.2%	100.0%	47.8%	52.2%
	＃本县市区	28.3	7.5	4.8	5.5	10.6	52.1	30.1	22.0
	＃本省其他县市区	38.8	16.9	8.9	6.2	6.8	23.2	10.4	12.8
	＃省外	33.7	21.2	6.1	2.8	3.6	24.4	7.1	17.3
2000 年城镇人口	总量	29 624	7 674	6 927	5 270	9 752	16 214	7 236	8 977
	比例	100.0%	25.9%	23.4%	17.8%	32.9%	100.0%	44.6%	55.4%
2000 年流动人口	总量	8 651	2 945	2 219	1 399	2 088	2 688	1 011	1 676
	比例	100.0%	34.0%	25.7%	16.2%	24.1%	100.0%	37.6%	62.4%
	＃本县市区	45.5	11.7	11.7	7.9	14.2	49.2	25.1	24.1
	＃本省其他县市区	27.6	8.4	8.3	5.0	5.9	19.9	7.0	13.0
	＃省外	26.9	14.0	5.6	3.3	4.1	30.9	5.6	25.3

＊ "镇人口"去除了县城人口，包括其余的县辖镇人口和市辖镇人口。

资料来源：根据人口普查资料整理。

3. 流动人口占各规模等级城镇的人口份额(2000—2010)

数据显示(表 4-4)，在 2000—2010 年间，流动人口占 300 万以上人口规模的城市人口的份额由 34.0％大幅度上升至 45.7％，而流动人口对 100 万—300 万、50 万—100 万和 50 万以下人口规模城市的城镇人口的贡献率出现一定幅度的下降。而其来源构成也由原来的以本县市区为主,转变至以本省其他县市区和省外为主。在镇人口中,从2000年到2010年,县城流动人口的增长幅度大大超过了县城总人口的增长幅度,即县城总人口占比上升了3.2个百分点(从44.6%上升至47.8%),而县城的流动人口占比则上升了10.2个百分点(从37.6%上升至47.8%)。

4. 流动人口在超大特大城市内部的空间分布状况

相关研究还发现,流动人口在城市内部的空间分布并不是均匀的,而是集中在某些特定的区域。因此,笔者进一步考察流动人口在城镇体系顶端的城市内部的空间分布状况。以三个超大特大城市——北京、上海、广州为例,基于2010年人口普查分乡、镇、街道的外来人口分布数据,可以发现流动人口的空间分布重心虽然在市区,在总量上却大量集中在城乡接合部。笔者认为,流动人口呈现出这种空间分布特征,可能有几方面的原因:①劳动力市场准入门槛导致流动人口的就业类型主要集中在制造业、建筑业、住宿餐饮服务业等,这些行业的工资水平有限,难以支撑流动人口长期在中心城区消费。②在我国城镇住房价格普遍偏高的情况下,城乡接合部的住房支出显著低于市中心地区的住房消费,有利于流动人口压缩生活成本,使净收入最大化。③超大特大城市市中心地区的城市管治力度显著高于城乡接合部,举例来说,在北京,本地城市居民的人均居住面积约30平方米,而流动人口的人均居住面积仅为6平方米,这意味着流动人口在超大特大城市普遍以群租方式"蜗居";而城乡接合部对群租现象的控制管理力度比市中心要弱得多,这给流动人口在既有经济社会结构下发挥能动性来控制生活成本和提高净收入提供了较大的空间。

然而,流动人口在城乡接合部大量集聚,也就意味着大部分流动人口即使进入处于城镇体系顶端的城市,实际上也未能真正融入超大特大城市。城镇劳动力市场准入门槛外化为超大特大城市内部的就业空间区隔,这种就业空间区隔可能会削弱大城市的城镇集聚经济水平,以及城镇化对经济发展的带动作用。对此还需要做深入的实证研究。

4.2.2　城镇体系迈向"顶端簇群"的新格局(2000—2020)

1. 常住口径的城镇体系：顶端城市从"出圈"到"簇群"

中国现行城市规模划分的依据标准是国务院在 2014 年发布的《关于调整城市规模划分标准的通知》，该标准将城市按城区的常住人口划分为五类七档。因此，依据上述城市规模分类方式，可从 2000—2010 年和 2010—2020 年两个区间的户籍人口和常住人口的差异中，考察人口流动对我国城镇体系的影响。研究发现，在上述两个时期，人口流动对城镇体系的规模分布的影响逐渐由 2000 年的比较均匀(即仅有的两个 1 000 万人口以上的顶端城市率先"出圈"，大量城市规模位于中端，即 100 万—500 万人口)转变为 2010 年的向城镇体系顶端 1 000 万人口以上规模城市集中(1 000 万人口以上的顶端城市快速增加到 6 个)。后一阶段，即 2010—2020 年间，人口"顶端集中"格局基本稳定(仅新增成都市)，但是众多位于中端(100 万—500 万人口)的城市快速跃迁到上一层级，涌现出大量大城市和特大城市，城镇体系呈现出"顶端簇群"的新格局。

2. 将县城纳入考察：末端城市从"并进"到"跃升"

运用上述方法估算 2000 年、2010 年、2020 年三个时间节点上的县城人口规模。研究发现，2000—2010 年间，人口集聚水平在 10 万—20 万和 20 万—50 万的县城数量"齐头并进"，即均出现了大幅度的增长，且主要集中在人口流入和流出地。尤其是山东省，出现了大量的人口规模在 10 万以上的县城，这可能与山东省内高度活跃的人口流动现象有关。2010—2020 年间，20 万—50 万人口的县城数量飞速增长，还有部分县级市越过 50 万人口门槛，跨入中等城市的行列，而昆山、慈溪、义乌和晋江这四个县级市甚至跃升进入了 100 万人口以上的大型城市行列。这就意味着，在当前城镇规模体系分析中，若忽略"县城"这一级别而仅考察"经官方设立的城市"，就会对当前我国城镇体系的规模分布，尤其是对末端(50 万人口以下)的城市发展状况造成一定的误判。

从实际出发,若将县城这一级别城镇加入城镇体系进行考察,则可以发现 2000—2020 年间人口流动对城镇体系的规模分布的影响体现出"两端集中"的特征,即主要影响了 500 万人口以上和 50 万人口以下级别的城市增长。

4.3 区域层面:人口流动的城乡分布状态

4.3.1 人口流动两端地区差异扩大,
本地化态势加强(1987—2010)

1. 主要流入/流出地的总人口城乡分布及其演变

研究发现,尽管 2010 年全国城镇人口的空间分布比 1987—2010 年间均衡得多,但主要人口流入地和流出地这两组地区的城镇人口中的市、镇人口构成和增长过程却有显著的差异。尤其是 2000 年以来的人口流入和流出地区比较均衡的城镇人口空间分布状况,是由主要流入地的市人口增长和主要流出地的镇人口增长的因素决定的。

具体来说,分别考察 2010 年的市人口和镇人口的空间分布(以 10 万、20 万、50 万、100 万、200 万人口为分界点),以及 1987—2000 年、2000—2010 年两个区间的市、镇人口增长规模,可以发现:①从 2010 年的市、镇人口存量及其空间分布来看,市、镇人口的总体规模相当,但镇人口的分布更为均质化;②从增长规模来看,可发现 1987—2000 年间,市、镇人口均显示出较快的增长速度和幅度;其中,人口流入地区的市、镇人口增长均更加迅速;但进入 2000—2010 年后,无论是人口流入还是流出地区,市人口增长速度均大幅度减缓,仅在省会城市及部分中心城市周围有人口增长;而镇人口则在人口流入和流出地区都呈现快速增长态势,这种趋势在人口流出地区甚至更为显著。

在上述态势下,再对主要流入地和流出地做对置分析,可发现两组地区在 1987—2000 年间保持了市、镇人口同比增长的态势;但是进入

2000—2010年后,两组地区的市镇发展呈现出显著的差异性,即一方面,人口流入地区的"强市弱镇"格局逐渐强化(市人口占比上升11.8%,而镇人口占比上涨仅1.8%);另一方面,人口流出地区则正好相反,即镇人口的增长约为市人口的2倍。到2010年,全国城镇人口占总人口的50.3%,其中,30.4%为市人口,其余19.8%为镇人口。相比较而言,人口流入地的镇人口比例与全国水平相当(18.8%),而市人口比例高于全国平均水平(46.9%);同时,人口流出地的市与镇的人口比例相当(约21%)。

2. 主要流入/流出地的流动人口的城乡分布出现地域性分化

将分县市城镇人口中的流动人口信息进行可视化分析,可以发现:首先,从总量的空间分布来看,人口流入省份已经形成了珠三角、长三角、京津唐三个主要的流动人口分布中心;而人口流出省份也在省会城市和中心城市的带动下,构成了网络状的流动人口增长中心。

其次,2000年后,人口流动的城乡空间分布呈现出地域性分化。从流动人口自身的城乡构成来看,人口流入地的市人口和人口流出地的镇人口快速增长的特征仍然存在。并且,与镇人口相比,市人口中的流动人口比例要高得多。这一现象在全国层面和人口流入及流出地区均存在,意味着县镇层面吸收的是大量的本乡镇内的流动人口。如2000—2010年间,城镇人口共增加2.1亿人,其中,市人口10 919万人中的77.3%为流动人口,而镇人口10 204万人中仅有27.6%为流动人口。

表4-5　主要流入/流出地人口的城乡分布特征　（单位:万人）

			总人口			流动人口（流入口径）			
		总计	市	镇	村	总计	市	镇	村
全国	2010年总量 人数	133 281	40 565	26 435	66 281	26 094	17 090	5 506	3497
	比例	100%	30.4%	19.8%	49.7%	100%	65.5%	21.1%	13.4%
	2000—2010年增加 人数	+9 020	+10 919	+10 204	−12 104	11 655	8 437	2 816	402
	比例	0%	+6.6%	+6.8%	−13.4%	0%	+5.6%	+2.5%	−8%
	1987—2000年变动 人数	17 699	13 746	10 858	−6 905	—	—	—	—
	比例	0%	+8.9%	+8.0%	−17%	—	—	—	—

		总人口				流动人口(流入口径)			
		总计	市	镇	村	总计	市	镇	村
流入地	2010年总量 人数	31 693	14 869	5 974	10 851	10 919	7 792	1 715	1 413
	比例	100%	46.9%	18.8%	34.2%	100%	71.4%	15.7%	12.9%
	2000—2010年变动 人数	+4 866	+5 456	+1 390	−1 980	5 026	+4 185	562	279
	比例	0%	+11.8%	+1.8%	−13.6%	0%	10.2%	−3.9%	−6.3%
	1987—2000年变动 人数	+5 847	+5 110	+3 846	−3 109	—	—	—	—
	比例	0%	+14.6%	+13.6%	−28.1%	—	—	—	—
流出地	2010年总量 人数	47 632	10 254	10 172	27 207	6 278	3 764	1 784	731
	比例	100%	21.5%	21.4%	57.1%	100%	60%	28.4%	11.6%
	2000—2010年变动 人数	+619	+2 160	+4 808	−6 348	2 803	1 688	1 103	12
	比例	0%	+4.3%	+9.9%	−14.3%	0%	+0.2%	+8.8%	−9%
	1987—2000年变动 人数	4 911	3 939	3 123	−2 150	—	—	—	—
	比例	0%	+7.3%	+6.1%	−13.4%	—	—	—	—

资料来源:2000 年、2010 年数据来自各省人口普查资料,1987 年数据来自《中华人民共和国分县市人口资料 1987》。

表 4-6　主要流入/流出地流动人口对市、镇人口的贡献率

(单位:万人)

		市人口			镇人口		
		总人口	流动人口总量	占比	总人口	流动人口总量	占比
全国	2010 年总量	40 565	17 090	42.1%	26 435	55 06	20.8%
	2000—2010 年增量	10 919	8 437	77.3%	10 204	2 816	27.6%
	1987—2000 年增量	13 746	8 654	63.0%	10 858	2 691	24.8%
流入地	2010 年总量	14 869	7 792	52.4%	5 974	1 715	28.7%
	2000—2010 年增量	5 456	4 185	76.7%	1 390	562	40.4%
	1987—2000 年增量	5 110	3 607	70.6%	3 846	1 153	30.0%
流出地	2010 年总量	10 254	3 764	36.7%	10 172	1 784	17.5%
	2000—2010 年增量	2 160	1 688	78.2%	4 808	1 103	22.9%
	1987—2000 年增量	3 939	2 076	52.7%	3 123	680	21.8%

资料来源:同上。

3. 主要流入/流出地的城镇体系差异扩大(2000—2010)

在上述总量分析的基础上,首先对流动人口在主要流入地和流出地的各规模等级城镇中的占比进行考察(见表4-6)。可发现如下特征:

a. 就人口流入地省份整体而言,处于城镇体系顶端的大城市不断膨胀。例如2010年,300万人口以上大城市的人口数量超过地区城镇人口总量的一半。与之相对,人口流出地省份的城镇人口在各等级城镇中更趋于均匀分布,这一状况在2000—2010年间的变化幅度不大。

b. 2010年,人口流入地省份的流动人口多数来自省外(54.5%)。与之相对,人口流出地省份的多数流动人口来自本省其他市区(50.6%)。与2000年的流动人口构成相比,无论是流入地还是流出地,其城镇人口中来自本县(市、区)的流动人口占比均呈现一定程度的下降,如在2000年的人口流出地,来自本县(市、区)的流动人口占城镇总人口的比例为55.5%,而在2010年,这一比例缩减到39.3%。

c. 从镇人口构成来看,2010年流出地省份的县城人口占镇人口比例约为50%,而这一比例在流入地省份仅为32.7%。尽管在主要流入/流出地省份,其县城人口都主要来自本县,但在流入地,有52.3%的镇人口来自省外,而流出地的镇人口中,67.1%来自本县。而在2000—2010年间,这一特征没有显著变化。

相应地,将市人口和镇人口进行统一考察,研究主要人口流入/流出地省份的各行政等级城镇人口和流动人口的状况,可发现如下特征:

a. 就城镇人口的分布来看,2010年,流入地的直辖市及副省级、省会和较大的市发育水平较高,集聚了大约40%的城镇人口(分别是15.7%和24.1%),而这一比例在流出地仅为18.9%。与之相对,流出地的城镇人口约半数(49.5%)为镇人口,且镇人口中的一半(25.1%)集中在县城。而这一状况较2000年更为凸显。

b. 就城镇流动人口的分布来看,流入地的城镇流动人口居住在直辖市,副省级、省会和较大的市,以及地级市中的比例均高于其在城镇总人口中所占的比例,县级市、县城和镇中的流动人口所占比例较低。而流出地的城镇流动人口占比的主要特征是县城(16.9%)和镇(16.2%)中有

表 4-7　2000—2010 年流动人口对流入/流出地省份
各规模等级城镇的人口规模贡献　　　　（单位：万人）

			市人口					镇人口		
			小计	≥300	100—300	50—100	≤50	小计	县城	镇*
2010年流入地	城镇人口	总量	15 143	8 194	2 959	1 599	2 392	5 997	1 960	4 037
		比例	100.0%	54.1%	19.5%	10.6%	15.8%	100.0%	32.7%	67.3%
	其中：流入人口	总量	7 788	4 733	1 484	669	901	1 718	500	1 219
		比例	100.0%	60.8%	19.1%	8.6%	11.6%	100.0%	29.1%	70.9%
		#本县(市、区)	17.0	6.4	3.0	2.2	5.5	33.5	16.3	17.2
		#本省其他县市区	28.4	16.5	6.9	2.8	2.2	14.9	3.5	11.4
		#省外	54.5	37.9	9.1	3.6	3.9	51.6	9.3	42.3
2010年流出地	城镇人口	总量	10 301	2 853	1 382	2 837	3 229	10 118	4 984	5 134
		比例	100.0%	27.7%	13.4%	27.5%	31.3%	100.0%	49.3%	50.7%
	其中：流入人口	总量	3 764	1 294	582	905	984	1 862	952	910
		比例	100.0%	34.4%	15.5%	24.0%	26.1%	100.0%	51.1%	48.9%
		#本县(市、区)	39.3	9.0	4.4	10.4	15.6	67.1	36.0	31.1
		#本省其他县(市、区)	50.6	20.6	9.6	11.7	8.8	25.3	11.7	13.6
		#省外	10.6	4.8	1.8	2.0	1.9	7.6	3.5	4.1
2000年流入地	城镇人口	总量	9 413	4 211	1 763	1 266	2 173	4 584	1 170	3 414
		比例	100.0%	44.7%	18.7%	13.4%	23.1%	100.0%	25.5%	74.5%
	其中：流入人口	总量	3 607	1 946	671	439	552	1 153	191	962
		比例	100.0%	53.9%	18.6%	12.2%	15.3%	100.0%	16.6%	83.4%
		#本县(市、区)	30.3	12.3	6.3	4.1	7.6	29.5	10.8	18.8
		#本省其他县(市、区)	25.4	12.6	6.0	3.5	3.4	17.4	2.1	15.3
		#省外	44.3	29.1	6.3	4.6	4.3	53.0	3.7	49.4
2000年流出地	城镇人口	总量	8 084	1 738	1 154	2 064	3 128	5 374	2 840	2 534
		比例	100.0%	21.5%	14.3%	25.5%	38.7%	100.0%	52.9%	47.1%
	其中：流入人口	总量	2 075	538	392	509	635	682	371	311
		比例	100.0%	25.9%	18.9%	24.5%	30.6%	100.0%	54.4%	45.6%
		#本县(市、区)	55.5	13.4	8.7	13.1	20.3	71.9	40.3	31.5
		#本省其他县(市、区)	35.2	9.4	8.6	9.0	8.3	20.6	10.1	10.5
		#省外	9.3	3.2	1.7	2.3	2.1	7.6	4.0	3.6

＊"镇人口"去除了县城人口，包括其余的县辖镇人口和市辖镇人口。
资料来源：根据人口普查资料整理。

较多的流动人口。与之类似，上述主要流入/流出地的城镇流动人口分布的特征是在 2000 年的基础上进一步发展的结果。

c. 由此可以判定，人口流入地省份的城市人口向城镇体系"顶端"城市积聚，很大程度上是由流动人口导致的，且这一趋势在 2000 年就已经形成，在 2000—2010 年间得到了强化。在 2000 年，流出地省份的流动人口也主要集聚在城镇体系的"顶端"城市；而在 2010 年，流出地省份的流动人口更趋于向城镇体系的"两端"，即"大中城市"和"镇"集聚。

4. 市、镇流动人口的本地化特征进一步强化

对上述城镇流动人口的来源进一步区分"本县（市、区）""省内其他县（市、区）"和"省外"三个类别。可以发现，"市、镇流动人口"的本地化趋势已有所强化。

a. 无论是人口流入地还是人口流出地，其流动人口的主要来源均是"本县（市、区）"，这意味着在 2000—2010 年间，城镇化实际上仍主要是"就近城镇化"，并且这种趋势在 2000—2010 年这十年中进一步加强。

b. 来自"省内其他县（市、区）"的流动人口主要集中在省会城市及其他重要的中心城市；而来自"省外"的流动人口则主要集中在人口流入地区的津京唐、长三角、珠三角三个沿海中心和人口流出地区的成渝、武汉城市圈附近。

若以 5 万、10 万、20 万、50 万人口为分界点，对比考察上述 2000—2010 年的市、镇地区流动人口及其增长的来源地区，可以发现，市、镇地区流动人口的来源构成差异较大。

a. 2010 年，全国层面的市流动人口主要来自本省其他县（市、区），其次是省外，最后是本县（市、区）。其中，流入地的市流动人口主要来自省外流动人口，而流出地的市流动人口主要来自本省其他县（市、区）。这些趋势在 2000—2010 年间显著强化。

b. 2010 年，全国层面的镇流动人口主要来自本县（市、区），其次是本省其他县（市、区）和省外。其中，这种来自本县（市、区）的镇流动人口在流出地占到了 70%，而在流入地，最重要的镇流动人口仍是来自省外。上述特征在 2000—2010 年间没有发生显著变化。

表 4-8　主要流入/流出地市、镇流动人口的来源构成（单位:万人）

			市流动人口				镇流动人口			
			总计	本县市区	本省其他县市区	省外	总计	本县市区	本省其他县市区	省外
2010年总量	全国	人数	17 227	4 811	6 597	5 820	5 769	2 892	1 538	1 339
		比例	100%	27.9%	38.3%	33.8%	100%	50.1%	26.7%	23.2%
	流入地	人数	7 792	1 327	2 215	4 251	1 715	576	255	884
		比例	100%	17.0%	28.4%	54.6%	100%	33.6%	14.9%	51.5%
	流出地	人数	3 764	1 469	1 898	397	1 784	1 239	413	131
		比例	100%	39.0%	50.4%	10.5%	100%	69.5%	23.2%	7.4%
2000—2010年增量	全国	人数	8 574	874	4 210	3 489	3 078	1 570	1 000	509
		比例		−17.6%	+10.7%	+6.8%		+1.0%	+6.7%	−7.6%
	流入地	人数	4 185	234	1 299	2 652	562	235	54	272
		比例		−13.3%	+3.0%	+10.2%		+4.0%	−2.6%	−1.5%
	流出地	人数	1 688	317	1 168	204	1 103	751	273	80
		比例		−16.5%	+15.2%	1.2%		−2.3%	+2.6%	−0.2%

资料来源:根据人口普查资料整理。

4.3.2　人口流动两端地区差异扩大，本地化态势加强(2010—2020)

1. 主要流入/流出地的总人口城乡分布及其演变

笔者发现,尽管2020年全国城镇人口的空间分布比2010年要均衡,但主要流入地和流出地这两组地区城镇人口中的市、镇人口构成和增长过程却有显著差异。尤其是,2010年以来的人口流入和流出地区比较均衡的城镇人口空间分布状况,是以主要流入地的市人口增长和主要流出地的镇人口增长因素决定的。

分别考察2020年的市人口和镇人口的空间分布和2010—2020年的市、镇人口增长规模,可以发现:①从2020年的市、镇人口存量及其空间分布来看,市、镇人口的总体规模相当,但镇人口的分布更为均质化;②从增长规模来看,可发现2010—2020年间,市、镇人口均显示出较快的增长速度和幅度,但在地域空间上出现分化特征。其中,市人口主要在人口流入地及其他省会城市和部分中心城市周围迅速增长;而镇人口则在人口流入和流出地区均呈现快速增长态势,这种趋势在人口流出地区甚至更为显著。若对主要流入地和流出地做对置分析则可发现,进入2010—2020年,两组地区的市镇发展呈现出显著的差异性,即一方面,人口流入地区的"强市弱镇"的格局逐渐强化;另一方面,人口流出地区则正好相反。

2. 主要流入/流出地的流动人口的城乡分布地域性分化加剧

对分县市城镇人口中的流动人口信息进行分析,可以发现:首先,从总量的空间分布来看,人口流入省份已经形成了珠三角、长三角、京津唐三个主要的流动人口分布中心;而人口流出省份也在省会城市和中心城市的带动下,构成了网络状的流动人口增长中心。

其次,2000年后,人口流动的城乡空间分布呈现出地域性分化。从流动人口自身的城乡构成来看,人口流入地的市人口和人口流出地的镇人口快速增长的特征仍然存在。并且,与镇人口相比,市人口中的流动人口比例要高得多。这一现象在全国层面及人口流入和流出地区均存在,这意味着县镇层面吸收的是大量本乡镇内的流动人口,并且该现象在2010—2020年间不断加剧(见表4-9)。如2000—2010年间,城镇人口共增加2.1亿人,其中,市人口10 919万人中的77.3%为流动人口,而镇人口10 204万人中仅有27.6%为流动人口。2010—2020年间,城镇人口共增加2.3亿人,其中,市人口10 919万人中的77.3%为流动人口,而镇流动人口增长量已大于总人口增长量,地域性分化显著加剧。

表4-9　主要流入/流出地人口的城乡分布特征　　（单位:万人）

			总人口			流动人口(流入口径)			
			总计	市	镇	村	总计	市	镇	村
全国	2020年总量	人数	140 978	57 517	32 482	50 979	49 276	32 349	11 945	4 982
		比例	100%	40.8%	23.0%	36.2%	100%	65.7%	24.2%	10.1%
	2010—2020年增加	人数	+7 697	+16 952	+6 047	−15 302	23 182	15 259	6 439	1 485
		比例	0%	+10.4%	+3.2%	−13.5%	0%	+0.2%	+3.1%	−3.3%
	2000—2010年变动	人数	+9 020	+10 919	+10 204	−12 104	11 655	8 437	2 816	402
		比例	0%	+6.6%	+6.8%	−13.4%	0%	+5.6%	+2.5%	−8%

续表 4-9

			总人口			流动人口（流入口径）			
			总计	市	镇	村	总计	市	镇	村

			总计	市	镇	村	总计	市	镇	村
流入地	2020 年总量	人数	36 363	20 447	6 774	9 142	16 573	12 196	2 721	1 655
		比例	100%	56.2%	18.6%	25.1%	100%	73.6%	16.4%	10.0%
	2010—2020 年变动	人数	+4 670	+5 578	+800	−1 709	5 654	4 404	1 007	242
		比例	0%	+9.3%	−0.2%	−9.1%	0%	−71.4%	−15.7%	−12.9%
	2000—2010 年变动	人数	+4 866	+5 456	+1 390	−1 980	5 026	4 185	562	279
		比例	0%	+11.8%	+1.8%	−13.6%	0%	+10.2%	−3.9%	−6.3%
流出地	2020 年总量	人数	49 563	16 100	12 925	20 538	14 747	8 976	4 506	1 265
		比例	100%	32.5%	26.1%	41.4%	100%	60.9%	30.6%	8.6%
	2010—2020 年变动	人数	+1 931	+5 846	+2 753	−6 669	8 469	5 212	2 722	534
		比例	0%	+11.0%	+4.7%	−15.7%	0%	+0.9%	+2.2%	−3.0%
	2000—2010 年变动	人数	+619	+2 160	+4 808	−6 348	2 803	1 688	1 103	12
		比例	0%	+4.3%	+9.9%	−14.3%	0%	+0.2%	+8.8%	−9%

3. 主要流入/流出地的城镇体系差异扩大

在上述总量分析的基础上,再对流动人口在主要流入地和流出地的各规模等级城镇中的占比进行考察(见表 4-10),可发现如下特征:①就人口流入地省份整体而言,处于城镇体系顶端的大城市不断膨胀。例如 2010 年,300 万人口以上大城市的人口数量超过地区城镇人口总量的一半,2020 年又在此基础上有所增长。与之相对,人口流出地省份的城镇人口在各等级城镇中更趋于均匀分布,这一状况在 2010—2020 年间整体变化幅度不大,但是在 100 万—300 万人的中等城市中增长显著。②2020 年,人口流入地省份的流动人口仍然多数来自省外(48.2%)。相对地,人口流出地省份的多数流动人口来自本省其他市区(47.3%)。来自本县(市、区)的流动人口在 2000—2010 年间虽呈一定程度的下降,但在后一阶段快速增长(42.4%),这也是对近 10 年来县域城镇化的生动注解。

表 4-10　2000—2020 年流动人口对流入/流出地省份
各规模等级城镇的人口规模贡献　　（单位:万人）

				小计	≥300	100—300	50—100	≤50
2020年流入地	城镇人口		总量	28 395	19 488	6 400	2 507	
			比例	100.0%	68.6%	22.5%	8.8%	
	流入人口		总量	12 779	10 284	1 890	605	
			比例	100.0%	80.5%	14.8%	4.8%	
		#本县(市、区)		20.8	13.0	5.4	2.4	
		#本省其他县市区		31.1	25.0	4.6	1.6	
		#省外		48.2	42.5	4.9	0.8	
2020年流出地	城镇人口		总量	28 864	8 605	11 056	7 030	2 173
			比例	100.0%	29.8%	38.3%	24.4%	7.5%
	流入人口		总量	8 903	4 051	2 677	1 723	452
			比例	100.0%	45.5%	30.1%	19.4%	5.1%
		#本县(市、区)		42.4	12.7	15.7	10.9	3.0
		#本省其他县市区		47.3	26.3	12.1	7.2	1.7
		#省外		10.3	6.4	2.2	1.3	0.3
2010年流入地	城镇人口		总量	15 143	8 194	2 959	1 599	2 392
			比例	100.0%	54.1%	19.5%	10.6%	15.8%
	流入人口		总量	7 788	4 733	1 484	669	901
			比例	100.0%	60.8%	19.1%	8.6%	11.6%
		#本县(市、区)		17.0	6.4	3.0	2.2	5.5
		#本省其他县市区		28.4	16.5	6.9	2.8	2.2
		#省外		54.5	37.9	9.1	3.6	3.9
2010年流出地	城镇人口		总量	10 301	2 853	1 382	2 837	3 229
			比例	100.0%	27.7%	13.4%	27.5%	31.3%
	流入人口		总量	3 764	1 294	582	905	984
			比例	100.0%	34.4%	15.5%	24.0%	26.1%
		#本县(市、区)		39.3	9.0	4.4	10.4	15.6
		#本省其他县市区		50.6	20.6	9.6	11.7	8.8
		#省外		10.6	4.8	1.8	2.0	1.9

			小计	≥300	100—300	50—100	≤50
2000年流入地	城镇人口	总量	9 413	4 211	1 763	1 266	2 173
		比例	100.0%	44.7%	18.7%	13.4%	23.1%
	流入人口	总量	3 607	1 946	671	439	552
		比例	100.0%	53.9%	18.6%	12.2%	15.3%
		♯本县(市、区)	30.3	12.3	6.3	4.1	7.6
		♯本省其他县市区	25.4	12.6	6.0	3.5	3.4
		♯省外	44.3	29.1	6.3	4.6	4.3
2000年流出地	城镇人口	总量	8 084	1 738	1 154	2 064	3 128
		比例	100.0%	21.5%	14.3%	25.5%	38.7%
	流入人口	总量	2 075	538	392	509	635
		比例	100.0%	25.9%	18.9%	24.5%	30.6%
		♯本县(市、区)	55.5	13.4	8.7	13.1	20.3
		♯本省其他县市区	35.2	9.4	8.6	9.0	8.3
		♯省外	9.3	3.2	1.7	2.3	2.1

* "镇人口"去除了县城人口,包括其余的县辖镇人口和市辖镇人口。

进而将市人口和镇人口进行统一考察,研究主要人口流入/流出地省份的各行政等级城镇人口和流动人口的状况,可发现如下特征:①就城镇人口的分布来看,2020年,流入地的直辖市,以及副省级、省会和较大的市发育水平较高,集聚了大约40.7%的城镇人口(分别是15.2%和25.5%),而这一比例在流出地仅为29.6%。与之相对,流出地的城镇人口超过半数(62.1%)为镇人口,且镇人口中的一半(29.0%)集中在县城。而这一状况较2010年更为凸显。②就城镇流动人口的分布来看,流入地的城镇流动人口居住在直辖市,副省级、省会和较大的市,以及地级市中的比例均高于其在城镇总人口中所占的比重,县级市、县城和镇中的流动人口所占比例较低。而流出地的城镇流动人口占比的主要特征是县城和镇中占有较多的流动人口。与之类似,上述主要流入/流出地的城镇流动人口分布的特征是在2010年基础上的进一步发展。

由此可以判定,人口流入地省份的城镇人口向城镇体系"顶端"城市积聚,很大程度上是由流动人口导致的,且这一趋势在 2000 年就已经形成,在 2000—2010 年和 2010—2020 年间相继强化。在 2000 年,流出地省份的流动人口也主要集聚在城镇体系的"顶端"城市;而在 2010 年后,流出地省份的流动人口更趋于向城镇体系的"两端",即"大中城市"和"镇"集聚。

4. 市、镇流动人口的本地化特征进一步强化

对上述城镇流动人口的来源进一步区分本县(市、区)、省内其他县(市、区)和省外三个类别。可以发现,市、镇流动人口的本地化趋势已有所强化。具体来说:①无论是人口流入地还是人口流出地,其流动人口的主要来源均是本县(市、区),这意味着在 2000—2010 年间,城镇化的模式实际上仍主要是就近城镇化,并且这种趋势在 2010—2020 年这 10 年中得到了进一步加强;②来自省内其他县(市、区)的流动人口主要集中在省会城市及其他重要的中心城市;而来自省外的流动人口则主要集中在人口流入地区的京津唐、长三角、珠三角三个沿海中心和人口流出地区的成渝、武汉城市圈附近。

若以 5 万、10 万、20 万、50 万人口为分界点,对比考察上述 2000—2020 年间市、镇地区流动人口及其增长的来源地区,可以发现,市、镇地区流动人口的来源构成差异较大(见表 4-11)。具体来说:①2020 年,全国层面的市流动人口主要来自本省其他县(市、区),来自本县(市、区)的市流动人口已经超过来自省外的市流动人口。其中,流入地的市流动人口主要是省外流动人口,而流出地的市流动人口主要来自本省其他县(市、区)。这些趋势在 2010—2020 年间显著强化;②2020 年全国层面镇流动人口主要来自本县(市、区),其次是本省其他县(市、区)和省外。其中,来自本县(市、区)的镇流动人口在流出地占到了 68.3%,而在流入地,最重要的镇流动人口仍来自省外。

表 4-11　主要流入/流出地市、镇流动人口的来源构成

(单位:万人)

			市流动人口				镇流动人口			
			总计	本县市区	本省其他县市区	省外	总计	本县市区	本省其他县市区	省外
2020年总量	全国	人数	32 349	10 428	13 090	8 832	11 945	7 040	2 940	1 965
		比例	100%	32.2%	40.5%	27.3%	100%	58.9%	24.6%	16.5%
	流入地	人数	12 196	2 521	3 826	5 850	2 722	1 052	561	1 109
		比例	100%	20.7%	31.4%	48.0%	100%	38.6%	20.6%	40.7%
	流出地	人数	8 976	3 675	4 384	917	4 506	3 078	1 133	295
		比例	100%	40.9%	48.8%	10.2%	100%	68.3%	25.1%	6.5%
2010—2020年增量	全国	人数	15 122	5 617	6 493	3 012	6 176	4 148	1 402	626
		比例		4.3%	2.2%	−6.5%		8.8%	−2.1%	−6.7%
	流入地	人数	4 404	1 194	1 611	1 599	1 007	476	306	225
		比例		3.7%	3.0%	−6.6%		5.0%	5.7%	−10.8%
	流出地	人数	5 212	2 206	2 486	520	2 722	1 839	720	164
		比例		1.9%	−1.6%	−0.3%		−1.2%	1.9%	−0.9%
2000—2010年增量	全国	人数	8 574	874	4 210	3 489	3 078	1 570	1 000	509
		比例		−17.6%	10.7%	6.8%		1%	6.7%	−7.6%
	流入地	人数	4 185	234	1 299	2 652	562	235	54	272
		比例		−13.3%	3%	10.2%		4%	−2.6%	−1.5%
	流出地	人数	1 688	317	1 168	204	1 103	751	273	80
		比例		−16.5%	15.2%	1.2%		−2.3%	2.6%	−0.2%

4.4　小　结

　　1990 年前后,我国的流动人口(人户分离)第一次超过永久迁移人口(带户口流动),并在 1995—2000 年间出现了大幅度增长;到 2010 年,我国流动人口总规模已经高达 2.6 亿人。流动人口的典型表征是:在城镇地区生活,但不持有本地城镇户籍,年龄介于 16—30 岁,受教育程度为初中或高中,平均流动年限在 2—3 年;主要由经济因素驱动,主要从事制造业、建筑业和工商服务业等行业。

　　我国的人口流动是在特定制度背景下,由地区间经济发展差距导致的现象。因此,人口流动表现出两种显著的区域分布特征:①主要流入地和流出地省份的背景特征极为凸显。以 2010 年为例，与主要流入/流出地省份有关的跨省流动人口规模（含流入和流出地）高达86.2％；同时，这些省份的省内流动人口也占到全国总量的 53.2％。②省内流动人口比重上升，且城乡人口流动呈现本地化态势。从 1987 年、1995 年、2000 年、2005 年、2010 年五个时间节点来看，2005 年的跨省流动人口占总流动人口的比重最高，2005—2010 年间，省内流动的人口比例上升，显示出一定的省域层面的本地化趋势。与省内流动人口比重上升的趋势相对应，跨省流动人口和省内流动人口在年龄性别、教育水平、流动时间、动因机制、职业构成等方面都存在显著差异，这表明在我国人口流动的地域性特征的背后，显然存在着深刻的经济社会发展的动因及机制变化。

2010 年以后，尤其是 2012 年党的十八大以来，中央提出了一系列新理念和新政策，出台了《国家新型城镇化规划（2014—2020）》和《乡村振兴战略规划（2018—2022）》。在此背景下的研究工作，可为相关的政策评估提供参考，因而具有重要的现实意义。

研究发现：①近 20 年来，"乡—城"流动和"城—城"流动是全国层面人口流动的主要形式；近 10 年来，"城—城"流动增长显著，并且农村的劳动力转移与农村总人口的转移具有显著的不对称性。②全国层面城乡流动人口向城镇体系的"首末两端"集聚的趋势逐渐强化，并且城镇体系逐渐从"顶端出圈"迈向"顶端簇群"的新格局。③将县城纳入考察，末端城市的数量和人口规模"齐头并进"地快速增长，若干县级市甚至"跃升"进入了大城市行列。④在区域层面，2020 年全国城镇人口的空间分布比2000 年和 2010 年均衡得多，但人口流入和流出地区城镇人口中的市、镇人口构成和增长过程却有显著的差异，人口流入地区的"强市弱镇"的格局逐渐强化。⑤主要流入地和流出地的流动人口的城乡分布出现地域性分化，人口流入地的市人口和人口流出地的镇人口快速增长的特征仍然存在，县镇层面吸收的是大量的本乡镇内的流动人口。⑥主要流入和流出地的城镇体系差异扩大，就人口流入地省份整体而言，处于城镇体系顶端的大城市不断膨胀；相对地，人口流出地省份的城镇人口在各等级城镇中更趋于均衡分布。⑦市、镇流动人口的本地化特征进一步强化,无论是人口流入地还是人口流出地,其流动人口的主要来源均是本县(市、区),来自省内其他县(市、区)的流动人口主要集中在省会城市及其他重要的中心城市。

在此基础上,笔者将结合相关文献研究和经典理论推导,尝试从人口与住房政策的管制与激励、人口流动中的家庭策略,以及流动人口的个人经历与情感等多维度,探讨新时期我国人口流动的空间格局的成因机制。

此外,我国人口流动以"乡—城"流动和"城—城"流动为主要空间形式,因此,我国的大规模人口流动不但扩大了城镇化人口规模,也深刻影响了城镇体系的规模和职能结构。特别是,人口流动在城乡分布上表现出三大特征,即农村的劳动力转移与农村总人口转移存在不对称性,流动人口高度集中在城镇体系的"首末两端"并呈现本地化态势,人口流动使得主要流入地和流出地省份的城镇化特征差异进一步扩大。因此,一种典型的状况是,流动人口在流入地省份主要向城镇体系顶端城市(尤其是城区人口在300万以上的城市)集中,而在流入地省份则主要向城镇体系的末端城镇(尤其是县城和乡镇)集中。

5 全国层面人口流动及城镇化发展的悖论解释：
"经济家庭"行动策略

非制度化的、不稳定的流动或移民，是我国城镇化进程中的特有情景。流动人口的异地城镇化与"打工及用工"相联系，并不一定是要成为拥有城市户籍、获得完整公共服务和具备正常消费能力的"城市人口"。在计入城镇非户籍人口的情形下，我国的城镇化率刚刚跨过50%的关口，大体上属于世界平均水平。在总体城镇化水平尚不高的前提下，"民工荒"现象却已在全国范围内出现——劳动力供求关系的"拐点"似乎已经到来。这与西方学者的经验研究及理论推断有所不同，对我国人口流动及城镇化的现实情景及存在的悖论的准确解读，具有重要的政策启示意义，并有助于本土理论建构。

对"拐点"形成机制的考察可以有两种视角：一是对经济发展、制度变迁、资源约束等结构性层面的解释；二是从人口流动的微观动力机制出发进行解释。

5.1 研究假设：从"经济人"到"经济家庭"

相关研究一般从劳动力供给总量、城乡迁移的制度性障碍、劳动力市场区隔和劳动力需求等角度来解读"民工荒"及我国的"拐点"现象，比较强调自上而下的结构性因素的作用，这契合刘易斯模型中的强烈结构主义发展思想。[1]但笔者基于调研发现，制度障碍、劳动力市场不健全等

---

[1] 林毅夫将发展经济学思想分为：20世纪50年代兴起的结构经济学，20世纪80年代初发端的新自由主义，以及他提出的新结构主义三种思潮（2010）。刘易斯二元经济发展理论强调国家干预的重要性，认为发展中国家的市场机制失灵；要以政府为主导，直接动员和配置人口、土地、投资等资源的供求关系。

结构性因素只能解释导致"民工荒"和"拐点"的部分原因;而人口流动的微观动力机制,即市场力量作用下的个体理性决策的作用很可能是被低估的。此外,尽管有关人口流动的微观机制的研究解释力较强,但相关研究倾向于针对人口流动的特征和成因等形成独立的研究领域,很少将其与对城镇化的整体图景的作用联系起来。因此,为了获得完整的理解,有必要探讨两者的关联性。

本章从解读"民工荒"现象切入,分析我国人口流动的现实情景和微观机制。该分析的创新之处在于提出刘易斯模型应用于中国现实需要进行一定的修正,对人口流动的基本逻辑和经济学解释需要做一定的扩展,即从"经济人"到"经济家庭"的行动策略解释。

具体而言,多数研究对流动人口的城乡迁移的隐含假设是"基于个人的理性选择"。然而,个体进城工作与整个家庭进城生活显然是完全不同的概念。新劳动力迁移经济学认为,临时迁移是一种"家庭策略",以最大化家庭收入和最小化家庭风险(C.C. Fan, Sun & Zheng, 2011;C.C. Fan, 2011;Zhu, 2007)。笔者认为,对我国的一般工薪阶层而言,包括城镇户籍和农村户籍,即便是在同工同酬的状况下,拥有城镇户籍的非农人口除了工资,还有多年福利制分房积累的存量资产,以及获得廉价保障房、高额动拆迁补偿等福利的可能性。流动人口在考虑进入城镇生活的选择中,必定要衡量与城镇人口家庭资产的相对差距(赵民、陈晨,2013)。因此,对我国人口流动的动力机制的分析,除了需要考虑家庭工资收入的最大化,还要考虑农村家庭的住房等存量资产的效用情况。对于农村家庭,更准确地说,实际福利与他们的"三权"相联系——耕地承包权、宅基地使用权、集体经济收入分配权。由此,笔者将人口流动的城乡迁移从"经济人"演绎为"经济家庭"的分析框架,并引入"存量家庭资产经营"的概念来解读其决策背后的微观动力机制,即分析阐释"经济家庭"的行动逻辑。

首先,每个农村家庭都趋于将其劳动力置于最佳的市场配置中——希冀实现家庭收入最大化。其中,家庭中的青壮年主要是进城务工,以获取最高可能的工资收入,为此甚至甘愿从中西部长途迁徙到东部发达地区;中老年人及市场竞争力较弱的劳动力,则多留守和务农,因为这些"准劳力"的机会成本很低,其中相当部分人即使进入城市,也不是有效劳动力,而在家打理承包地等尚能产出经济价值;也有部分劳力,尤其是中年妇女,可以在农村附近城镇"工农兼业",打工、务农和照顾家庭。可见,家庭中仅部分劳力进城,可以实现家庭劳力资源的最佳配置,且不必承担全家进城的生活成本。现实中,我国城镇住房价格曾快速上涨,大城市(包括超大、特大城市)更是如此,这使得相当部分流动人口或是选择群租方式,或是在城中村等条件较差的地区租住。在这样的背景下,部分劳力在家乡城镇兼业,可以减少在城镇的租房等生活开支,从而保证了相对高的净收益,但也付出了家庭成员长期分离等社会代价。当然,在家庭收入最大化与家庭成员长期分离之间,每个家庭都有自己的权衡和选择。

其次,经济家庭的行动逻辑还在于最大化家庭资产价值和效用,并最小化风险。笔者认为,城镇居民偏向的福利供给将流动人口排除在外等观点,只解释了流动人口进入城镇的"摩擦成本";现实中,许多农村人口选择"流动"而保有农村户籍,是因为还存在着退出的"摩擦成本"。我国农村集体土地制度是一种特殊的制度安排,农民以集体的形式拥有土地的所有权,但没有单独出售耕地、宅基地及私有住宅的权利,亦即家庭资产是与集体连在一起的,难以基于市场交易而退出,即"摩擦成本"极大;权衡之下,部分家庭成员留守则可"看住"并继续经营承包地,同时也使宅基地及私宅等存量资产的效用得以继续发挥。尽管某些地区曾搞过"地票""集地券""复垦券"等集体权益的退出和交易制度,但仅在小范围内试行。

此外,农村家庭成员保持农村户籍身份,可以分享农村集体经济组织的资产和收益,可以获得国家"新农村建设"和"乡村振兴战略"的各项政策眷顾;由此看来,退出集体不但存在"摩擦成本",还可能意味着很大的"机会成本"。以底线思维来思考,即便是举家流动至城镇,只要不退出,其老家存量资产和村集体便是其最后的保障。

在我国经济社会发展和制度改革的既定背景下,我国人口流动和城镇化的现实情景其实是由无数个"经济家庭"的行动策略组成的。

5.2 关于典型人口流出地省份的微观调查

全国层面的人口流动已经形成明确的区域指向,即中西部的农村地区的劳动力到东部沿海的城镇地区打工。因此,由于主要人口流入地的"民工荒"预示着我国劳动力供求关系已经趋紧,可分别考察主要流出地省份的农村地区以及主要流入地省份的城镇地区的人口流动特征,以此来推断当前我国人口流动和城镇化的发展趋势。下文主要关注如下问题:为什么农村地区现存劳动力数量仍大大高于农业生产的理论需求量?为什么连年增长的工资水平没能吸引更多的农村中年劳动力外出务工?新型城镇化"向农民工开放户籍"的新制度能否进一步拉出这些"冗余"劳动力?

本书旨在从市场力量作用下微观主体的理性决策的角度入手,考察人口流动的微观机制。一方面,对供给端——主要流出地省份的农村地区的分析,主要基于对典型的人口流出地——湖北省和河南省南阳地区的农村问卷调研的微观数据和结构式访谈数据。2010 年,依托《湖北省城镇化与城镇发展战略研究》课题报告,笔者参与了从县域、城镇、村(居)委会、企业以及个人五个层面开展的村镇调研,共涉及 28 个县市、57 个小城镇、110 多个村、200 多家企业、1 000 多位村(居)民;2012 年,依托《南阳市新型城镇体系规划》课题报告,在河南省南阳市,笔者又参与了从县域、城镇、村(居)委会以及个人四个层面开展的调研,共涉及 8 个县市、32 个小城镇、89 个自然村、900 多位村(居)民。这些一手调研资料和问卷数据对本书主要观点的形成具有重要的启示和支撑作用。

另一方面,对需求端——主要流入地省份的城镇地区的分析,主要采用国家统计局组织的中国城乡住户调查数据。该调查的对象以家庭为单位,在全国 31 个省、自治区、直辖市中,农村住户调查共抽选 896 个调查县、7 000 多个调查村和 7.4 万个调查户;而城镇住户调查共抽选 476 个调查市县、6 000 多个调查社区和 6.6 万调查户。该调研没有公开微观数据库，但在 2001 年以来对数据进行综合整理，出版了住户调查统计年鉴。

5.3　离开农村地区的收益与成本

湖北和河南人口稠密，相当部分地区人均耕地少，地区经济发展相对滞后，因而多年来向外输出了大量劳动力，可归为典型的人口流出地，整个地区可以获得巨大的劳务收入，形成了所谓的"劳务经济"；同时，劳务人员及其家庭也可以获得可观的务工（以及经商等）收入，是脱贫和致富的重要途径。笔者调研也发现，由于存在农村人口在农村务农和兼业的收入可能性，如果放弃则构成了"机会成本"；此外，共有的集体资产和承包地、宅基地及住房均难以退出，住宅如闲置便成了"沉淀成本"。可见，农村家庭退出农村地区的"摩擦成本"很高，因而需要有"家庭策略"，即"经济家庭"行动策略。

5.3.1　农村地区异地城镇化现象显著

调研发现，湖北与河南的小城镇中的农村劳动力转移情况十分类似。其中，河南案例中外出半年以上的务工人员占户籍人口总数的21.2％，湖北案例中约为 20.95％。若以全国人口适龄劳动力比例 60％来推算，则两地均有将近三分之一的劳动力外出务工。很多外出打工人员的子女、父母仍然留守在家中（赵民、陈晨等，2013）。以河南南阳为例，村民调研数据显示，约 70％的受访村民家中有外出务工人员（见图 5-1）。并且，20—30 岁的年轻人占外出总人数的一半（若将年龄段放宽至 20—40 岁，则该比例上升到约 80％）。

此外，在湖北和河南案例中，农村的外出务工人员的打工目的地首选外省城市。以河南为例，就南阳外出务工人员的回流意愿而言，受访村民中仅有 27.5％的人近期有回南阳工作的意愿。据访谈，这首先是由于沿海地区劳动力密集型企业密布，收入高，工作机会多；其次是被大城市高品质的生活条件和更好的发展前景所吸引(陈晨,2011)。这显示出:①农村地区青壮年劳动力的转移程度很高;②农村地区家庭显然具有对最大化收入或预期收入的偏好。

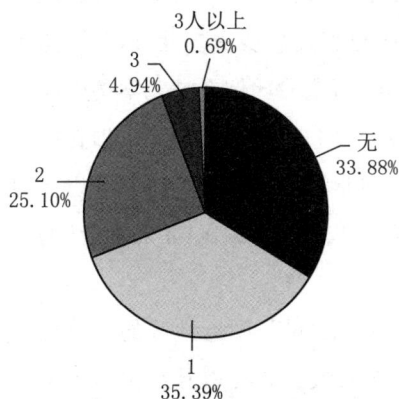

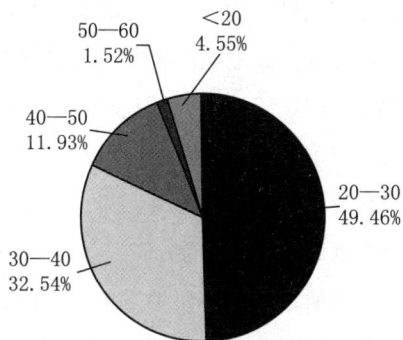

图 5-1　南阳:家庭外出务工人数　　图 5-2　南阳:外出务工人员年龄段构成

　　湖北和河南案例均显示,乡镇地区外出劳动力约占农村适龄劳动力总数的 1/3 左右,那么总体上仍有半数以上的适龄劳动力滞留在农村,他们为何不选择外出? 调研发现,湖北和河南虽是国家级粮食主产区,但是农业生产方式迟迟未能改变。河南南阳案例调研显示,目前91.9%的粮食为自种,仅 8.1% 为流转。调研还发现,32 个受调研小城镇的人均耕地大多数在 0.5—1.0 亩左右,且仅有 4 个小城镇①部分实现了农业产业化经营(赵民、陈晨等,2011)。与此相似,在湖北农业规模化方面,受调研的 50 多个小城镇中,仅有 10 个小城镇部分实现了农业规模化种植;在农业产业化方面,仅有 4 个小城镇的农业产业化程度较高,而农产品深加工则几乎没有实现。可见,大部分农业生产地区还处于以家庭为单元的小农经济状态,不但效益低,而且农耕所需的劳力也较多。

---

　　①　即西峡县太平镇山茱萸产业基地、双龙镇香菇产业基地和市场、淅川县九重镇金银花产业基地、方城县独树镇红薯原料基地。

5.3.2 普遍存在的"工农兼业"现象及其成因

问卷调查结果显示，南阳市留在本地的农村劳动力处在"工农兼业"状态的比例高达 75％，完全务农的情况已经比较少见。并且，45％的受访村民表示其家庭主要收入来自非农业，而这一比例在湖北案例中高达82％。国家统计局《全国农民工监测报告 2011》对本地农民工，即在本乡镇内从事非农活动（包括本地非农务工和非农自营活动）6 个月及以上的农村劳动力的估算是 0.94 亿人，而实际上我国农村地区"工农兼业"的人口远远超过这一数字。

调研还发现村镇地区的农村外出人口数量与附近地区的工业化发展和非农就业岗位关联密切。课题组在西峡县和社旗县乡镇访谈中的发现具有典型性。社旗县是典型的平原地区乡镇，人均耕地面积少，乡镇经济落后，25％—30％的农村劳动力外出打工，这意味着有将近一半的适龄劳动力外出务工；而西峡县的人口外流相对较少。西峡的状况与两方面的因素有关：一是作为山区县，种植猕猴桃、香菇等经济作物的产

表 5-1　西峡县和社旗县典型乡镇产业经济和外出打工人口情况

县名称	乡镇名	工业产值（万元）	农业产值（万元）	外出流动人口（人）	占本地户籍人口比例	乡镇产业类型
西峡县	双龙镇	1 395 560	2 000	3 000	12.9％	香菇市场、香菇加工、旅游
	太平镇	163 000	16 700	2 000	18.2％	山茱萸、旅游
	丹水镇	114 000	5 000	2 000	4.7％	猕猴桃、食用菌香菇、辣椒等农产品加工、耐火材料等
社旗县	西坪镇	89 000	29 000	4 500	12.0％	香菇、猕猴桃、镁砂加工
	桥头镇	55 000	21 000	15 500	30.7％	电子、棉花、陶瓷、服装等的加工
	朱集镇	11 500	5 800	16 500	26.3％	棉花、棉籽油、饲料、玉米等的加工
	饶良镇	82 000	26 000	16 200	26.1％	面粉加工、砖、预制板、电子等

资料来源：根据本次调研的城镇基本情况调查表登录和计算获得。

出显著高于种粮食,上述农村经济作物更适合于家庭作坊式的生产方式,而不是规模化、产业化经营的方式;二是乡镇企业和工业经济发展较好,给本地提供了较多的"兼业"岗位。

可见,案例农村地区的剩余劳动力已经发挥了其个体能动性,并获得了相应的收益。在所享有的农村集体土地、宅基地等资产的牵制下,他们选择了"不离土、不离乡"的"工农兼业"的方式生活;这显然是权衡了提高家庭收入水平、就近照顾家人和个人迁移能力,以及退出集体资产的成本等多方面因素的结果。这种"工农兼业"虽然不会被计入官方经济和就业统计数据,但显然作用巨大,构成了"经济家庭"行动的重要组成部分。

5.3.3 "农业户籍红利"凸显,"进城不转户"成为理性选择

现有研究强调流动人口由于无法得到城市户籍而在社会保障、福利等方面受到不平等对待,因而抬高了劳动力转移的迁移成本。本次调研发现,在既有结构下,其经济理性选择与上述预期正好相反,即流动人口家庭基于收益与成本的权衡,大都不愿意主动放弃农村户籍。

数据显示,湖北省约80%的外出务工人口[①]和河南南阳市90%的外出打工人口均为部分家庭成员外出打工。[②]并且,在湖北和河南农村地区的问卷调研中,农村人口中的多数人均倾向于保持农村户籍。调研还发现,乡镇地区的居住意愿较不稳定,尤其是受访者的户籍类型对迁居意愿有显著影响。其中,湖北村镇居民迁移意愿调研结果显示,小城镇户籍人口中有47.6%的人有迁居意愿,而在农村户籍人口中只有38.1%有此意愿。与之类似,河南南阳案例显示,城镇户籍中有68.3%的人有迁居意愿,而农村户籍中只有58.2%(见表5-2)。调研同时还发现,受访农村居民不愿意放弃农村户口的比例竟高达83%,选择"进城不转户"的受访者比选择"进城转户"的受访者多出30个百分点左右。这种主观意愿

---

① 数据来自"以省内就近转移为重点有序推进农业转移人口市民化",http://www.hubeidrc.gov.cn/News.aspx?id=12574。

② 数据来自《南阳市统计年鉴2011》。

难免会对城镇化发展的总体态势产生一定影响。

表 5-2　湖北和河南案例中的受访者户籍与迁居意向分析表

户籍类别及构成		河南案例迁居意向			湖北案例迁居意向		
		是	否	合计	是	否	合计
类别	城镇户籍 计数(户)	56	26	82	248	273	521
	占比	68.30%	31.70%	100.00%	47.60%	52.40%	100%
	农村户籍 计数(户)	285	205	490	330	536	866
	占比	58.20%	41.80%	100.00%	38.10%	61.90%	100%
	合计 计数(户)	341	231	572	578	809	1 387
	占比	59.60%	40.40%	100.00%	41.70%	58.30%	100%

资料来源:本次乡镇居民居住意愿调查。

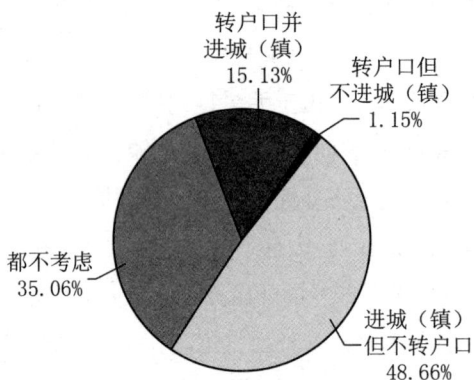

图 5-3　南阳:若允许转城镇户口,受访农村户籍人口的选择

　　实际上,我国的农业仍主要属于农地平均化的准自耕农体系。访谈发现,在包括湖北、河南等在内的主要人口流出地,土地按人口承包到户、分散耕作仍是当前农村土地承包经营的主流方式;放弃农村户口意味着离开农村"集体",难免会让人联想到是否要放弃土地承包、宅基地使用、集体经济分红等利益(赵民、陈晨,2013)。访谈发现,由于务工收入及其稳定性尚难令人满意,许多农民认为农村户口具有保障功能,因此不愿意放弃农村户口进入城镇。客观而言,目前的农村户籍确实有其现实红利及潜在红利,农村人口是否愿意进城转户,取决于农村家庭对两者的收益与成本的权衡。如果退出农村即意味着要放弃农村户籍的

红利,则在增加退出集体经济的三项权利的"摩擦成本"的同时,还要叠加放弃农村户籍红利的"机会成本"。

5.3.4 县域城镇人口强势增长

1. 乡镇工业化发展面临诸多困难,难以成为本地城镇化的主要驱动力

既然在乡镇地区提供就近的工商业就业机会,就能吸引部分农村劳动力以"工农兼业"的模式实现就地城镇化,那么推进乡镇工业化,借以带动城镇化发展在中部农村地区(主要流出地)是否可行? 课题组在湖北、河南、安徽等省份的乡镇做了许多实地调研,发现产业发展弱且困难重重、社会服务能力差、空间环境不佳等,是中部农业地区小城镇发展的普遍状况,与东部发达省份有很大反差(见表 5-3)。在很大程度上,中部农村地区小城镇的工业发展已经不具备当年东部乡镇企业大发展的那种外部条件,当下要面对的是"过剩经济"和诸多现代产业园区的强大竞争;加之多数中部小城镇的内生经济能力弱,比较优势不明显,乡镇工业实在难以在内外部竞争中异军突起(张立,2012)。

表 5-3　2011 年全国排名前 1 000 位的城镇分省分布

省份	总人口排前 1 000 位的城镇分布情况(个)	财政总收入排前 1 000 位的城镇分布情况(个)	农民纯收入排前 1 000 位的城镇分布情况(个)
山西	13	22	0
安徽	65	31	0
江西	34	21	1
河南	17	22	9
湖北	52	15	0
湖南	27	12	34
江苏	123	235	269
浙江	54	174	262
广东	185	93	63
福建	54	54	7

资料来源:根据《中国建制镇统计年鉴 2012》的数据整理。

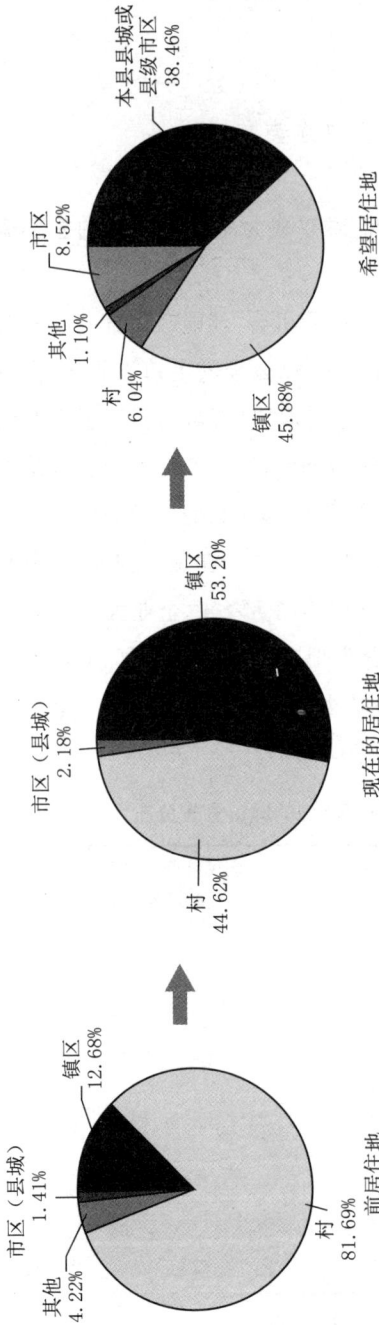

图 5-4 南阳：乡镇居民迁居路径示意图

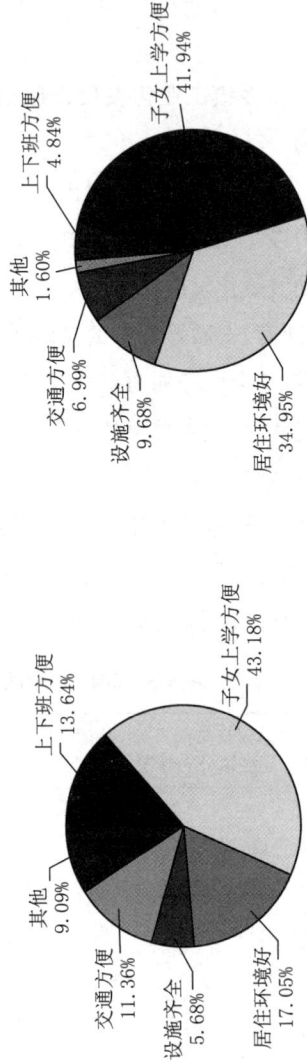

希望居住地

本县县城或
县级市区
38.46%

市区
8.52%

其他
1.10%

村
6.04%

镇区
45.88%

现在的居住地

镇区
53.20%

市区（县城）
2.18%

村
44.62%

前居住地

市区（县城）
1.41%

镇区
12.68%

其他
4.22%

村
81.69%

图 5-6 南阳：乡镇居民未来迁居的考量因素

子女上学方便
41.94%

上下班方便
4.84%

其他
1.60%

交通方便
6.99%

设施齐全
9.68%

居住环境好
34.95%

图 5-5 南阳：乡镇居民曾经迁居的动因

子女上学方便
43.18%

上下班方便
13.64%

其他
9.09%

交通方便
11.36%

设施齐全
5.68%

居住环境好
17.05%

此外，目前中部的城市大都仍处于"极化"发展阶段，对小城镇发展的扶持很是有限。据调研，中部一些省份实行"乡财县管"以后，乡镇一级的财政收入主要用于公共事业；加之较难获得新增建设用地指标，招商引资的难度更大，乡镇工业化的可能性进一步降低。以南阳市为例，78%的小城镇财政收入在1 000万元以下；目前，即使是乡镇招商来的企业，也多放置在县城的工业园区，实行税收分成。这样做有其内在合理性，但在促进县域经济集聚发展的同时，也会使得乡镇的工业化发展被搁置。乡镇工业不发育，便难以提供大量二产就业岗位，因而也就难以成为本地城镇化的实质性驱动力（赵民、陈晨等，2013）。

2. 农村居民搬迁意愿与公共服务设施水平及居住环境紧密相关

乡镇调研问卷的统计分析显示，农村地区人口"村—镇—县城—城市市区"的递进迁移路径比较明显。而迁居的动因则主要是对公共服务设施（尤其是子女教育设施）、居住环境和交通条件等的追求。访谈发现，村镇地区居民对公共服务设施质量的要求比以往要高，尤其是80后、90后年轻一代，对子女的教育问题极为重视；而良好的居住环境则是村民迁居的次要考量要素。从这个角度看，农村社区建设中除需要配置好的公共服务设施外，加强环境建设也很重要（赵民、陈晨等，2013）。

3. 市（县）本级城市成为人口流出地区城镇化发展的主要载体

调研发现，多方面因素决定了市（县）本级城市（县城）在人口流出地区的城镇化发展中据主体地位。对此，可以分乡镇和城区层面进行阐述。

在乡镇层面，居民的择居意向具有相对大的不稳定性。在南阳案例中，54.5%的受访乡镇居民有迁居意向，其中约有六成的人计划在5年以内搬迁（见图5-7）。并且，受访者的居住地显示出明显的从农村到乡镇，再到县城和南阳市区的迁移路径；受访者对于今后希望居住的目的地选择，镇区占45.88%，县城占38.46%，南阳市区占8.52%（见图5-8）。考虑到乡镇的"半城镇化"状态，目前真正意义上的人口城镇化主要以市区和县城为载体（赵民、陈晨等，2013）。

在城区层面，市（县）本级城市在中部农村和乡镇人口的工作和生活地点选择中的重要性已经逐渐凸显。南阳案例显示，目前，受访村民家

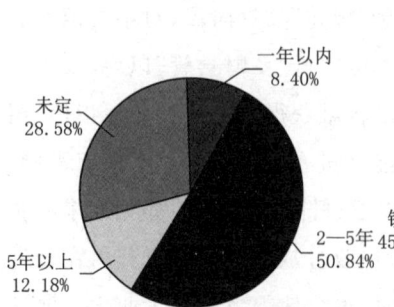

图5-7　南阳：受访者计划搬迁时间

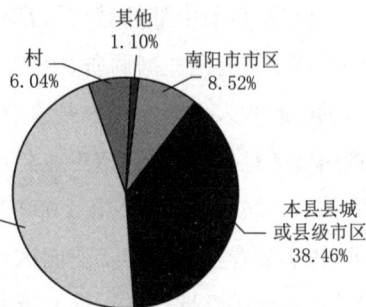

图5-8　南阳：受访者今后居住地意向

注：只统计居住在镇区的居民问卷377份。

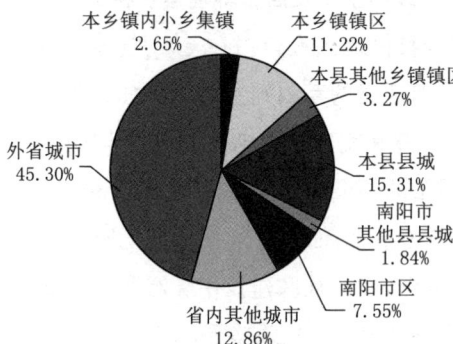

图5-9　南阳：目前外出村民务工地点

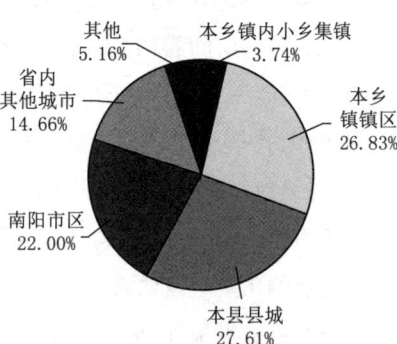

图5-10　南阳：留守村民（如计划）
外出打工目的地

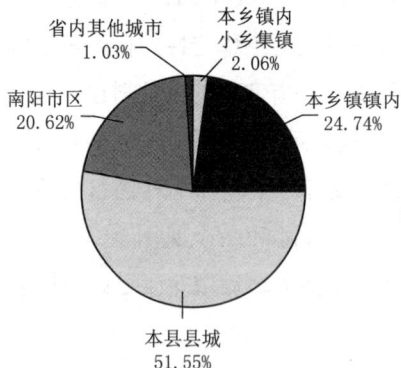

图5-11　南阳：农村外出人员期望
回乡工作地点

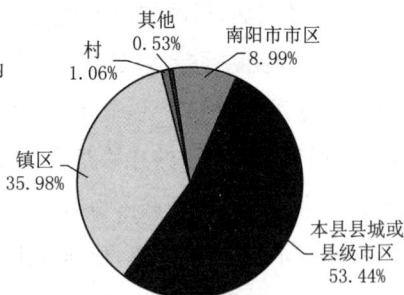

图5-12　南阳：受访乡镇居民
希望居住地

庭成员外出打工目的地首选外省城市(45.3%),其次是县城(15.3%),第三是省内其他城市(12.9%)和镇区(11.2%)。但对那部分尚未外出、未来可能外出的打工者而言,则目的地首选本县县城(27.6%)和本乡镇镇区(26.8%),其次才是南阳市区(22%)以及省内其他城市(14.7%)。此外,约52%的受访村民认为,家庭外出务工人员若回家乡工作将会选择本县县城,并且54%的受访乡镇居民希望居住在本县县城(含县级市城区)。

对湖北案例的分析也获得了类似的结论。在湖北农村户的调查样本中,有迁居意愿的占61%。而在有迁居意愿的人中,选择迁居县城的最多,达40%;其次是镇区,为25.36%;而选择武汉市和其他地级市的为12.86%和14%。这说明在现有的制度环境及收入水平下,农村人口迁居的主要选择方向还是周围的中小城市,尤其是市(县)本级城市。

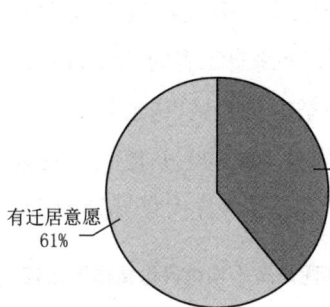

图 5-13　湖北:受访农村
居民迁居意愿

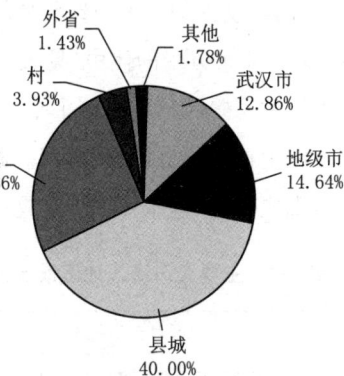

图 5-14　湖北:受访农村居民迁居
期望目的地分布

5.4　进入城镇地区的收益和成本

相关研究一般认为,城镇户籍对流动人口定居具有抑制作用,这也是制度改革和制定"新型城镇化"政策的着眼点之一。笔者认为,流动人口的周期性流动不仅受到制度性影响,也是市场力量平衡下的家庭理性决策的结果;与以往研究主要关注城乡收入差距不同,基于上述人口流动的"经济家庭"假说,应进一步考察市场力量作用下流动人口家庭的收入和家庭存量及增量资产的增长情况，即总体收益与成本的权衡对人口流动产生的影响。

5.4.1 流动人口群体获得劳务收入，但未能分享城市住房增值红利

首先，流动人口中的打工群体可以获得高低不等的劳务收入，但多数人的收入有限，客观上难以在打工城市购置住房。研究显示，在流入地居住时间为1年及以下的流动人口购房比例仅为2.5％，而在居住时间超过15年的群体中也仅为27％。然而，2003年以来，大多数主要人口流入地区的住宅商品房销售价格增长速度显著高于该省、市的最低月工资标准的增长速度。以各地区流动人口平均工资和2010年房地产零售价计算，流动人口工作12个月的工资收入只能在主要人口流入地购买1.0—3.0平方米的住房（见表5-4）。这意味着外来打工者的工资如果要支撑举家搬迁和定居几乎是不可能的；即使举家进入城市，也只能租住在城中村、城边村及棚户区。此外，他们在农村老家的宅基地和房屋却是现成的，即使需要修缮，成本也并不高，可以用来替代在城镇购房、

表5-4　主要人口流入地区最低工资标准与住宅商品房平均销售价格情况比较

地区	最低月工资标准		住宅商品房平均销售价格		按流动人口月平均工资×工作12个月可买房面积（平方米）
	2010年最低月工资标准（元）	2003—2010年年均增长率	2010年房地产销售价格（元/平方米）	2003—2010年年均增长率	
北京	960	10.9％	17 151	21.2％	1.3
天津	920	12.2％	7 940	18.7％	2.8
上海	1 120	10.1％	14 290	16.2％	1.5
江苏	960	11.1％	5 592	15.7％	3.9
浙江	1 100	11.3％	9 332	21.0％	2.4
福建	900	10.4％	6 077	16.8％	3.6
广东	1 100	9.7％	7 004	12.9％	3.1

　　＊ 据《中国流动人口发展报告2010》，东部地区（主要人口流入地区）流动人口月平均工资为1 828元。

　　资料来源：最低月工资数据来自国家人力资源和社会保障部网站；住宅商品房平均销售价格来自《中国房地产统计年鉴》数据。

租房的巨大支出。所以对多数家庭而言,忍受家庭成员的空间分离,不但是为了优化家庭劳动力配置以获得最大化的净收入,也是为了使增量和存量资产的效用最大化。约束其现实选择的,无非难以逾越的城市生活的高经济门槛。

我国的房地产市场曾经历快速上升期,并出现了过热;其后果之一是城乡居民存量资产上的差异显著拉大,强化了社会不平等的痛感。若按跨省人口流动的特征分类,对 2001—2011 年间全国各省、自治区、直辖市的城乡居民收入和房价的增长速度进行横向比较,可发现城乡居民人均货币性收入上的年均增长率差距并不大,甚至是基本持平。但是,无论是主要人口流入地还是人口流出地,其住宅商品房平均销售价格年均增长率大多显著高于城镇居民家庭人均可支配收入和农村居民人均纯收入的年均增长率。同时,人口跨省净流动并不显著的地区,则显示出房价上涨水平低于或与城乡居民工资上涨水平相当的发展态势(见图 5-15)。据此推论,人口流入地和流出地的城镇房价较快上涨会抬高流动人口市民化的经济门槛。

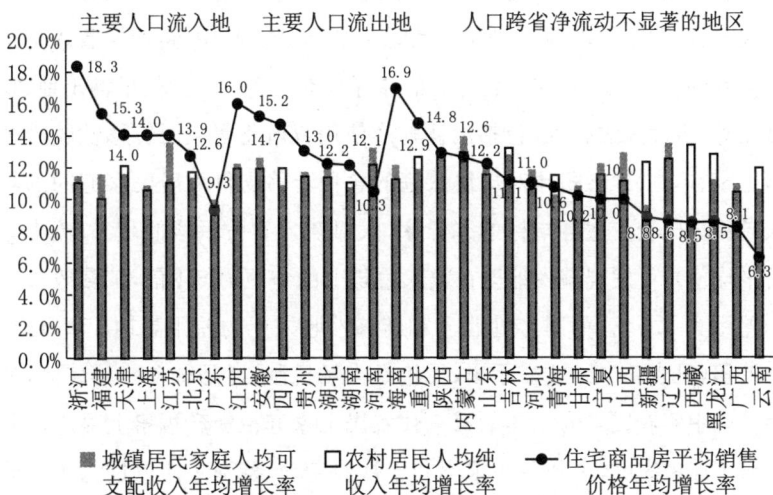

图 5-15　各省城镇居民人均可支配收入、农村居民人均纯收入与住宅商品房售价增长的比较(2001—2011)

资料来源:住宅商品房平均销售价格来自 2002 年及 2012 年的《中国房地产统计年鉴》;城镇居民家庭人均可支配收入来自《新中国六十年统计资料汇编》;农村居民人均纯收入来自《中国住户调查年鉴 2012》。

与之对应,迄今为止中国特色的"拐点"尚没有带来二元经济的真正融合。如果算上城乡家庭在存量资产增值上的差距,则可以发现流动人口现象和非正式城镇化反而使得城乡差距更趋固化。此外,未来的城镇化水平若要持续提升,也不可能仅仅偏好于吸引年轻的农村劳动力(赵民、陈晨,2013)。总之,实现城乡社会和谐发展和农村人口市民化转型的巨大成本终将是一个绕不开的问题。

5.4.2　城乡居民资产性收入差距扩大

从城乡居民的实际收入看,工资收入只是家庭收入的一部分;总体而言,城乡居民在资产性收入上的差距正在进一步扩大(城中村、城乡接合部另当别论)。城镇房价的持续上涨,带来城镇户籍人口家庭资产的大幅度增值,这使得农民工有限或迟来的工资上涨显得徒劳。

下文以家庭户为基础,系统地考察主要人口流入地区居民家庭人均总收入和主要人口流出地区农村居民家庭人均纯收入,并将其分解为工薪收入、经营净收入、财产性收入和转移性收入。其中,财产性收入指家庭拥有的动产(如银行存款、有价证券等)、不动产(如房屋、车辆土地、收藏品等)所代表的收入,包括出让财产使用权所得等。而转移性收入则指国家、单位、社会团体对居民家庭的各种转移支付和居民家庭间的收入转移。比较上述各指标的差异率(人口流入省份平均值/人口流出省份平均值),可发现城乡地区在收入总量上的差距为 5.4 倍,工薪收入上的差距为 8.4 倍,而财产性收入和转移性收入上的差距高达 10.5 倍和 18.6 倍(见表 5-5)。这显示出,无论是市场机制,还是城乡二元体制,都使得以中年农民工为主体的第一代农民工家庭在资产积累上显著落后于城市居民家庭;这种差距很不利于社会流动,特别是使以进入中年的农民工为核心的家庭很难看到真正融入城市的希望。相比较而言,青年农民工正值年富力强,以其为主体的核心家庭对城市仍充满向往;他们在文化观念上较父辈更能融入城市,他们与城市居民的竞争则刚刚开始。这也从一个侧面解释了流动人口群体的年轻化和"拐点"的中国特色。

**表 5-5　2011 年主要人口流入地区城镇居民人均总收入
与人口流出地区农村居民人均纯收入的比较**　（单位：元/人）

地区		总数	工薪收入	经营净收入	财产性收入	转移性收入
主要人口流入地区城镇居民家庭人均总收入	北京	37 124	25 161	1 191	697	10 075
	天津	29 916	18 794	1 059	462	9 600
	上海	40 532	28 551	1 994	633	9 354
	江苏	28 972	17 762	3 027	667	7 517
	浙江	34 264	20 334	4 384	1 572	7 974
	广东	30 219	21 092	3 035	1 243	4 848
	福建	27 378	17 439	2 992	1 753	5 195
上述省份城镇居民家庭收入平均值		32 629	21 305	2 526	1 004	7 795
主要人口流出地区农村居民家庭人均纯收入	安徽	6 232	2 723	2 986	106	417
	江西	6 892	2 995	3 421	112	364
	河南	6 604	2 524	3 601	108	371
	湖北	6 898	2 703	3 731	85	379
	湖南	6 567	3 241	2 725	112	489
	广西	5 231	1 820	3 008	41	362
	四川	6 129	2 653	2 762	140	574
	贵州	4 145	1 714	1 980	60	392
上述省份农村居民收入平均值		6 087	2 546	3 027	95	419
人口流入省份平均值/人口流出省份平均值		5.4	8.4	0.8	10.5	18.6

资料来源：《中国住户调查年鉴 2012》。

　　上述分析判断的意涵深刻，即市场力量的作用锁定了当前不对称的城镇化模式。即使在新型城镇化的政策导向下，城镇向流动人口开放了户籍，并着力推进农民工市民化，但这些以中年人为中心的核心家庭难以仅凭自身的力量来承担城镇化成本。据此，希望通过提高劳动参与率的方式来缓解劳动力短缺的问题可能是无效的。虽然就理论而言，人口红利衰减，但劳动力投入方面还有转型的可能。比如，今后劳动力数量虽然减少了，但劳动参与率可以提高。学界有这样的看法："1.6 亿进城农民工没有城市户口，从而没有均等地享受基本公共服务，他们通常 40 岁左右就退休回乡了。如果能加快改革户籍制度，推进农业转移人口市民化,农民工就能干到60岁。这样一来,劳动参与率增加了,潜在增长率也能因此提高。"(蔡昉,2013)但现实是,即使是在新型城镇化的政策导向下,中小城市和县城向流动人口开放了户籍,这些以中年人为中心的核心家庭也是难以仅凭自身的力量来承担城镇化的成本的;或是说,仅仅放开城镇户籍是不够的。考虑到财政状况,地方政府目前也难以承担这样的成本。有研究表明,城市的高生活成本和在城市发展的局限性增强了进城农民工的回流意愿(张立,2012)。此外,课题组在河南南阳的调研中也发现,外出务工人员的返乡意愿与年龄有显著关系,且40岁是显著的分水岭,即40岁以上年龄段的外出务工人口返乡意愿十分明显(见表5-6);这背后很可能与他们对城市生活的消极预期有关。总之,在现实的家庭预算约束下,相当部分中年农民工较早返乡,以尽量节省在城市的开支;还有相当部分打工家庭,在返乡之前就在农村和乡镇置业。这些行为均有其内在的经济逻辑。

表5-6　河南案例中外出务工人员返乡工作意愿与年龄的关系

家庭成员是否愿意返回南阳工作		家庭外出务工人员年龄(岁)					
		<20	20—30	30—40	40—50	50—60	合计
愿意	计数(人)	10	84	64	42	4	204
	占比	33.3%	21.6%	26.7%	56.8%	40.0%	27.5%
不愿意	计数(人)	20	304	176	32	6	538
	占比	66.7%	78.4%	73.3%	43.2%	60.0%	72.5%
总计	计数(人)	30	388	240	74	10	742
	占比	100.0%	100.0%	100.0%	100.0%	100.0%	100.0%

资料来源:河南省南阳市农村地区的村民调查问卷。

　　由于流动人口在非正式城镇化方式下所能享受到的仅是工资收入的增长,即便是年富力强的青壮年劳动力,想要进入所谓城市地区的"中产阶级"行列也是困难重重。实际上,进城农民工的消费能力提升和消费模式改变是一个长期的过程,有可能要经历几代人的时间;在信息革命和网络经济时代是否会出现收入和阶层分化,还有待观察。此外,是否举家迁入城镇定居,既取决于自身收入的高低和稳定性,也取决于政府能够提供的福利。在这种情况下,对农民工市民化的消费增长预判要

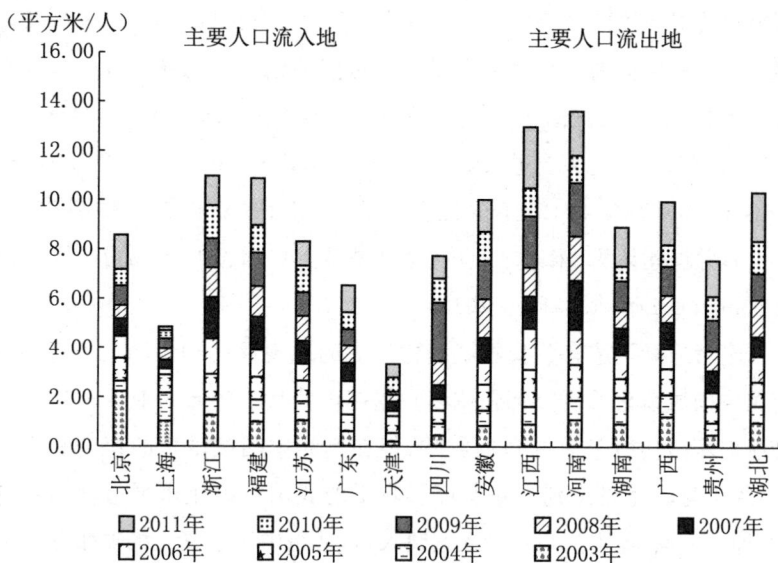

图 5-16　2003—2011 年农村居民家庭新建(购)住房面积

资料来源:《中国农村统计年鉴 2004—2012》。

十分慎重,切不能过于乐观(赵民、陈晨,2013)。总而言之,我国"二元结构"的全面消除和"城市时代"的真正实现,有赖于深刻的经济转型、制度变革以及观念更新,绝非能一蹴而就。

5.5　延伸讨论:中国特色的"拐点"及其对城镇化的意义

2008 年以来,随着全球金融危机和贸易摩擦增多,中国出口增长受阻;加之内需不振,尤其是房地产市场进入了下行通道,经济增速减缓。为了应对当前的严峻挑战,需要寻找新的增长点,并大力提振内需。在此背景下,城镇化似被看作拉动内需、促进经济增长的重要手段;《国家新型城镇化规划(2014—2020)》出台,提出"在加快改革户籍制度的同时,创新和完善人口服务和管理制度,逐步消除城乡区域间户籍壁垒,还原户籍的人口登记管理功能,促进人口有序流动、合理分布和社会融合"。在这样的政策背景下,基于多年的高速城镇化和经济发展的趋势外推,以及发达国家的城镇化率大多超过 70% 的历史经验,许多学者和研究机构对我国的城镇化发展趋势的估算都十分乐观，如认为未来我国城镇化率每年提高一个百分点是完全可能的（林毅夫，2013）；或认为在2030年左右，我国城镇化率将达到65%—70%左右，即在目前的基础上，还有2.5亿—3.5亿人要进入城镇（Population Division，UN，2012；World Bank & DRCSC，2012；中国社会科学院，2013；麦肯锡全球研究院，2009），并据此认为，未来十年内，全球城镇人口增长的20%由中国贡献（Population Division，UN，2012）。

笔者质疑上述有关我国城镇化发展的乐观评估和预测。尽管多数有关中国城镇化的研究都强调以户籍制度为代表的政府对人口迁移的控制对城镇化有显著的负面影响，但在判断中国城镇化的速度和水平时，很少有研究讨论到户籍制度影响下的我国城镇化水平指标的特殊性，即一方面，流动人口被计入城镇人口，使得中国名义上的城镇化率内涵与其他国家有很大不同，甚至导致"城镇化率虚高"（Shen，2006；Sun & Fan，2011），[①]因此，在依托经验规律进行趋势外推的时候，仍须考虑城镇化率指标背后的微观机制，在国际比较时应十分谨慎；另一方面，在一片看涨中国城镇化的经济社会背景下，多年的"民工荒"现象似乎显示出农村劳动力供给的源头枯竭的迹象，释放出与上述乐观估算不同的负面信号。不难设想，若中国流动人口支撑的部分城镇人口的增长态势减速或者停滞，必定会影响到整体城镇化发展的速度和水平。

此外，我国的劳动力从"无限供给"向"有限供给"转变的过程，与"刘易斯拐点"形成比较的具有中国特色的"拐点"，则等同于在年轻劳动力总量不足和城乡差距大的共同作用下，将中年以上劳动力挤出劳动力市场的过程。因此，这个具有中国特色的"拐点"的出现尚没有伴随着二元经济的真正融合，反而显示出制度阻隔和市场力量导致的城乡差距的某种进一步固化。受限于自身的收入水平，流动人口大多选择住在农村廉价且品质较差的出租房内。在许多大城市，他们会集中在城中村等地区，使城市内部不同区域间的贫富差距进一步拉大。据此还可以进一步

---

① 见新华网：《城镇化率"虚高"——李克强请院士专家助政府科学决策》，2013年9月8日，http://news.xinhuanet.com/fortune/2013-09/08/c_125344055.htm。

推断:如果家眷及次等劳动力等都随青壮年劳动力进城,则如一些研究机构和学者的预测,我国城镇人口还应增加 3 亿—4 亿(联合国人口司,2009;Mckinsey Global Institute,2010)。假设这种发展情境出现,"刘易斯拐点"的经典理论情景或将在我国重现,但由于打工者的收入无法支撑其全家在城镇的正常生活,城镇很可能会伴随着大量"贫民"和"贫民窟"——呈现出很多拉美及南亚国家的那种过度城市化景象(赵民、陈晨,2013)。

从世界历史的角度看,城镇化是经济发展和社会政策调控共同作用的结果,而非推动经济增长的手段;城镇化率只是统计指标,而不是经济调控指标。城镇化发展有着客观规律,不能人为地或刻意地去追求城镇化的增长率。同时,在新时期的"新常态"下,我国的经济增速将保持平稳,城镇化发展更为注重质量,速度也应趋缓。更为本质的是,迁移和定居活动应是由居民在一定制度框架内做出的自主选择;若人为强行推动城镇化高速发展,则既不符合新时代的发展理念,也不符合社会个体的理性选择和意愿,因而政策风险很大。

5.6 小 结

我国农村的劳动力转移与农村总人口的转移具有显著的不对称性,即青壮年劳动力转移多,而其他年龄段人口转移少,尤其是大量老人和中年妇女留守在老家务农及照顾儿童。笔者认为,这种城乡人口流动的不对称性是我国农村地区劳动力冗余和城镇地区"民工荒"现象共存的直接原因,其一定程度上也解释了英文文献中对中国城镇化水平落后于经济发展的困惑及质疑。在此基础上,笔者还提出了"经济家庭"行动策略,以解释其深层次的动力机制。从既有的经典理论适用性来看,将刘易斯模型用于解释我国城镇化现象时,既要做制度性的背景研究,也要考察微观主体行为;此外,微观研究的基本分析单元需要从"经济人"扩展到"经济家庭"。具体来说,对我国人口流动的动力机制的分析除了需要考虑家庭工资收入最大化,还要考虑家庭住房等存量资产的效用情况。在此背景下,其行动逻辑包括:①每个农村家庭趋于将其劳动力置于最佳的市场配置中——希冀实现家庭收入最大化;②"经济家庭"的行动逻辑还在于最大化家庭资产价值和效用,并最小化风险。以"经济家庭"行动策略为基础,本章进而研究了流动人口退出农村地区和进入城镇地区的收益与成本的具体构成,以及其权衡逻辑。

这种微观层面的"经济家庭"行动策略的总和,对宏观层面的城镇化特征具有较强的解释力:①正是"经济家庭"对家庭劳动力的"城乡两栖"的配置策略造成了我国城镇地区"民工荒"与农村地区大量劳动力冗余共存的悖论,由此也就解释了为什么我国在城镇化率较低的情况下就迎来了"刘易斯拐点";②主要流入地和流出地城镇化发展特征的差异不断扩大,其背后是"经济家庭"中的差异化个体行为选择的结果。因而,暂时性流出人口在目的地的"流动型"城镇化与留守在家乡的"兼业型"半城镇化具有显著不同的特征,这种差异造成了流动人口在流入地的高等级城市集聚,在流出地却主要集中在县城等小城镇。

此外,"经济家庭"行动策略也揭示出了我国城镇化的未来发展趋势:①人口流动很可能是一种长期现象,其背后是理性的"经济家庭"行动策略。②在新型城镇化的政策语境下,势必要改变目前部分家庭成员外出打工的城镇化模式,而逐渐进入举家外出打工,并在城镇地区定居的城镇化模式。这一改变有赖于农村集体经济模式的重大改革,以及消化城镇化的巨大成本的可行办法。在城镇地区还不能提供更高的工资和福利,地方政府的配套能力仍有限的情况下,对城镇化发展速度的预期需要适当调整。③在我国的传统农耕经济和社会发展的现实背景下,加之中央政府基于国家宏观治理的审慎决策,农村家庭共享的集体资产,除了经营性建设用地外,将长期难以进入市场流转;这意味着未来仍会有大量人口被黏滞在农村。同时也应看到,这与乡村振兴议题和要素支撑相联系,有其积极意义。就总体情景而言,我国的农村和农业不大可能演变成西方的大农场模式,而是更可能像同处东亚的日本、韩国那样,保有较大数量的农村聚落和农耕活动。

6 县域城镇化的区域分异："功能家庭"的行动策略

2020 年以来,我国人口向县城集聚趋势明显,县城的重要性日趋凸显。党中央、国务院多次提出关于加强县城发展的指导意见。2022 年 5 月,《关于推进以县城为重要载体的城镇化建设的意见》发布。2022 年 6 月,国家发改委印发的《"十四五"新型城镇化实施方案》明确提出,到 2025 年,以县城为重要载体的城镇化建设取得重要进展。在党的二十大报告中,习近平总书记提出要"推进以县城为重要载体的城镇化建设",并将其列为深入实施新型城镇化战略、优化城镇化空间布局和形态的重要抓手。从我国城镇化的现实情景和政策指向两方面来看,将县城作为独立的城镇化载体进行讨论有必要性和紧迫性。

我国幅员辽阔,不同地区的自然环境和经济发展差异很大,县城发展定位各具特色、发展路径各不相同。近年来,相关政策重点关注对县城发展的分类引导,如《关于推进以县城为重要载体的城镇化建设的意见》明确将县城分为"大城市周边县城、专业功能县城、农产品主产区县城、重点生态功能区县城、人口流失县城"五类;国家发展改革委《关于加快开展县城城镇化补短板强弱项工作的通知》,对分区分类推进东、中、西部县城发展也提出了指导意见。可见,在当前我国城乡、地域、群体间发展的不充分、不平衡逐渐成为新型城镇化的主要短板的背景下(靳小怡等,2023),充分认识县城发展的区域差异及其背后的驱动机制,是顺应发展趋势和分类引导县城发展的基础和关键。

既有研究对我国县域城镇化驱动机制的理论解释可分为两类,第一类强调结构—制度因素,如从刘易斯城乡二元经济模型和推拉理论出发，认为中国宏观层面的经济环境、制度环境和文化环境等对人口流动和城镇化具有决定性影响（赵民、陈晨，2013）；第二类强调微观机制因素，认为宏观城镇化现象是无数微观个体，尤其是微观家庭理性选择的结果（夏璐，2015）。① 实际上，微观家庭策略很大程度上会受到宏观的结构—制度因素的制约，但微观家庭策略的实施又会反过来影响宏观结构，二者具有内在逻辑的一致性，可置于统一的分析框架下讨论。

6.1 县域城镇化与微观家庭策略

6.1.1 新时期的我国县域城镇化

县域城镇化在我国新型城镇化发展及其动力机制研究方面具有特殊重要性。首先，在人口总量方面，中国政府网相关数据显示，截至 2021 年底，我国 1 472 个县的县城常住人口为 1.6 亿人左右，394 个县级市的城区常住人口为 0.9 亿人左右，县城及县级市城区人口占全国城镇常住人口的近 30％，县城已在事实上成为我国城镇体系结构中除城市和乡村之外的"第三极"（余杰、赵伟，2022）。首先，在县域城镇化的区域差异方面，有学者基于人口普查、流动人口报告等资料对我国县域城镇化宏观格局进行了研究，发现 2000—2020 年中国县域城镇化快速发展，区域差异显著（刘彦随等，2022）；且 2010—2020 年人口分布非均衡性加剧，中心城市和县域人口增减趋势加速分化（刘涛、卓云霞，2022），区县人口集散具有"节点"集聚和"连片"疏散的特征（李玉文等，2021）。其次，在驱动机制方面，既有研究从结构—制度角度提出了劳动力市场分割（李勇、王莉，2017）、制度性障碍（肖倩，2016）、产业驱动（李燕凌、温馨，2022）、公服驱动（钱振明，2022）、现代物流与电子商务驱动（罗震东、何鹤鸣，2017）等观点，指出自然条件、经济发展和区域发展政策的区域差异是造成城

---

① 虽然部分学者指出，近十年来中国家庭具有小型化和核心化趋势，但事实上，中国家庭仍具有"形散而神聚"的特征（李永萍，2018），微观家庭策略对人口迁移现象仍有较强解释力。

镇化区域差异的根源(刘涛等,2022);也有研究从微观机制角度提出教育驱动(蒋宇阳,2020)、家庭分工与优先次序(夏璐,2015)、农民工就近城镇化(刘丽娟,2020)等观点,并表达了对中西部地区县域城镇化风险的担忧(袁梦、杨华,2022)。最后,在县域城镇化的实施路径方面,有研究认为,推进县域城镇化的首要任务是提供就业机会和保障基本公共服务(吴宇哲、任宇航,2021),也有学者从人居环境、产业体系、空间格局、城乡关系、土地配置、公共服务、技术赋能、体制融合等角度,系统地提出以县城为载体推进新型城镇化建设的发展路径(苏红键,2021;高强等,2022)。

已有研究从各自角度看都有其解释力,但仍存在两方面的不足:一是对县城这一新型城镇化的重要载体及其区域差异的讨论还不够聚焦。由于宏观人口普查数据缺少对县城人口的单独统计,导致当前的研究面向"县域"较多,针对"县城"则较少。二是对县域城镇化的宏观讨论多,微观实证少,尚缺乏贯通县域城镇化宏观现象与微观机制研究的框架,难以面向宏观政策目标采取针对性、系统性的政策干预。

6.1.2 我国城镇化进程中的微观家庭策略

新古典迁移理论将迁移者个人作为迁移决策的主体,这种假设前提往往与现实情况有较大差异(赵燕,2011)。新劳动力迁移经济学(NELM)指出,迁移决策并不是独立的个体行为,而通常是更多相关人员组成的一个更大的单位——家族或者家庭的行为(Stark, 1991)。家庭是中国乡村人口流动的基本行动策略单元(林善浪、王健,2010);新劳动力迁移经济学在理论前提、相关假设方面与我国国情相适应,对于分析我国农村劳动力乡城转移问题有较强的解释力(赵燕,2011),但还需要根据我国国情进行修正。由此,有学者将新劳动力迁移经济学中蕴含的"家庭策略"概念引入国内,用以分析转型时期中国农民家庭迁移决策的行为逻辑(赵民、陈晨,2013;王利兵,2013;杨静慧,2017),突出家庭内部围绕资源配置效率的经济理性决策,强调家庭策略运行的个体主义和工具意义(李永萍,2022b)。具体来说,有研究者指出,我国农民家庭逐渐形成了"以代际分工为基础的半工半耕"的家庭分工模式(夏柱智、贺雪峰,2017),年轻劳动力外出务工获取更高的劳动收入,老人在乡村务农以降低生活成本,并保留农村户口,"看住"家庭在农村土地承包、宅基地使用、集体经济分红等方面的利益(赵民、陈晨,2013;陈思创等,2022)。这种基于家庭成员分工策略的微观人口流动方式可被称为"两体两栖",其中,"两体"为外出务工劳动力和乡村留守老人,"两栖"为城市和乡村两栖。

笔者认为,随着我国城镇化演进和经济社会发展,原有的"两体两栖"分析框架已不再能准确描述新形势下的家庭策略,其突出体现在缺少对"孙辈"和"母亲"两个重要角色如何影响家庭策略的分析,而这正是过去10年中县城崛起的重要微观因素。21世纪以来,我国三代家庭户的比例稳步上升(张雪霖,2015),在独生子女政策的影响下,"倒三角"的三代家庭模式取代了传统的"正三角"的三代家庭模式,"孙辈"取代了"祖辈"成为家庭发展的重心。同时,新生代农民工的"城镇化面向"与"底层意识"相互叠加,使得他们普遍非常重视子女教育,希望子女能够完成阶层身份的转变(王旭清,2021)。在过去四十多年的快速城镇化进程中,由于优秀的教育资源不断向县城和城市聚集,乡村教育迅速衰落(张一晗,2022),"有利于孩子接受教育"正在成为流动人口愿意在县城和城市落户的最主要原因(国家人口和计划生育委员会流动人口服务管理司,2010)。此外,母亲越来越成为家庭中独立的部分,"母职回归"成为家庭研究的新热点(卢青青,2021;李永萍,2022d),大量学者在田野调查中发现了"兼职妈妈""陪读妈妈"等新现象(蒋宇阳,2020;吴惠芳等,2019)。

基于以上新现象、新规律,有学者初步提出了"一家三制"(李永萍,2022c;刘超,2022)、"半工半家"(卢青青,2021)等概念,将县城纳入农民城镇化研究,并对农民城镇化差异化类型进行了分析(卢青青,2020;刘丽娟,2023;朱云,2021;孙敏,2017;李永萍,2023a)。大多数社会学领域的家庭层面理论研究还未能对家庭策略微观机制的宏观城镇化效应做出阐释,但确实有学者对"教育驱动的县域城镇化"进行了分析(蒋宇阳,2020;施德浩,2022),不过大多聚焦于单一地方或单一主体(如子女教育)的县域城镇化,对宏观层面上县城发展的区域差异和驱动机制还缺乏系统性解释。

6.2　理论视角:从"经济家庭"到"功能家庭"

6.2.1　"功能家庭"视角的理论背景和现实情景

既有研究对家庭策略的认识呈现为一个不断深入的过程。早期的人口流动研究对流动人口的城乡迁移的隐含假设是"基于个人的理性选择",采用的是经济学中"经济人"的分析视角(赵民、陈晨,2013)。受到新迁移经济学的启发,笔者曾提出"经济家庭"理论假说,指出中国农民家庭人口及劳动力的迁移方式由家庭收入增长期望、家庭存量和增量资产效用最大化的权衡所决定(赵民、陈晨,2013)。"经济家庭"假说对我国流动人口的非正式城镇化具有较好的解释力,但随着我国经济社会的发展,现代中国农民家庭发展的目标和功能导向越来越复杂丰富,家庭城镇化的选择和行为策略远非经济的单一维度可解释。因此,需要从更加综合的视角出发,对农民家庭策略的内在逻辑进行再认识。

伴随着我国的高速城镇化和工业化进程,以市场化力量为核心的现代性进村带来了农民家庭策略的深刻变化,"家庭功能"逐渐开始主导家庭发展。在传统社会中,农民家庭的家庭功能为简单的传宗接代意义上的家庭继替,体现为简单家庭再生产和伦理主导功能的"伦理—结构—功能"家计模式(李永萍,2018)。现代性进村冲击了农民家庭的简单再生产模式,极大地提升了家庭再生产的目标和难度,对家庭的资源积累能力和资源配置能力提出了更高要求(李永萍,2023b),引发了家庭再生产从"传统简单家庭再生产模式"转向"扩大化家庭再生产模式"(李永萍,2018)。在此背景下,家庭功能的维度越来越复杂,逐渐越过家庭关系,成为形塑中国农村家庭秩序的主要因素。如何更好地实现家庭功能成为我国农民家庭发展的主要内涵(张建雷,2017),家计模式也由"伦理主导功能"转变为"功能主导伦理"的"功能—结构—伦理"家计模式(李永萍,2018),由此产生了"接力式进城"(张建雷,2017)、"两边开门婚姻模式"(张贯磊,2023)等一系列新现象,①对我国城镇化产生深刻影响。

6.2.2 "功能家庭"的三重属性和实践特征

许多学者已对家庭功能进行了多维度的研究(吴帆,2017;刘豪兴,2008),笔者参考靳小怡等的研究(2023),将农民家庭的家庭功能分为经济功能和非经济功能两大类,其中,经济功能对应家庭的生产功能,非经济功能对应家庭的再生产功能(包括婚姻功能、生育功能、教育功能)和养老功能。

与西方的家庭有所不同,中国家庭不仅是资源、权利和伦理等要素的叠加组合,还是一个有机的整体,具有超越于家庭成员个体之上的价值(李永萍,2022b)。笔者认为,在外部环境的影响下,"功能家庭"作为一个有机整体而完成内部分工和空间响应,进而折射出家庭功能的次序性、角色性和空间性三重属性(王培安、陈晨,2025)。

首先是次序性。在我国农村总体发展不充分的背景下,功能家庭需要通过家庭次序的安排,重点实现关键家庭功能。自古以来,我国就有以晚辈发展作为家庭主要功能的传统。在"'倒三角'三代家庭模式取代传统家庭模式、'孙辈'成为家庭核心"的人口结构背景和农民家庭总体支付能力不足的经济背景下,我国农民家庭往往会通过"压榨"其他家庭成员的方式优先实现晚辈发展需求,部分学者称为"恩往下流"(魏传光,2011)或"代际剥削"(陈锋,2014)。有研究发现,教育功能(多基于县城)是农民家庭最先需要满足的家庭功能,养老功能(多基于村镇)则常常处

---

① "接力式进城"主要指在现实的资源约束下,父代家庭通过持续的资源积累以支持子代城镇化的稳定有序展开。"两边开门婚姻模式"主要指夫妻结婚以后两边居住,生两个孩子,一个归男方,一个归女方,两个孩子的姓氏在结婚前男女双方已经约定好,双方共同赡养两边的老人。

于家庭功能次序的末位(夏璐,2015)。

其次是角色性。不同家庭角色因其性别、代际、禀赋等不同,承担的家庭功能具有差异性。在典型的"功能家庭"中,孩子、祖辈、母亲、父亲等家庭成员各有其角色分工:孩子是家庭希望,受到其他家庭成员的全方位照料供养,读好书、为阶层跃迁和升级改善做好准备既是个人发展的目标,也是家庭赋予的责任;祖辈一般发挥降低家庭生活成本、补充抚育功能、看守农田和宅基地、提供经济支持和风险保障的功能;母亲的工作选择富有弹性,常常会在"工"和"家"间切换;父亲则作为主要收入来源最大化收入以补贴家庭(见图 6-1)。

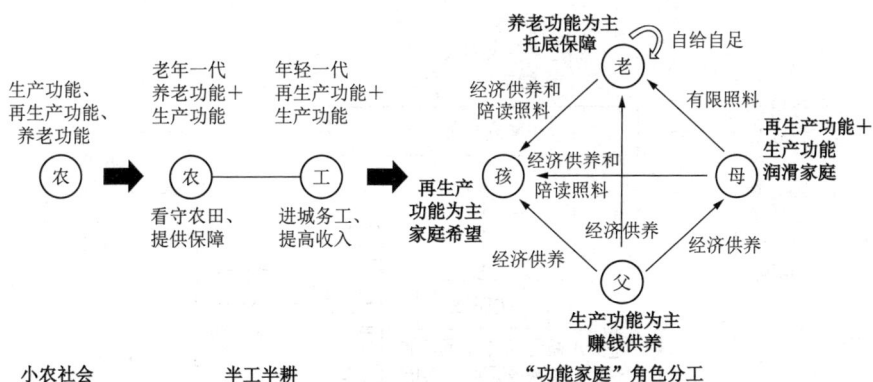

图 6-1 家庭功能"角色性"的演变脉络

最后是空间性。由于我国城镇体系发展的不平衡,高收入工作、高品质公共服务在城、县、乡分布不均衡,使家庭功能出现了基于"乡村—县城—县外"三元结构的空间配置,①进而导致功能家庭的人口流动具有"三栖化"趋势:县外一般是家庭的经济来源,但其高企的房价和难以融入的社会也让县外更像"临时工作点"而不是"家";县城则因其较低的融入门槛和相对优质的公共资源成为实现家庭功能的重要空间载体,如优质教育资源的县城集聚导致农民家庭子女的"进县求学"现象(蒋宇阳,

———————

① 本章将家庭成员向县外所有迁移的目的地统一归为"县外",以突出"县外—县城—乡村"的三元结构。

2020);而远离现代化中心的乡村则成为家庭托底保障之地。①

　　笔者认为,在具体实践过程中,"功能家庭"基于次序性、角色性和空间性三重属性,以家庭所需实现的优先功能为目标和纽带,根据家庭成员之间的比较优势和家庭功能的实现空间进行家庭人口资源的空间重分配(见图6-2)。②据此,我国农民家庭实际上已出现"家庭策略功能化、功能次序晚辈化、角色分工四体化和人口资源流动三栖化"的微观特征,原有的"半工半耕"二元结构已被打破,县城(及部分产业强镇)成为农民家庭实现家庭功能的最重要空间载体之一,这也就使得我国农民功能家庭的微观结构与城镇化的宏观特征之间具备了内在统一的逻辑内核。

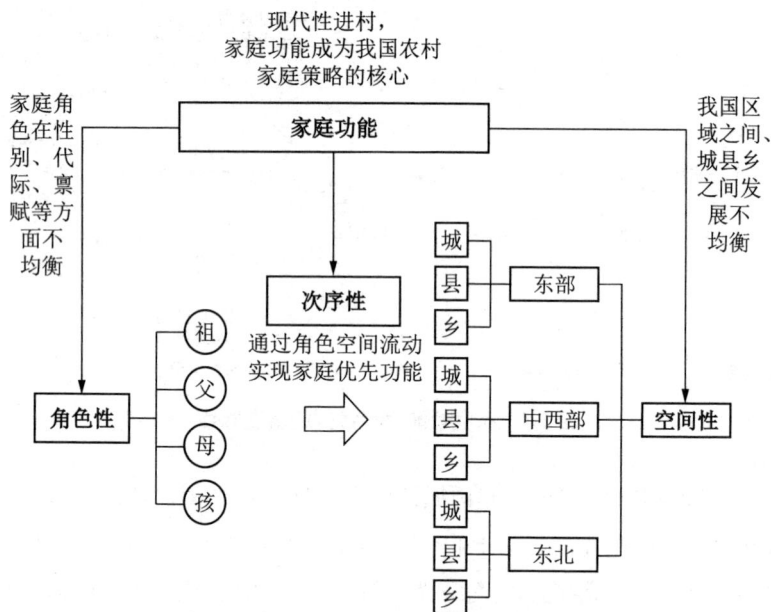

图6-2 "功能家庭"的三重属性和实践特征

---

　　① 以上只是通过功能家庭的一般结构说明其三重属性的实践内涵。功能家庭在不同城镇化环境下会折射出不同的实践形态,其具体的区域分异及县域城镇化效应将在后文得到详细讨论。

　　② 一般而言,家庭都是喜好团聚、厌恶分离的,但家庭功能的空间异质性存在使大量家庭成员异地流动以实现家庭功能。

6.2.3 "功能家庭"的典型实践形态

进一步根据区域差异对"功能家庭"的典型实践形态进行类型学划分,以区分县域城镇化类型的特征机制,为精准施策提供决策参考。《关于推进以县城为重要载体的城镇化建设的意见》提出了五类县城,但迄今还没有出台区域划分方面的官方分类指引,因此,本章依据当前我国区域经济社会发展的空间分异,暂用东部、中西部和东北部等常用概念进行地区划分,功能家庭的代表实践形态可概括为"市民型功能家庭""积累型功能家庭""教育型功能家庭"和"突围型功能家庭"(见图6-3)。

1. 市民型功能家庭

我国东部相对发达地区和大城市周边地区的家庭,形成了建立在劳动力工薪就业基础上的市民型功能家庭实践形态,即以家庭市民化作为主要功能导向,老人和中青年人往往在本地县城或城市固定就业、买房定居,孙辈则跟随他们在工作地读书接受教育(刘丽娟,2023),这些家庭中远距离外出务工人员极少(朱云,2021),家庭成员在就业、生活、教育、社会福利等方面的市民化特征明显,形成"离土不离乡"的家庭城乡空间形态,家庭资源在县城和城市间流动。

市民型功能家庭所处的城镇化环境可概括为市场经济发达、保障体系完善、代际合力紧密。市场环境方面,东部地区县城工业发展水平高,本地劳动力就业市场发达,对农村劳动力的吸纳程度较高,当地有劳动能力的农民基本都进入劳动力市场务工(李永萍,2023a)。制度环境方面,东部地区为农民市民化提供了完善的制度化保障体系。例如浙江在全省范围内建立了被征地农民社会保障制度,让因工业化、城镇化发展需要而被征地的农民可以通过土地换社保的方式解决基本生活保障问题(刘丽娟,2023),这就极大降低了农民市民化的风险(李永萍,2023a)。文化环境方面,东部地区家庭普遍代际合力紧密,父代对子代的教育责任、婚姻责任与隔代抚养责任,都成为父代的"硬任务"(张雪霖,2020)。有调研发现,苏南甚至出现一个老人一天打三份工的情况,按照当地人的说法："老人给子女钱想让子女过得好一点，与别人家孩子相比要跟上去，跟不上，补贴补贴稍微好一点。"（卢青青，2020）笔者曾于2019年在上海市郊金山区农村采访当地一典型农户，该户的年轻劳动力带孙辈在上海市区工作、上学，两位六十岁以上留村老人，做民宿经营、乡村环卫等工作，月收入超过1万元，每逢周末便前往市区看望子女和孙辈，基本实现了家庭市民化，可谓市民型功能家庭的典型代表。

2. 积累型功能家庭

积累型功能家庭主要分布在我国中西部发展相对较好的地区，为叙述简便，可称之为"第一类中西部地区"。该地区的家庭形成了建立在半工半耕、城乡两栖基础上的积累型功能家庭实践形态，以最大化家庭积累为主要功能导向。老人一般从事农业种植并兼业打零工，同时保持农村户籍身份而"看住"老家存量资产（赵民、陈晨，2013）；中青年人在县城就业及陪读，在农忙时节返乡协助务农（朱云，2021）；孙辈在县城读书接受教育，形成"半离土不离乡"的家庭城乡空间形态。同时，留守农村的老人会在确保留有"养老钱"的前提下把剩余资源投入县城家庭（朱云，2021），形成家庭资源由乡村向县城流动的格局。

积累型功能家庭所处的城镇化环境可概括为工农并存、城乡二元化凸显、家庭务实积累。市场环境方面，与东部地区相比，第一类中西部地区市场发展的程度有限，县城产业能够为中青年劳动力提供就业机会，但对老年劳动力吸纳力较弱（李永萍，2023a）。制度环境方面，第一类中西部地区城乡二元结构凸显，许多农民将农村户口看作福利和保险，并不愿意放弃农村户口（赵民、陈晨，2013）。文化环境方面，第一类中西部地区的家庭大多受传统伦理观念影响较大，较为务实，对家庭积累和孙代教育较为看重（朱云，2021）。笔者所在课题组曾于2021年在河北省辛集市农村采访，当地一户家庭两位老人留村务农，儿媳在辛集县城从事护士工作，同时陪孙辈在县城就读初中，儿子则是介于农村和县城之间的镇上公务员，平时常住县城，农忙时会回村协助农务。该户可看作积累型功能家庭的典型代表。

3. 教育型功能家庭

教育型功能家庭占主体的地区主要分布在我国中西部发展相对较弱的地区,可简称为"第二类中西部地区"。该地区的家庭形成了建立在"四体三栖"基础上的教育型功能家庭实践形态,以"通过教育实现阶级跨越"为主要家庭功能导向。祖辈一般留守乡村从事农业种植以自养,在降低家庭消费成本的同时提供部分家庭所需的农产品(张一晗,2022);父亲则前往东部沿海大城市务工赚钱补贴家庭,往往还会从事高风险工作争取更高报酬(张一晗,2022);母亲的主业是陪读,并在陪读之余从事时间灵活的工作补贴家用(卢青青,2021);孩子则是家庭突围的希望,在县城接受教育(刘超,2022),形成"离土半离乡"的家庭城乡空间形态。在这种家庭结构中,祖辈和父亲分别在农村和大城市获取资源,以投入县城的陪读教育;资源在县城大量消耗,因此,这是一种"不稳定""有风险"的家庭结构(袁梦、杨华,2022)。

教育型功能家庭所处的城镇化环境可概括为市场边缘、教育内卷、"恩往下流"。市场环境方面,第二类中西部地区大部分县域处于全国市场边缘,县城产业基础薄弱,为劳动力提供的就业机会十分有限;制度环境方面,第二类中西部地区城乡义务教育资源分布不均衡,教育内卷化凸显,农民家庭的孩子往往需要前往县城才能接受到良好教育(刘超,2022);文化环境可概括为"恩往下流"(魏传光,2011),农民家庭想要实现家庭阶层提升,往往将希望寄托于孩子身上,对教育的重视程度非常高,并愿意将家庭资源投入孙代教育(张一晗,2022)。根据蒋宇阳在江西省太和县的调查,这种"单亲外出务工,单亲与孩子在县城就学,以单亲陪读为主"的形式已成为当地农民家庭分工决策的最大公约数,占到总数的 38.66%(蒋宇阳,2020)。

4. 突围型功能家庭

突围型功能家庭主要分布在我国东北地区以及中西部的一些经济衰退、人口流失地区,以"迁移突围"作为家庭主导功能。具有较强迁移能力的成年劳动力将首先迁移突围,发展较好的家庭会将老人、孩子一同迁移至流入地,而发展不足的家庭则只能让老人、孩子留守。研究表明，东北地区已成为全国老龄化程度最深的地区(张文娟、陈露,2023)，留守儿童比例显著高于全国的平均水平(张宇、徐铎轩,2020)，人口跨省流动的家庭化趋势明显(李吉品、郭晓光,2018)，形成"离土离乡"的家庭城乡空间形态，家庭资源由流出地乡村向流入地城市流动。

东北等人口流失地区所处的城镇化环境可概括为经济相对衰退、农民公共服务保障体系不完善、移民文化占主流。市场环境方面，东北地区在资源减少枯竭后经济衰退，多数县域农业占比较高，上下游产业关联性不强，地级市、县域之间陷入低质竞争(赵倩,2021)，难以提供高质量就业岗位(魏后凯等,2022)。制度环境方面，东北地区县域财政收支严重不平衡,2010—2019 年县域地方公共财政收入占支出的比重不足30％，导致政府难以为农民提供有效的公共服务保障(魏后凯等,2022)。文化环境方面，东北地区农民多为关东移民的后代，其文化中存在迁徙的基因，在发展条件受限时会选择"再迁移"，促成了新一代的"孔雀东南飞"的现象(崔征、牟文强,2019)。

6.3 功能家庭视角下的我国县域城镇化

6.3.1 功能家庭实践的县域城镇化效应

笔者认为，功能家庭的人口、资源的空间流动具有本地流动效应和外地流动效应，其在地实践的区域差异和空间组合折射出多种县域城镇化类型。下文从功能家庭和县域城镇化区域差异的角度切入，试图建立我国功能家庭的实践类型与县域城镇化类型的"家庭—空间"耦合模式。一是以市民型功能家庭为主导的东部地区，大量本地村镇人口涌入县城和城市，同时吸纳来自外地的教育型功能家庭和突围型功能家庭的迁移人口，形成了县域人口、县城人口均增长的"发展型县域城镇化"特征。二是以积累型功能家庭为主导的第一类中西部地区的县城，容纳了大量本地城乡两栖人口，具有县域人口保持稳定、县城人口增长的"两栖型县域城镇化"特征。三是以教育型功能家庭为主导的第二类中西部地区，

功能家庭典型实践形态		市民型功能家庭	积累型功能家庭	教育型功能家庭	突围型功能家庭
典型区域		东部相对发达地区	第一类中西部地区	第二类中西部地区	东北人口流失地区
宏观县域环境差异	市场环境	市场化经济发达	工农兼业	市场边缘	经济相对衰退
	制度环境	农民市民化保障体系完善	城乡二元化	教育内卷	农民公共服务保障体系完善
	文化环境	代际合力	务实积累	恩往下流	移民文化
家庭主导功能(次序性)		家庭市民化（生产≈培育≈婚姻>赡养）	最大化家庭积累（生产>培育≈婚姻>赡养）	阶级爬升（培育>生产>婚姻>赡养）	迁移突围（培育≈婚姻≈生产≈赡养）
家庭成员的角色分工(角色性)		老人:务工、争取市民化 父亲:务工、争取市民化 母亲:务工、争取市民化 孩子:接受教育、争取市民化	老人:留村自养、托底保障 父亲:半工半耕、城乡两栖 母亲:半工半耕、城乡两栖 孩子:县城上学、发展希望	老人:留村自养、托底保障 父亲:进城务工、赚钱补贴 母亲:半工半家、润滑家庭 孩子:县城上学、爬升希望	老人:迁移突围 父亲:迁移突围 母亲:迁移突围 孩子:迁移突围
微观功能家庭机制及其区域城镇化效应	"家庭—空间"耦合模型(空间性)	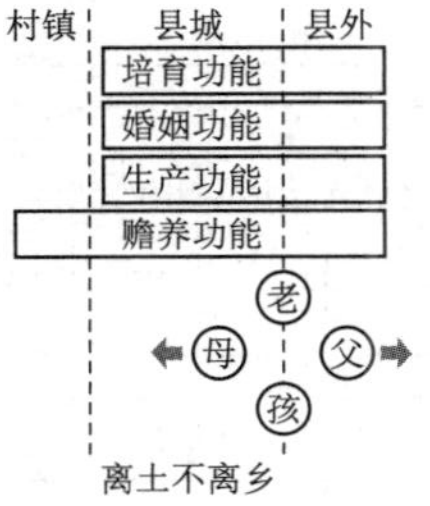 村镇｜县城｜县外；培育功能、婚姻功能、生产功能、赡养功能；老、母(父)、孩；离土不离乡	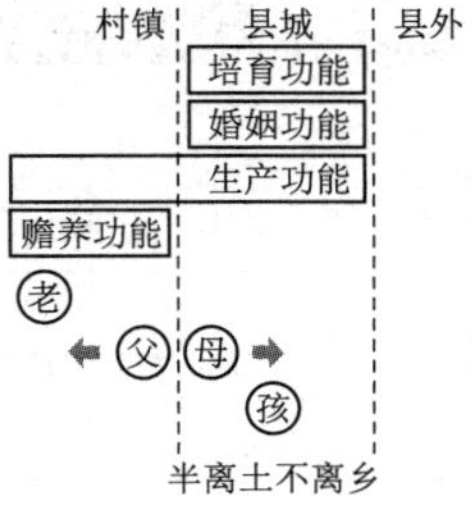 村镇｜县城｜县外；培育功能、婚姻功能、生产功能、赡养功能；老、父、母、孩；半离土不离乡	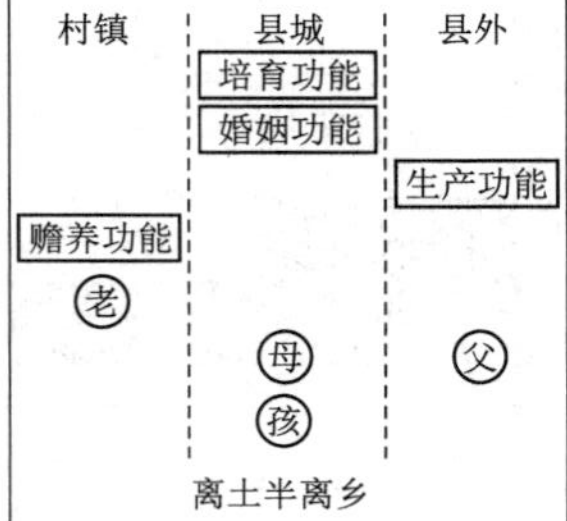 村镇｜县城｜县外；赡养功能、培育功能、婚姻功能、生产功能；老、母、孩、父；离土半离乡	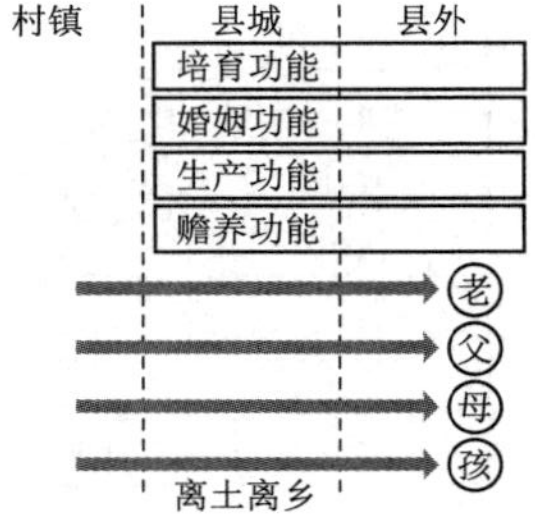 村镇｜县城｜县外；培育功能、婚姻功能、生产功能、赡养功能；老、父、母、孩；离土离乡
	家庭资源空间流动	在县域和城市间流动	由乡村向县域流动	由乡村和城市向县域流动	由乡村向城市流动

图 6-3 我国人口县域城镇化的区域差异与微观结构的分析框架

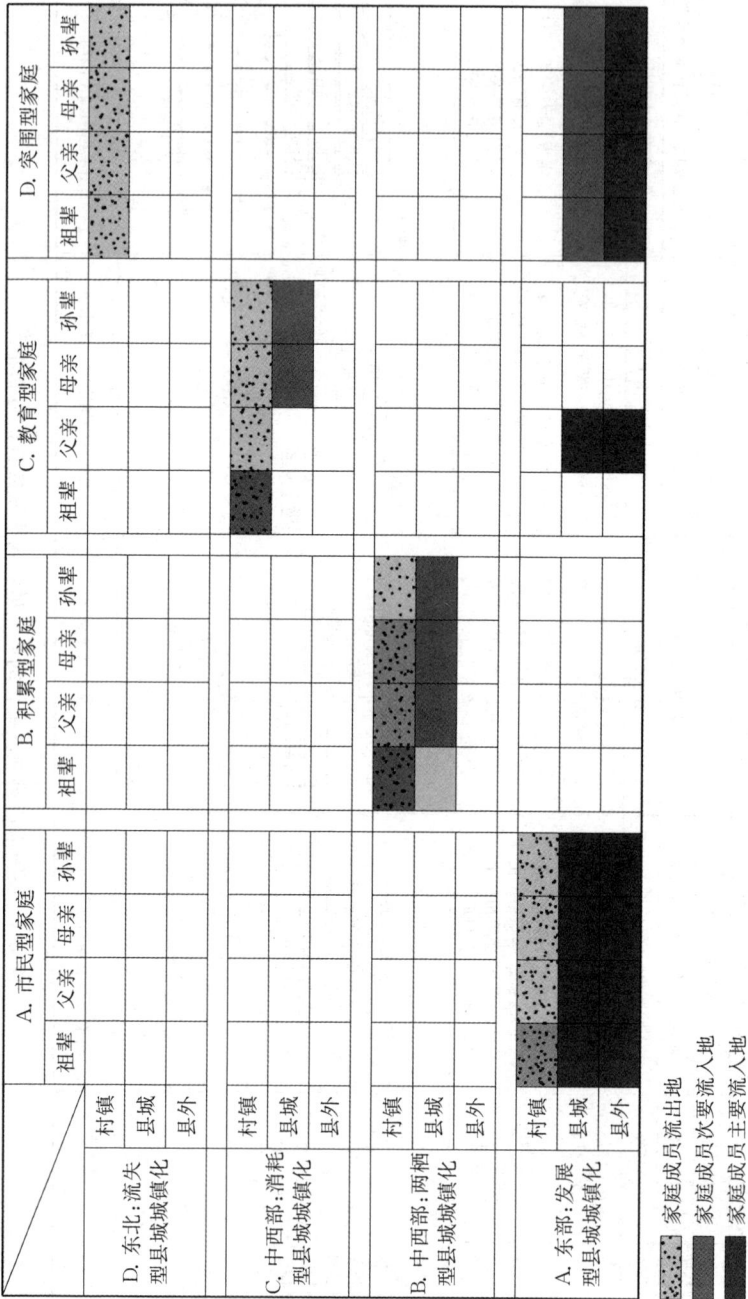

图 6-4 功能家庭实践类型与县域城镇化类型的家庭—空间耦合模式

在县城集聚了接受教育的学生和"陪读妈妈",青壮年劳动力则外出务工,老人留守村镇,呈现出县域人口减少、县城人口增长、资源由城乡流入县城的"消耗型县域城镇化"特征。四是以突围型功能家庭为主导的东北地区,其人口流失严重、县城集聚力不强,呈现出县域人口减少、县城人口持平的"流失型县域城镇化"特征。①

6.3.2 对我国县域城镇化区域差异的初步实证

无数微观功能家庭的差异化在地行动策略,将最终累积为宏观城镇化图景的区域差异。本节选择我国五普、六普、七普长表数据中的"人口数""城镇人口""流动人口"等指标,借用陈晨、赵民对我国县城人口的估算方法,揭示我国各地区县城规模和县域城镇化的现实情景。

总体上看,2000—2020年,我国县城人口增长势头强劲。2000年,有超过80%的县城人口小于10万,到2020年,这一比例已降至44.1%。与之对应,人口20万以上的县城数量增长迅速,其占总县城数量的比重每10年增长一倍多,从2000年的4.1%增长至2010年的9.8%,再增长至2020年的24.3%。

分地域来看,近20年来,我国县域城镇化的区域差异显著。2000—2020年,河南、江西、甘肃等中西部地区县城人口占县域人口的比重增长最为迅猛,以河南为例,全省人口20万以上的县城从2000年的0座猛增至2020年的52座,全省县域城镇化率中位数从9.2%增长至33.2%,增加了三倍多。浙江、广东等东部地区增长速度次之,以浙江为例,全省人口20万以上的县城从2000年的9座增长至2020年的31座,全省县域城镇化率中位数从19.4%增长至47.7%,增加了两倍多。而同期以黑龙江、吉林、辽宁为代表的东北地区县城和县域人口增长较为乏力;三省合计,20万人口以上的县城从2000年的5座小幅增长至2020年的12座,县域城镇化率中位数从19.8%增长至32.7%,仅增加了一倍多。

---

① 事实上,我国县域城镇化的类型极其丰富复杂,本书仅从功能家庭视角给出一种概括性的机制解释和分析框架。

上述县域城镇化的区域差异可通过各县的县城人口变化率和县域人口变化率得到进一步研究。利用五普、六普和七普数据，计算各省所有县城 2000—2020 年的县域人口变化率和县城人口变化率（见图 6-5），可以看到，各省内县城的县域城镇化类型出现了明显分化：首先，以浙江、广东为代表的东部地区的大部分县城集中于第一象限，县域、县城人口双增长；这是大量本地村镇人口涌入县城和城市，同时吸纳来自外地的教育型功能家庭和突围型功能家庭的迁移人口形成的"发展型县域城镇化"。其次，以河北、江西、河南三省为代表的第一类中西部地区大部分县城集中在 x 轴上方、y 轴附近，表明县域人口保持稳定、县城人口增长，凸显为主要容纳大量本地乡两栖人口的"两栖型县域城镇化"；值得注意的是，河北虽为东部沿海省份，但也被划入了此类。再次，以山西、安徽、陕西、甘肃四省为代表的第二类中西部地区大部分县城位于第二象限，表明县域人口普遍减少、县城人口普遍增长；在对这些省份的城镇化微观案例研究中，有较多教育功能推动县城学龄人员和陪读人员集聚的案例，应是教育功能推动县城集聚，青壮年劳动力外出务工，老人留守村镇的"消耗型县域城镇化"。最后，东北地区辽宁、黑龙江、吉林三省的各县城集中于 y 轴左侧、x 轴附近，县域人口减少、县城人口持平，呈现为"流失型县域城镇化"。实证研究结果与上一节提出的"功能家庭实践类型与县域城镇化类型的家庭—空间耦合模型"相吻合，是对功能家庭视角下我国县域城镇化区域差异判断的初步实证。

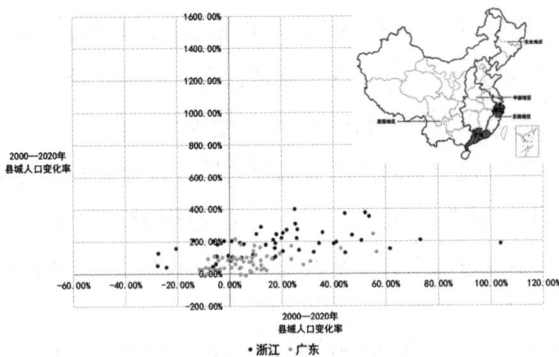

浙江、广东：市民型功能家庭＋发展型县域城镇化

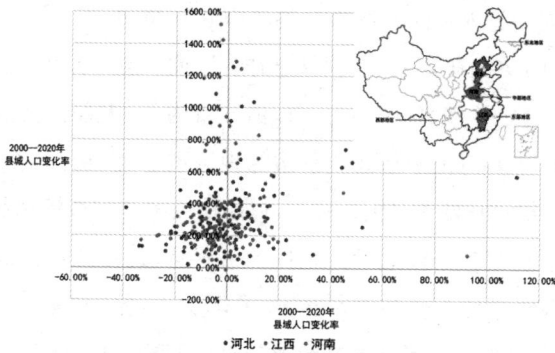

河北、江西、河南:积累型功能家庭＋两栖型县域城镇化

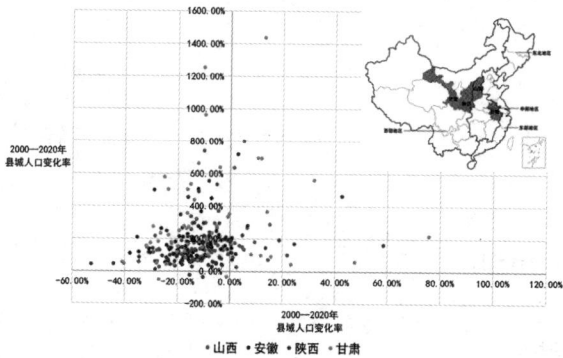

山西、安徽、陕西、甘肃:教育型功能家庭＋消耗型县域城镇化

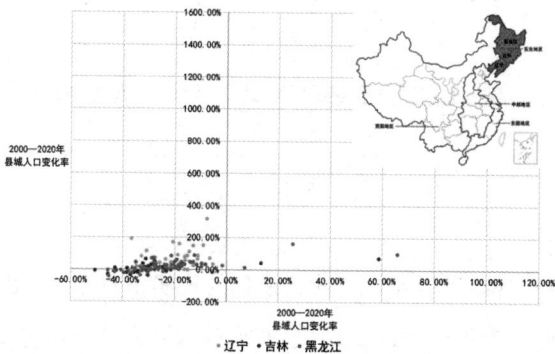

辽宁、吉林、黑龙江:突围型功能家庭＋流失型县域城镇化

图 6-5　四类地区的县域城镇化区域差异

诚然,同一省内不同县城所处的城镇化环境也会有所不同,导致各县域占主体的功能家庭类型也不尽相同,因此,同一省内也会分化出不同的县域城镇化类型(见图6-6)。以浙江省为例,大部分县城为发展型县域城镇化类型,但位于浙江西部边缘地区的苍南、庆元、淳安三县,在2000—2020年间县城人口大幅减少,偏向消耗型县域城镇化和流失型县域城镇化类型;而位于浙北发达地区的嘉善县、近年产业升级较为成功的武义县、旅游业驱动强劲的安吉县,其县城、县域人口则均实现大幅增长,是较为典型的发展型县域城镇化类型。同理,其他省份内部亦存在县域城镇化的省内差异,值得深入探究。本书的讨论重点聚焦在作为大多数县城代表的省域差异。

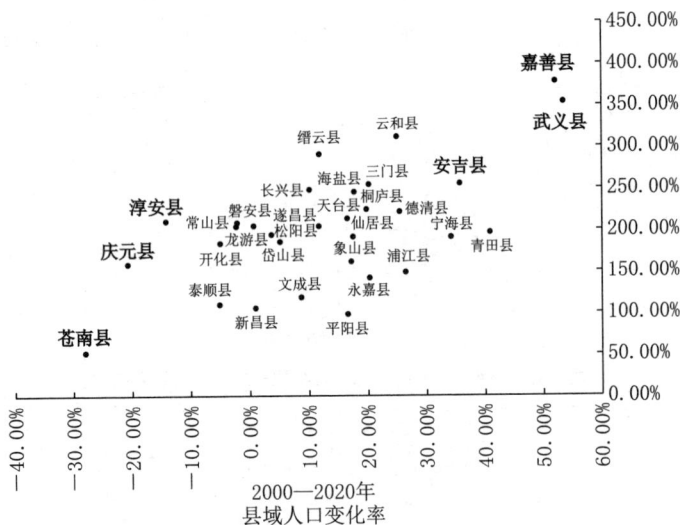

图6-6 省内县域城镇化差异(以浙江省为例)

6.4 小 结

笔者从新时期我国人口县域城镇化的现实情景出发,提出了"功能家庭"微观研究视角;同时以当前我国农村人口县域城镇化的区域差异为切入点,通过不同地区功能家庭的典型实践形态及其城镇化效应进行了初步验证。

以刘易斯二元经济模型为代表的结构主义研究视角对我国人口流动与城镇化研究影响深远,许多学者从结构—制度因素的角度总结城镇化的客观规律。然而,新时期我国县域城镇化呈现出崭新图景,县城的崛起推动城镇化空间结构从"城乡二元"转变为"城县乡三元"(余杰、赵伟,2022),功能家庭的崛起则将城镇化主体从家庭主要劳动力扩展到所有家庭成员;陡然复杂的发展背景使得结构—制度因素对城镇化图景的解释能力降低,故而相关研究需要在结构性视角的基础上补充微观机制视角(赵民、陈晨,2013)。基于上述判断,笔者尝试以功能家庭视角的微观动力机制对我国县域城镇化差异现象进行解释,并建立宏观现象与微观结构相统一的分析框架,试图扩展当前我国县域城镇化客观规律研究的视野和深度。诚然,本书提出的功能家庭实践形态仅为家庭全生命周期的一个切面,对微观机制与宏观现象的关联分析也有待进一步深入实证研究,目前对解释模型的理论归纳仍是初探。

针对我国县域城镇化存在的区域差异,既有研究针对县城发展的政策引导提出了诸多见解:有的认为在制定政策时需要充分考虑不同地区城镇化动力机制的异质性(李玉文等,2021),也有学者认为我国东部地区县城应按"生产性城市"发展产业,中西部地区县城应按"消费城市"发展公共服务业(贺雪峰,2022;朱战辉,2021)。还有研究区别了不同类型县城的发展路径,分别对卫星县城、节点县城和一般县城的城镇化提出相关建议(张蔚文、麻玉琦,2022)。笔者从功能家庭实践形态差异的角度出发,分析了我国不同地区的县域城镇化类型,为精准有效推动县域城镇化发展提供了新的视角。具体来说:①"发展型县域城镇化"地区应通过城乡一体化、县城经济产业发展和公共服务提升来进一步吸纳农村人口安居乐业;②"两栖型县域城镇化"地区应为城乡人口的"两栖往返"提供必要的空间便利和制度环境,尤其是农忙时期;③"消耗型县域城镇化"地区应注重提升县城的公共服务和教育质量,并夯实县域产业发展,以提供更加丰富的就业机会;④"流失型县域城镇化"地区不宜推行过于激进的城镇化政策,而应尊重农民家庭的自主性,遵循渐进的弹性城镇化道路。

新型城镇化的核心是"人的城镇化"，家庭内部的角色差异与县城类型的区域差异同时存在，且互为表里，提示了我国政府在"因城施策"的同时亦需"因人施策"。近十年来，一些研究者注意到我国家庭的小型化、原子化特征，但在现代化进村带来的家庭发展的压力面前，农民家庭虽然在形式上趋向于"分"，在实质上却越来越强调代际之间的"合"（李永萍，2018）。功能家庭假说强调"家庭成员四体化"特征，即祖辈、父亲、母亲、孙辈四类角色实际上是同一家庭结构中的不同单元，提示了未来的人口城镇化针对性施策应在功能家庭的整体框架下进行讨论。比如，针对祖辈角色，应提升农村养老保障，在市场和制度两方面提供再就业支持，避免老人成为家庭发展的"包袱"；针对父亲和母亲角色，应推动高工资岗位从大城市向县城乃至村镇地区扩散，减少因劳动力异地务工产生的家庭分散；针对功能家庭中母亲角色的"半工半家"现象，应在县城增加女性灵活工作岗位，落实女性权益保障，充分发挥母亲在家庭中的"润滑"作用；针对孙辈角色，应推进城乡公共资源（尤其是教育资源）均等化，减轻教育内卷，在为孩子提供健康成长的环境的同时激发家庭生育潜力。总之，我国人口流动的家庭行动策略化将是一个长期趋势，应顺应功能家庭需要，注重有效的公共服务资源配置及政策供给。

党的二十大报告指出，中国式现代化是人口规模巨大的现代化、是全体人民共同富裕的现代化。中国人对于"家"有着特殊情感，事实上，合家团聚幸福已经是大部分中国人忙碌一生的最终目的。然而，受限于有限的家庭资源和不充分的家庭发展，功能异质的家庭角色不得已在纵向异质的城县乡空间和横向异质的东中西部区域空间中寻找"生存的夹缝"，一个个家庭的撕裂伴随着的是陪伴的缺失与春运的潮汐，中国家庭可能正面临着有史以来最严重的分离。县城会是城镇化的终点吗？可能不是，但如能使拆分在城县乡的家庭功能更多地聚焦县城，令家庭成员团聚和共同生活，带来家庭功能的实现和再发展，那么，县城将不仅是新时代中国城镇化的稳定器和蓄水池，更将是中国农民家庭乃至中国经济社会的"诺亚方舟"。源于"人"，落于"家庭"，这是县域城镇化应当具有的内在逻辑与目标指向。

7 对区域层面人口迁移动态平衡的解释：家庭视角下的个体"生命周期"考量

本章探讨家庭视角下的个体"生命周期"考量，以及其对区域性人口流动的动态平衡的影响，目的在于理解流动人口家庭理性基础上的个体能动性，从而进一步揭示在现实经济社会制度的结构性约束下，流动人口及其家庭的能动性对全社会的人口流动图景的塑造，以及其对现实结构的反作用特征。

我国人口流动形成了特征鲜明的主要流入地和流出地，它们经由区域性人口迁移流连成了一个完整的迁移系统；在这个系统中，人口流动与区域发展形成了典型的互为因果的关系，并且自1990年以来，这样一个迁移系统中的流动人口群体总是能保持相对年轻化和周期性往返流动。因此，可将"流动人口群体长期保持相对年轻化和周期性往返流动"看作以下两个过程的结果：①主要流入地和流出地在人口流动作用下的经济社会发展和政策制度安排，反作用于进一步的人口流动，使得流动人口的人群特征（尤其是年轻化）逐渐固化；②经济家庭理性作用下个体能动性进一步发挥作用的结果，且是与生命周期紧密联系的现象。

7.1 研究假设：家庭视角下的个体"生命周期"考量

关于生命周期考量（Life-course Perspective），笔者将人口流动的年轻化现象置于从主要流出地农村地区到主要流入地城镇地区的迁移系统（Migration Systems Theory）中进行考察。对此，一方面，流动人口年轻化的现象可以解释为个人在不同的生命周期中对周边环境的需求不同。生命周期理论有四个主要原则，即①生命中的一些事件在不同时间发生的意义是不同的；②人总是生活在一定的时空序列中，这意味着其出生地、年代、工作地等因素都会影响到他的行为；③个人的生活和行为会受到周边人的影响，其中最重要的是同一家庭中的成员，如父母或子女；④个体属性的差异决定了人在与社会结构进行博弈的时候会表现出不同的特征（景晓芬、马凤鸣，2012）。实际上，国外的相关研究已经从个体生命周期的角度研究了个体流动的特征对个体迁移行为的影响（Chen & Korinek，2010；Kley，2011）；但还没有研究基于生命周期理论对我国流动人口年轻化现象进行过系统的实证。

另一方面，迁移系统理论认为，对人口流动的研究必须将流动人口的代理作用、人口流动的两端地区和包括非流动人口在内的整个移民社区、本地和区域的发展背景等都计入研究范畴（De Haas，2010）。而现在对流动和定居等行为的研究主要是针对既有理论作一般化修正，没有将其置于一定的社会或制度转型背景下（De Haas，2010）。国内针对人口流动年轻化现象的研究已有很多，但它们在一定程度上忽略了人口流动两端地区的发展对人口流动的反作用。笔者选取我国全国层面人口流动中最有代表性的案例——从中西部向东部地区的跨区域人口迁移流作为研究对象，认为主要流入地和流出地这两端地区的城镇化动力机制塑造了流动人口群体的发展演变趋势。

7.2 研究对象、数据来源和模型配置

7.2.1 数据样本说明

本章使用了 2009 年中国家庭收入调查（CHIPS）数据库中的个体和家庭数据。该数据的优点一是不仅包含收入、教育程度、家庭类型等个体和家庭特征，还提供了较多的流入/流出地的发展特征，如流出地的非农就业、农地，以及流入地的住房类型等详细特征；二是不但在农村样本

中询问了流动意愿,也在流动人口样本中询问了定居意愿,并且其样本的空间覆盖范围在流入地和流出地具有代表性,这是目前所能得到的可对比研究主要流入/流出地人口流动行为的最新样本;三是样本量相对较大,可以对多方面的相关因素做计量分析。

在笔者从 CHIPS2009 样本中抽取的研究样本中,流出地农村地区包括 5 个省、35 个县市的 12 494 个农村常住居民样本;样本均为本地农村户口,且在家中常住时间超过半年;此外,用于建立流动意愿模型的样本还进一步限定在 16—64 岁的适龄劳动力。在流入地城市地区,抽取了包括 4 个省、8 个县市的 4 175 个"乡—城"流动人口样本,且仅计入非本地农村户口的样本。

7.2.2 流动和定居意愿的概率模型

已有研究常用的评估流动意愿和定居意愿的模型工具有概率模型(Probit Model)、二元/多元 Logistic 概率模型(Binary/Multinomial Logistic Model)和位序 Logistic 概率模型(Ordinal Logistic Model)等(Knight et al., 2011;Fan, 2011;Zhu & Chen, 2010;Kley, 2011)。由于调查问卷中的答案选项设置可以表征流动和定居意愿的强烈程度,所以,笔者采用如下公式所示的位序 Logistic 概率模型。其中,对流动意愿模型(Model A)而言,因变量设定"1=是,2=未决定,3=否";而在定居意愿模型(Model B)中,因变量设定"1=永远定居,2=不确定,3=计划离开"。而所有的自变量因素都可以分为个体(I)、家庭(H)和流入流出地特征(P)三个层面。

$$Y' = \ln\left(\frac{p(Y \leqslant j)}{1 - p(Y \leqslant j)}\right)$$
$$= a_j + b_1 I_1 + \cdots + b_4 I_4 + c_3 H_1 + \cdots + c_3 H_3 + \cdots + d_1 P_1 + d_5 P_5$$

基于生命周期视角,笔者将个体、家庭和流入流出地特征三方面的要素计入模型,主要考察不同年龄组的流动人口的流动意愿和定居意愿的影响因素。与已有研究强调流动人口的代际差异(Zhu, 2013)不同的

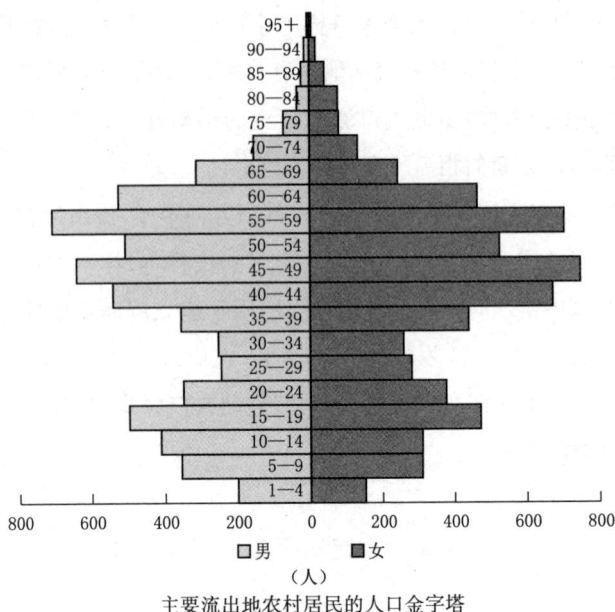

主要流出地农村居民的人口金字塔

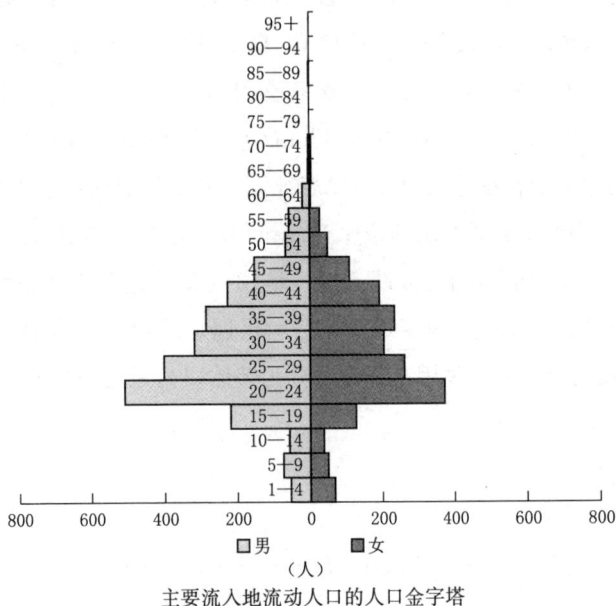

主要流入地流动人口的人口金字塔

**图7-1 样本数据中的流出地本地农村居民和流入地
农民工的年龄结构比较(CHIPS2009)**

资料来源:根据 CHIPS2009 数据绘制。

是,笔者试图引入 20 岁、30 岁、40 岁、50 岁等多个划分门槛,对研究对象整个生命周期中的流动特征进行研究。具体来说,一方面,通过对流动人口样本数据的分析发现,20—30 岁是流动人口大量集聚的年龄组。因此,笔者对流动人口样本的年龄组划分门槛为 25 岁、30 岁、40 岁;另一方面,笔者在农村地区现存劳动力中发现了一定比例的 40—65 岁样本。因此,为了使两个模型的结果是一致的和可比的,笔者增加了 50 岁这个年龄门槛。由此,笔者将样本中的所有研究对象分为 5 个年龄组(包括农村居民和流动人口两类):16—24 岁、25—29 岁、30—39 岁、40—49 岁、50—64 岁(对农村居民为"50—64 岁",而对流动人口为"所有 50 岁以上人口")。

模型具体设置如下表所示。尽管详细的变量配置受限于问卷调查的选项设置,但模型配置仍尽量被设定得与已有研究相一致。例如,对"农村劳动力的非农工作的地点"这个变量的设置与 Liu et al. (2014)的研究是一致的,对农村劳动力的非农工作的职业类型和流动人口在流入地的家庭构成类型定义是在 Wang & Yang(2013)和 Fan(2011)的研究基础上进行调整的结果。这样做的目的是使本章可以有效利用相关成果,同时也使得研究发现与相关文献有更好的可比性。

表 7-1　模型配置

	Model A:流动意愿模型	Model B:定居意愿模型
Y 流动或定居意愿	Q:你是否有外出打工计划? 1=是(包含一个月以内、半年以内、一年以内),2=不确定,3=否	Q:你打算在流入地城市待多久? 1=永远待下去;2=不确定;3=打算离开(包括待 1 年、1—3 年和 3 年以上)
年龄组划分	16—24 岁,25—29 岁,30—39 岁,40—49 岁,50—64 岁	16—24 岁,25—29 岁,30—39 岁,40—49 岁,≥50 岁
个体层面的因素	I1—性别(男/女) I2—婚姻状态(已婚/未婚) I3—受教育水平(初中及以下/高中及以上) I4—是否有流动工作经历?(是/否)	i1—性别(男/女) — i2—受教育水平(初中及以下/高中及以上) i3—流动工作时间(年)
家庭层面的因素	H1—人均月收入(10 000 元) H2—家庭中外出打工人口比例 H3—家中是否有外出打工人口的留守孩子(是/否)	h1—人均月收入(10 000 元) h2—是否给农村老家汇款?(是/否) h3—流动人口在流入地的家庭构成(单身;已婚独居;夫妻(有或没有父母同住);夫妻和孩子(有或没有父母同住);其他家庭类型)

	Model A:流动意愿模型	Model B:定居意愿模型
流入地/流出地的发展特征	P1—从事非农工作的职业类型(自雇;领工资的工人;全职农民;失业或非经济活动人口)	p1—在流入地从事的职业类型(私营企业主或经理;职业技术人员和办事人员;自雇;制造业和建筑业工人;工商业服务业人员;失业或非经济活动人口)
	P2—从事非农工作的月收入(10 000 元)	p2—在流入地的月收入(含主要工作和兼职收入,10 000 元)
	P3—从事非农工作的地点(本乡镇内;本县内的其他乡镇;本省内的其他县;外省)	p3—在流入地的住房条件(自购房;与他人合租房;单独租房;雇主提供的宿舍或工地)
	—	p4—是否有养老保险?(是/否)
		p5—是否有失业保险?(是/否)
	P4—农村住房的市场估价(10 000 元)	p6—是否在老家有房子?(是/否)
	P5—老家的耕地面积(亩)	p7—老家的耕地面积?(亩)

7.3　概率模型结果

7.3.1　主要流出地现存劳动力的流动意愿

结果显示,流动意愿概率模型(Model A)的拟合效果较好,其参数估计和显著性如表 7-2 所示。首先,可以发现有些因素的作用在大多数年龄组中都是显著的,特别是"本乡镇内的本地非农工作"("兼业机会")显著抑制了流出地农村居民的流动意愿。一方面,在性别和流动工作经历的重要性方面,本研究结果与相关研究是一致的,即男性、拥有迁移经验的个体更倾向于外出打工(在 16—24 岁年龄组性别作用不明显);另一方面,尽管农村劳动力非农职业类型对流动意愿的作用仅局限在 25—49 岁,且各个年龄组之间的效果差异较大,但这些非农工作的区位在各个年龄组中的作用都是显著而一致的。具体来说,与跨省流动的农民工相比,"在本地获得非农工作机会"显著降低了 16—24 岁、25—29 岁、30—39 岁、40—49 岁这四个年龄组的农村劳动力的流动意愿;而"在省内其他乡镇参加非农工作"则会显著增强外出打工的意愿。

　　进一步辨析可以发现，首先，农村居民中有很多人以"工农兼业"的方式参与经济活动。从就业类型来看，从事非农兼职工作（三个月以上）的人口占 17.3%，其中一半以上（9.5%）为制造业和交通运输业。这意味着：①导致流出地农村地区劳动力滞留的关键因素之一是乡村地区有着某种程度的工业化发展提供的这种本乡镇内的非农工作机会（"工农兼业"）已经成为具有结构性影响的"城乡流动的反推力因素"；②从概率来看，农村地区现存的劳动力即使没有被"本地非农工作机会"（"兼业"）留住，也更趋于在省内流动，而不是跨省流动。

　　其次，从农村地区现存劳动力的流动意愿来看：①一般认为，较高的家庭外出打工人口比例和家庭中有流动儿童这两个因素显著抑制家庭成员的外流倾向，而结果显示，这两个因素仅在 50—64 岁年龄组中显示出一定的相关性；②一般认为，在农村拥有较高价值的住房和较大面积的土地对流动人口的外出打工意愿具有负向作用，而计算结果显示，这种负向作用主要集中在 40—49 岁，而对其他年龄组样本的流动意愿的影响不显著。上述可能都与个体的生命周期有关，即年龄较大的人口的回流可能与照顾家人、更看重现有财产的效用或处置等因素有关。这些相关性分析部分地解释了为什么流动人口呈年轻化。此外，进一步考察现存人口的职业类型和非农工作时间，可发现农村地区的失业人口比重很低（仅为 0.2%），且非经济活动人口的比例不高。细分非经济活动人口，其中 64.5% 的人口为在校学生或学前儿童，家务劳动者占 21.3%，退休人员仅占 4.5%。由此，我国农村地区发展的实际情况与 Liu et al.（2013）的研究结果并不一致，后者认为，农村地区一些成员的滞留是厌恶风险、享受"悠闲时光"的结果，导致工、农两部门的就业供给均不足。在我国农村的现实经济模式和产权结构下，"就业"必定是充分的。笔者认为，农村地区存在"劳动"效能未必充分发挥的冗余人口，但并不存在边际生产力为零的绝对剩余劳动力。而就全貌而言，我国农村地区的现存劳动力是根据自身的人力资本回报潜力、家庭资产保有和价值最大化等多方面因素导致的，这些劳动力配置和财产配置都是"经济家庭"行动策略的一部分。

表 7-2 流出地农村地区本地农户适龄劳动力的打工意愿(2009)

参　数	16—24	25—29	30—39	40—49	50—64
截距:是	-1.391***	-0.697	-1.781***	-2.799***	-2.553***
截距:不确定	-0.071	0.476	-0.519	-1.411**	-1.457**
性别:男(参考:女)	0.099	0.376**	0.300**	0.307***	0.197(*)
婚姻状态:已婚(参考:未婚)	-0.276*	0.003	-0.092	-0.095	-0.221
受教育水平:高中及以上(参考:初中或以下)	0.270*	0.195	-0.033	-0.348	0.588**
是否有流动工作经历?:是(参考:否)	0.606***	0.637***	0.759***	0.853***	1.014***
人均月收入(10 000 元)	0.839	1.593	-1.196	-2.768	-0.443
家庭中外出打工人口比例(%)	0.186	-0.340	0.263	-0.156	-1.118(*)
家中是否有外出打工人口的留守孩子:是(参考:否)	-0.205(*)	0.092	0.225*	0.273***	-0.181(*)
从事非农工作的职业类型(参考:全职农民)					
自雇	-0.027	1.280*	-1.107***	-0.360	-0.679
领工资的工人	0.104	0.330	-0.416(*)	0.883***	0.508
失业或非经济活动人口	-0.500	-0.774(*)	0.471(*)	0.009	0.358
从事非农工作的月收入(10 000 元)	-0.172	-0.323(*)	0.120	0.116	0.287
从事非农工作的地点(参考:外省)					
本县镇内	-0.527*	-1.088**	-0.523*	-0.677***	-0.283
本县内的其他乡镇	0.515	1.183*	1.672***	-0.067	-0.388
本省内的其他县	0.756**	0.174	0.695***	-0.621*	0.891**
农村住房的市场估价(10 000 元)	-0.012	-0.015	0.027(*)	-0.034*	0.009
老家的耕地面积(亩)	-0.009	-0.031	-0.034	-0.062**	0.004
Generalized R2	0.273	0.285	0.298	0.289	0.188
Misclassification	0.295	0.283	0.187	0.105	0.053
Observations	631	400	1 107	2 313	3 161

资料来源:使用主要流出地的本地农村人口样本计算获得。

*** p<0.001, ** p<0.01, * p<0.05, (*) p<0.1

主要流出地农村居民的工作状态和主要职业类型

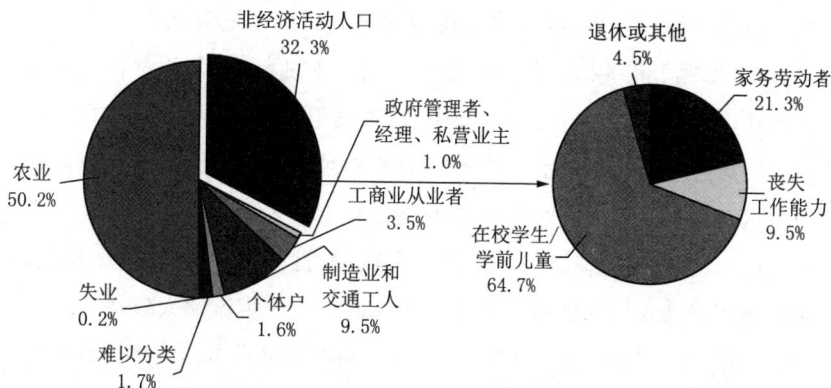

图7-2 流出地所有农村居民的农业和离农工作类型比较(CHIPS2009)

注:CHIPS2009 仅统计从事三个月以上非农工作的职业类型。

7.3.2 主要流入地流动人口的定居意愿

研究显示,定居意愿概率模型(Model B)的拟合效果不如上述流动意愿模型(Model A),具体参数估计如表 7-3 所示。在控制年龄组差异的情况下,性别差异、受教育程度、个人收入、家庭收入、医疗保险、失业保险等对定居意愿的作用均不显著。但是总体而言,随着年龄上升,模型拟合优度逐渐上升,这显示出年轻流动人口的定居意愿的复杂性和不稳定性。

首先,可发现流入地的职业类型和住房条件对所有年龄组的人群都有显著作用。一方面,职业类型对定居意愿有显著影响。具体来看,与商业服务业人员相比,失业和非经济活动人口更不倾向于留下来,而自雇者、私营企业主和经理则更倾向于定居,这与相关研究的发现是一致的。而制造业和建筑业的职业因素对多个年龄段的个体的定居意愿均具有显著的负面影响,这可能与研究开展时 2008 年的金融危机有关。此外,家庭收入对定居意愿的影响却并不明显,个人收入因素也仅对 50—64 岁年龄组有显著作用。这意味着定居意愿还是与个人的经济地位有关,但不一定是当下的收入水平,这与 Todaro(1969)对预期收入的判断是一致的。另一方面,可发现住房条件对人口的定居意愿有显著的影响,这一发现与相关研究的判断是一致的。不过,住房条件对各个年龄组的作用效果存在一定差异。其中,与单独租房相比,在本地拥有自购房对定居意愿有显著的正向作用;而住在单位提供的宿舍或工地设施则对定居意愿有显著的负面作用,这种特征在 40 岁以下各年龄组中是完全一致的。此外,比较流入地的农民工和城市居民之间的住房类型构成,可以发现流动人口的住房拥有率仅为 2.8%,约一半流动人口住在单位提供的宿舍或工地设施。相比而言,本地城市居民样本的住房拥有率高达 93.2%。因此,可以认为现实的住房条件已经成为对城镇化增量发展具有结构性影响的"反拉力因素"。

其次,研究发现某些因素仅对年龄较大的人群的定居意愿有显著影响,这可能与个体的生命周期有关。这些因素包括外出打工时间、给农村老家的汇款、家庭构成的类型,以及农村老家的住宅、耕地等。具体来说:①家庭类型方面的结果与 Fan(2011)的研究是一致的,即与夫妻同住的家庭类型相比,已婚独居人群的定居意愿显著较弱,而夫妻和孩子同住的人群则有较强的定居意愿;研究发现这种关联性在 30 岁以上的人群中比较显著。从生命周期的角度来看,30 岁以上的人群显然比 20 岁左右的人群更关注家庭团聚的重要性。②老家的住宅和耕地状况对流动人口的定居意愿有显著的负面作用,但这种作用局限在 40 岁以上人群,且对 40—49 岁人群具有显著影响。③外出打工的经历对流动人口的定居意愿有正向作用,但其作用集中在 30—39 岁和 40—49 岁两个年龄组。这与本书对流动意愿的研究结果是一致的。尽管年龄较大的个体更容易因为家庭而离开城市地区或留在农村地区,但也可发现,年龄较大的人口的迁移行为可能与存量财产有显著的关联,特别是 40—49 岁年龄组。④此外,值得注意的是,医疗保险、失业保险的作用似没有显著提升流动人口的定居意愿,特别是对 40 岁以上人群的作用不显著,这与已有研究的结论是一致的。

表7-3 流入地城市地区农户流动人口的定居意愿(2009)

参数估计	16—24	25—29	30—39	40—49	50以上
截距:永远待下去	0.341	1.184**	0.948**	0.358	−0.638
截距:不确定	1.777***	2.670***	2.338***	1.972***	1.189
性别:男(女)	−0.010	−0.035	−0.032	−0.060	0.191
受教育水平:高中及以上(参考:初中及以下)	−0.017	0.098	0.067	0.018	0.044
流动工作时间(年)	0.026	−0.002	0.021(*)	0.041***	0.027
人均月收入(10 000元)	1.784	1.913	−0.508	0.932	−1.327
是否给农村老家汇款?是(参考:否)	0.048	0.087	−0.024	0.057	−0.627***
流动人口在流入地的家庭构成(参考:夫妻(有或没有父母同住))					
单身	−0.121	−0.254	0.049	0.554	−0.830(*)
已婚独居	−0.186	−0.226	−0.303*	−0.426*	0.711*
夫妻和孩子(有或没有父母同住)	0.187	−0.028	0.376*	0.033	0.514
其他家庭类型	0.151	0.774*	−0.032	0.047	0.934*
在流入地从事的职业类型(参考:工商业服务业人员)					
私营企业主或经理	−0.150	−0.014	0.891**	0.155	1.003
职业技术人员和办事人员	−0.162	0.134	0.341	0.331	0.580
自雇	0.591*	1.405***	0.035	0.571*	−0.318
制造业和建筑业工人	0.078	−0.367(*)	−0.449**	−0.208	−1.067**
失业或非经济活动人口	−0.587(*)	−0.986*	−0.633*	−0.977**	0.508
在流入地的月收入(10 000元)	−1.462	−1.182(*)	−0.061	0.717	6.271*
是否有失业保险?是(参考:否)	0.305**	0.078	−0.197(*)	−0.131	−0.017
是否有养老保险?是(参考:否)	−0.125	0.096	0.162(*)	0.145	−0.328
在流入地的住房条件(参考:单独租房)					
自购房	1.464(*)	1.615*	0.991*	0.492	−1.610
与其他人合租房	−0.480	−0.358	−0.046	0.574*	0.850(*)
雇主提供的宿舍或工地	−0.677*	−0.820**	−0.600**	−0.760***	0.509
是否在老家有房子?是(参考:否)	−0.019	0.052	−0.066	−0.235(*)	−0.474*
在老家的耕地面积(亩)	−0.008	−0.018	0.004	−0.054*	−0.033
Generalized R2	0.042	0.103	0.091	0.167	0.297
Misclassification Rate	0.523	0.403	0.365	0.390	0.435
Observations	1 107	633	1 087	559	209

资料来源:使用主要流入地的流动人口样本(排除本地户籍)计算求得。

*** $p<0.001$, ** $p<0.01$, * $p<0.05$, (*) $p<0.1$

主要流入地的流动人口住房条件　　　　主要流入地的城市居民住房条件

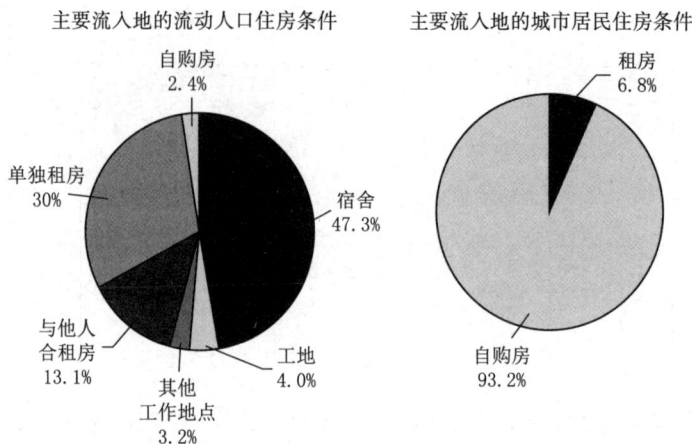

图7-3　流入地农户流动人口和城市居民的住房类型比较(CHIPS2009)

上述研究分析表明,流动人口的年轻化确实与家庭因素有关,但并不能完全用新劳动迁移经济学来解释,而是更符合"经济家庭"行动策略下的个体在不同生命周期阶段内的理性选择假说。

7.4　延伸讨论:"拐点"的出现、工农兼业与城镇化水平的统计

首先,尽管我国农村地区确实存在大量的适龄劳动力,但不一定是绝对的剩余劳动力,这导致了城镇劳动力供给"拐点"的出现。这与认为农村地区存在大量剩余劳动力的研究结论有较大的差别。笔者进一步在流动人口供给端利用 CHIPS2003、2009 和 CLDS2012 的数据,考察乡镇内的非农就业的发展趋势,对非农就业类别进行详细划分,主要有两个发现:第一,农村地区的就业多样化程度较高。以 2009 年为例,在全国层面上,农村地区常住人口中全职务农的人口仅占 38.7%,而从事本地非农就业的人口(含全职和兼职打工)则占 25.7%。第二,在人口大量外流以后,农村地区并不存在大量的绝对剩余劳动力。样本数据显示,农村地区失业人口比重很低(仅为 0.3%),而非经济活动人口比例也仅为 35.2%。并且,这两个衡量劳动力参与度的重要指标在 2002—2012 年间

均低于全国平均值。

其次，由于"工农兼业"已经是一个普遍存在的现象，可以认为我国在较低城镇化率的情况下迎来了"拐点"，一定程度上是城乡人口统计方法造成的现象。这是因为，若将农村地区在本地（本乡镇内）从事非农工作超过 6 个月的人口计入城镇人口，则 2012 年左右我国出现刘易斯"拐点"则是与城镇化水平基本匹配的。我国五普以后强调城乡人口划分的地域概念，即在城市地域居住 6 个月以上的人口才被统计为城镇人口，以这个标准来看，在本地（本乡镇内）从事非农工作超过 6 个月的人口在统计上仍是农村人口，但其实际上主要从事非农工作。这一人群的比例在2003 年、2009 年、2012 年分别占农村地区常住人口的 2.5%、12.8%和17.0%，若将这一人群看作城镇人口，以样本数据中"在本地（本乡镇内）

表 7-4　农村地区全部本地常住人口的就业类型构成

工作类型	全国			♯其中：主要流出地			♯其中：主要流入地		
	2003	2009	2012	2003	2009	2012	2003	2009	2012
全职农民	36.2	38.7	38.3*	39.4	45.7	43.9*	25.5	26.6	18.9*
在本乡镇以外从事非农工作	15.8	4.5		15.7	5.0		21.3	3.8	
在本地从事 1—3 个月的非农工作	3.1	4.0		3.3	5.3		2.5	2.4	
在本地从事 3—6 个月的非农工作	1.3	4.4		1.6	4.8		1.8	3.9	
在本地从事 6—12 个月的非农工作	2.5	12.8	17.0	1.1	6.8	10.2	8.7	21.9	31.2
失业人口	1.8	0.3	1.8	1.8	0.2	1.4	2.4	0.5	2.8
非经济活动人口	39.3	35.2	42.9	37.1	32.3	44.5	37.7	40.9	47.1
总计	100.0	100.0	100.0	100.0	100.0	100.0	100.0	100.0	100.0
非经济活动人口占全国总人口的比例**	42.9	43.2	43.4	—	—	—	—	—	—

注：2012 年的数据口径包括在本地居住 1—12 个月的人口，与 2003 年和 2009 年的数据口径（在农村本地居住超过 6 个月）略有差异，但无法进一步区分。

*　CLDS2012 中仅能识别从事 6 个月以上工作的本地非农劳动人口，上表中的带 * 号数据的为全职农民、在本乡镇以外从事非农工作，或在本地从事少于 6 个月非农工作的人口的总和。

**　根据《中国统计年鉴》中的数据整理。

从事非农工作超过 6 个月的人口"的比例重新推算全国城镇化率,则这一人群可以在 2003 年、2009 年和 2012 年的全国城镇化率基础上分别增加 1.5、6.6、8.8 个百分点,即 2003 年、2009 年和 2012 年全国城镇化率可修正为 42%、54.9%和 61.4%。这样看来,如果不将刘易斯"拐点"看作一个时间点,而是一个时期(Knight et al., 2011; Minami & Ma, 2010),那么,与韩国、日本等地相比,则我国的劳动力供给拐点与城镇化率的关系和刘易斯等的经典研究所描述的状态是基本一致的。当然,即便城镇化体量是可比的,质量水平仍需另当别论。

最后,若进一步对比主要流入地和流出地农村地区的劳动力就业构成,可发现过去 10 年中,我国流出地农村地区的非农就业有一定幅度的增加,这显示出流出地的经济结构有了很大变化。传统上,尽管我国东部先发地区的就地城镇化模式已经得到广泛认识,但落后的中西部地区通常被认为缺少就地城镇化的基础。本书的样本数据一方面验证了流入地存在大量的本地非农就业人口;另一方面也发现在 2003—2012 年间,主要流出地的在本地从事非农工作超过 6 个月的人口大幅度增加,从农村总人口的 1.1%上升到 10.2%;并且,流出地农村的非经济活动人口和失业率甚至显著低于流入地。上文发现,老家的耕地和住房这些财产因素既对人口外流有着阻隔,也显著影响着流动人口的定居意愿;人口流出地区的产业投资和工业发展可谓顺应了存量劳动力和意欲返乡劳动力的非农就业诉求,这对乡村振兴战略有着重要意义。再则,由于农村居民所分享的资产尚不能流动及变现,所以大部分农村人口应该不会轻易彻底离开农村并放弃农村户口。在这一背景下,农村人口对"工农兼业"有着强劲需求;这既会减少对城市的劳动力供给,亦会影响对整体城镇化水平的统计。

7.5 小　结

与同类研究的结构主义视角和判断不同,笔者认为,当前我国的劳动力供求"拐点"与其说是表征了"劳动力从无限供给向有限供给的转变",不如说是在区域性人口迁移流中形成了一种不同于西方经验的一般均衡。我国"民工荒"这一人口流动的新的均衡的形成既是结构和制度的结果,也是个体发挥能动性或自主选择的结果。除了户籍制度、人口红利峰值,以及二元劳动力市场等因素外,主要流入地和流出地的市场因素,即本地经济结构、住房价格的可支付性,对所有年龄段的人口城乡流动形成了普遍的抑制作用。在此基础上,还发现在结构性因素和个体因素的互动过程中,家庭约束下的个体生命周期现象也是造成我国流动人口年轻化的重要原因;这既是出于"经济家庭"对各成员劳动力最佳配置的考虑,同时也是家庭中年龄较大成员对老家存量财产更为不舍的结果。

此外,我国城乡人口统计方法可能对上述现象造成影响。实际上,在农村劳动力大量外流的条件下,由于农村"工农兼业"现象普遍存在,在某种意义上,目前我国农村地区的就业是充分的,就业类型也十分多样化。若"在本地(本乡镇内)从事非农工作超过6个月的人口"被计入城镇人口,我国的"拐点"出现时间(2012年左右)与城镇化率的关系则和刘易斯等西方学者的经典描述是基本符合的。过去10年中,我国流出地的本地经济结构有较大变化,特别是农村地区的非农就业大量增加。而造成这种人口流出地区工业化新发展和就近城镇化的原因与农村存量及返乡劳动力的供给密切相关,而农村保有这部分劳动力则与其拥有的农村资产有紧密的关联。

因此,在农村资产未能明晰个人与集体的产权边界,亦未能规范地退出或流通的情况下,笔者认为,我国农村劳动力的充分释放将难以实现;由此,许多城镇的"民工荒"现象也可能将会长期存在。这一方面是结构性因素、个体因素和家庭因素相互作用的结果,另一方面也是由于从中西部农村地区向东部城镇地区的全国层面的迁移系统发生了嬗变——人口流动对主要流入地与流出地的发展产生了深刻影响,而这种影响又反作用于进一步的人口流动。为了实现我国新型城镇化规划中提出的农民工市民化,向农村居民开放城镇户口仅是第一步,其他方面的改革还需跟上;与此同时,对乡村振兴战略的人力资源需求也应统筹考虑,如果留不住一部分年轻人,也就不会有真正的乡村振兴。

8 对人口流动向城镇体系两端集聚的解释：社会流动性、家庭与定居偏好

在 2000—2020 年间，流动人口的空间分布存在两个趋势：一是向城镇体系的两端集聚——一端是大城市，尤其是少数超大特大城市，另一端是小城市和县镇。二是流动人口的平均外出空间距离趋于缩短，亦即流动人口在本地城镇集聚增多；无论是人口流入地还是人口流出地省份，其城镇流动人口的主要来源均是本县、市、区内部，这意味着在 2000—2020 年间，全国城镇化人口增加主要缘于就近城镇化，并且这种人口流动的本地化趋势在 2000—2020 年这 20 年中得到了进一步的加强。

8.1 研究假设：社会流动性、家庭团聚、定居偏好等因素的影响

一方面，有关流动人口的大城市偏好研究，一般从大城市机会多、收入相对高等方面解释成因，笔者则进一步从社会流动性的角度进行辨析。在制度、结构层面，经济发展作用于社会流动性与社会分层的分析框架给本书提供了一个解释社会流动性的理论视角。我国城镇化的过程包含着大规模的城乡迁移和高速的城市增长。在西方经验中，首先，人口城乡迁移具有改善社会流动性的作用。城市地区集聚了大量的政府机构、企业决策部门等大型组织，使非体力劳动者获得了更多向上流动的机会；在人口城乡迁移的过程中，移民承担了本地的低级工作，本地

居民转而承担人口集聚带来的新工作(Lipset,1959)。其次,城市增长带来的集聚经济总是与发展联系在一起的。城市增长的过程带来了高度集聚的知识、信息、创新和技术,促进专业化分工,降低企业的生产和交易成本,并通过竞争提高本地工业经济的生产力水平和工人工资(Black & Henderson,1999;Rosenthal & Strange,2004;Quigley,2008)。已有经验研究论证了城镇化对社会流动性的改善,城市增长带来的集聚经济效应在亚洲和拉丁美洲国家的发展中均具有显著的影响(Henderson,2010;Quigley,2008)。总之,城镇化发展与社会流动性的改善和经济阶层的分层重构具有理论和现实的关联性。

运用家庭调查数据,笔者分四个时间点对我国各经济阶层的规模和空间分布进行估算,在控制其他因素变量的情况下考察其总体特征,探讨城市增长与社会流动性(以中产阶层形成为表征)之间的关系。该研究可以检验如下假设:

假设1:我国城镇化和城镇增长一定程度上改善了社会流动型。以及我国2000年以来的"本地化"和"向县镇集聚"的人口流动趋势背后的动力机制。在相关研究的基础上,引入"流动距离""流入地城市规模等级""流入地区域类型"等地理空间因素,进行两个层面的研究:一是考察距离、规模等空间因素背后的流动人口社群特征的差异;二是将这些因素纳入"长期流动"和"定居"的概率模型,进而考察个体、家庭和空间因素对流动人口行为的作用,并在时间维度上对比考察2002年和2012年两个不同时间点上的影响因素的差异。

实际上,流入地城镇的规模等级、流动空间距离等因素在流动人口长期流动和定居行为研究中经常被忽视。已有理论和经验研究显示:①对应于不同规模等级和经济发展水平的城市,不同人群的长期流动或定居的意愿往往不同。而城市规模等级对流动人口的长期流动或定居意愿具有显著的正向作用,即流动人口的空间集聚带来城市规模等级的上升,由此带来的一系列城市规模经济的效应,已经证明可以提高工资水平和社会流动性;城市规模等级对人口流动的这种正向拉力解释了流动人口在大中城市的集聚。然而,随着城市规模等级的提高,生活成本的显著上升也可能对流动人口的定居意愿产生负面作用。②人口流动的空间距离在结构分析中是一个重要因素,一般来说,人口流动的概率与空间距离的长度呈反比。例如,有研究发现省内移民一般具有更为强烈的定居意愿(Zhu & Chen, 2010; Tang & Feng, 2012; Hu et al., 2011)。③在"有定居意愿"和"实际定居"之间仍然存在一定的差异(Zhu & Chen, 2010)。实际上,针对"定居"行为的研究并不多,但其发现的因素与相关研究对"定居意愿"的研究结果基本是一致的(Hu et al., 2011)。

由此,笔者使用两组家庭调查数据库(CHIPS2002、CLDS2012)中的流动人口数据,在控制结构、个体、家庭因素的情况下,对 2002 年和 2012 年两个节点上的流动人口的长期流动和定居行为进行并置分析。两个数据库均涵盖较广的空间范围,可以区分本书的样本所在的具体的市辖区、县的空间定位,这使得笔者能在对流动人口的"长期流动"和"定居"行为的研究中,纳入流入地和流出地的地区发展和空间信息,故可以检验如下假设:

假设 2:在各规模等级城市集聚的流动人口群体中,可能有不同的长期流动或定居的特征;而这些特征背后可能是不同的社群特征,如相似的年龄、家庭安排、流出地属性等。

假设 3:在控制个体因素和家庭因素的情况下,空间距离因素和流入地城镇规模及其所属区域仍可能对人口流动行为有显著影响(且应进一步观察这种影响与个体和家庭的关系)。

假设 4:在城市地区房价高企的情况下,本地化和向县镇集聚的人口流动趋势可能与流动人口群体的定居策略有关。

8.2 研究对象和数据来源

一方面,为了考察我国城镇化、城镇增长与社会流动性的关系,本章使用两个系列的家庭调查数据,即北京师范大学组织收集的中国家庭收入调查(CHIPS)和北京大学组织搜集的中国家庭追踪调查(CFPS),具体数据组包括 CHIPS1995、2002 和 CFPS2010、2012。上述四组数据全部被用来考察我国各社会经济阶层的规模和特征，其优势在于：①有详尽的家庭和个人层面的消费和收入数据；②覆盖地域广、数据量大，如 CHIPS2002（25 个省份）共获得了家庭问卷 9 200 份和个人问卷 37 969份，CFPS2010（25 个省份）获得了家庭问卷 14 794 份和个人问卷 33 600份；③有常住地和户籍信息，可以区分城市居民、农村居民和农民工，便于进行城乡家庭的比较。

另一方面，为了检验空间因素对人口流动的作用，笔者主要用了两个家庭调查数据库。一个是中国家庭收入调查（CHIPS）2002 年抽样调查中 15 个城市（包括辖县）的 1 997 个农民工家庭的流动人口5 000 多人，另一个是中国劳动力动态调查（CLDS）2012 年抽样调查中 29 个省市的 1 367 个农民工家庭的跨市县流动人口 1 664 人。采用这两组数据的主要原因是：①两组数据都有数量较大的流动人口样本；②两者都对"返乡意愿"进行了提问，尽管是以不同的问题形式，但仍具有较好的可比性；③通过这些数据不但可以分辨个体信息，也可以分辨家庭的类型（两个数据库都对家庭单元进行了完整的调研），且有丰富的家庭层面的信息；④由于是全国层面大范围地理空间内的抽样调查，这两个数据库的样本涵盖了各个规模等级的城市，且可以分辨流动人口的来源地和流动的空间距离，由此可以在控制个体因素和家庭因素的基础上，研究地理空间因素对长期流动和定居行为的作用。

8.3 对向城镇体系顶端集聚的解释

8.3.1 我国城乡经济阶层的划分

在经济社会发展相对稳定的社会中（如欧美发达国家），人的社会阶层和经济阶层归属具有一致性，因此，用职业分类或收入/消费水平分类进行阶层划分并不会产生大的差异。但是，由于我国正在经历高速的城镇化、工业化和市场化变革,社会分化及社会分层结构"碎片化",而经济阶层的分级正在形成过程中(Li, 2008);因此,现阶段从收入/消费水平分类的角度划分我国的经济阶层应更符合国情。笔者首先定义"中产阶层",这是由于中产阶层的形成对全社会有重要的意义,特别是对"城镇化—消费情景"的实现有重要影响。在此基础上,可以对贫困、下层、下中产、上中产、上层等阶层进行详细划分。需要指出的是,中国官方并没有明确或认可社会阶层和经济阶层划分;本书参考相关学术研究,为了便于分析而引入经济阶层概念。

2010 年以来,大量研究在定义和识别亚洲新兴经济体的中产阶层这一议题上做出了许多尝试,但在具体指标选择上还没有形成统一的定义,分化为几种主要类型:①采用"相对"或"绝对"定义。显然,前者具有收入公平的内涵,而后者则更有利于测定真实的发展效率。例如,一些学者使用收入均值或中位数的一定比例定义的区间,如 Birdsall (2000)定义中产阶层是在全社会收入中位数的 75% 和 125% 之间的人口。另一些研究则采用收入或消费水平的绝对定义(ADB, 2011; Kharas,2010),如亚洲银行将亚洲中产阶层定义为每人每天消费 2 至 20 美元的群体。②以"收入"或"消费"来表征经济福利水平。显然,收入水平是最直接的反映经济状况及社会阶层的指标,但这在操作层面上存在两个问题:一是许多人不愿透露或严重低报/低估真实的收入信息;二是在房价高涨、生活成本持续上升的情况下,加之地区差异,同样收入水平家庭的经济福利水平存在较大差距。由此,相关研究一般采用"绝对定义的日常生活消费性支出"[①]来表征家庭的经济福利水平,以及测定中产阶层的规模(Kharass,2010; Ravallion, 2009; Banerjee & Duflo,2008)。本书也采用这一方法,一方面是与相关研究保持延续性和可比性,另一方面,这种定义方式对解读或评价"城镇化战略与拉动

---

① 据国家统计局标准,居民家庭消费支出指居民家庭用于满足家庭日常生活消费需要的全部支出,包括购买商品支出和各种服务性支出,但不包括储蓄存款、购买投资型保险等非消费性现金流出。其中,城镇家庭消费性支出不包括购房建房等投资性支出,而农村家庭消费性支出则包括购房建房等支出。

内需"的政策亦具有针对性。

因此，笔者沿用相关研究定义亚洲中产阶层的常用方法，即用"绝对定义的日常生活消费性支出（＝家庭日常消费性支出总额/公摊生活费的家庭人口规模）"定义中产阶层（Kharass，2010；Banerjee ＆ Duflo，2008；亚洲银行，2011；Ravallion，2009）。与相关研究保持一致，以下所有美元均以 2005 年美元的等价购买力（Purchasing Power Parity）为基础。①用绝对值定义的关键在于设定合理的中产阶层对应消费水平的上下限，相关研究在具体指标选择上有一定的差异。其中，Banerjee ＆ Duflo(2008)、亚洲银行(2011)和 Ravallion(2009)等分别将亚洲新兴中产阶层的人均日常消费支出水平设定为＄2—10(细分两组范围：＄2—4，＄6—10)、＄2—20(细分三组范围：＄2—4，＄4—10，＄10—20)和＄2—13；Yuan(2012)将我国农村地区的中产阶层人均消费性支出划定为＄4—20；此外，Kharas(2010)将＄10—100 或＄10 以上定义为"全球中产阶层"。为与相关研究保持延续性，可将上述研究中的门槛值代入世界银行的 PovcalNet 进行初步测算(见表 8-1)，从中选择界定中产阶层的合理临界点。

表 8-1　世行数据库中我国生活在指定人均消费水平以下的人口比例

年份	＄2	＄4	＄6	＄10	＄13	＄20	＄100
2009	27.2%	58.0%	75.2%	91.1%	95.2%	98.3%	100.0%
2002	51.1%	80.5%	91.8%	98.0%	99.0%	99.7%	100.0%
1996	65.0%	92.2%	97.5%	99.5%	99.9%	100.0%	100.0%

注：所有美元均为 2005 PPP ＄。
资料来源：根据世界银行的 PovcalNet 数据整理。该库的中国数据来自国家统计局的家庭调查中的消费支出数据。参见"PovcalNet：an online poverty analysis tool"，http://ir-esearch.worldbank.org/PovcalNet/jsp/index.jsp。

基于测算，笔者认为将人均每天生活消费支出位于＄4—20 范围内的人口定义为中产阶层是比较合适的，即人均每天消费支出按汇率折算

---

①　从世界银行 PovcalNet 可以获得 2005 年人民币对美元购买力转换系数（城市为 4.09，农村为 2.99）。

为农村地区＄2.24 和城市地区＄3.47(Ravallion，2009)，并且，我国 2009 年生活在人均＄4 标准以下的人口仍占约 60％；另一方面，2009 年我国人均日常消费低于＄20 标准的人口约占 98.3％。在此基础上，笔者认为，Kharas 提出的＄10 的标准构成了一个具有政策意义的临界点，即人均每天生活消费支出＄4—10 的构成"下中产阶层"，这个经济阶层的人群尽管仍处于较低的经济福利水平(低于美国贫困线＄13)，但对拉动国内消费水平仍有一定贡献；而人均每天生活消费支出＄10—20 的则构成"上中产阶层"，他们也是"全球中产阶层"的组成部分，对拉动国内乃至世界的消费水平都具有影响力。

由此，笔者分别将人均每天生活消费支出在＄1.25 以下、＄1.25—4、＄4—10、＄10—20 和＄20 以上的分别定义为"贫困阶层""下层""下中产阶层""上中产阶层"和"上层"(见表 8-2)。需要指出，本书估算中产阶层规模的方法在 Yuan et al.(2012)的方法上略作改进。具体来说，该方法以 Brandt & Holtz(2006)对 1990 年各省、自治区、直辖市日常消费支出的物价水平差异的考察为基础，根据国家统计公布的各年份各省、自治区、直辖市的城乡 CPI 价格指数，推算各时间点各省、自治区、直辖市相对全国物价水平的空间价格指数，包括城市地区空间价格指数(Urban Spatial Price Index)和乡村地区空间价格指数(Rural Spatial Price Index)。这样获得的四组数据中的人均日常消费支出在各个不同的时间点(1995—2010 年)和空间地域(包括各个省、自治区、直辖市之间，城市和乡村之间)上都是可比的。

表 8-2　本书设定的我国各经济阶层划分的临界值

人均日常消费性支出(2005 PPP ＄)	经济阶层
≤＄1.25	贫困
＄1.25—4	下层
＄4—10	下中产
＄10—20	上中产
≥＄20	上层

注：＄1.25 是联合国设定的国际标准贫困线。

8.3.2 城镇增长与进入中产阶级的社会流动性的改善

分析结果(见图 8-1、8-2)显示：第一，1995—2012 年间，我国城乡家庭中步入中产以上阶层的比例有了大幅度的提升；不过，从 2012 年的情况来看，我国城镇化过程中产生的是大量下中产阶层家庭(42.1%)，而不是上中产阶层家庭(12.7%)。第二，进一步分析消费支出类型，可以发现上中产阶层家庭具有典型中产特征，即显著的低比例的食品、衣服和日常消费品支出，以及高比例的医疗、教育、文化娱乐和耐用品支出；而下中产阶层家庭的消费特征是不稳定的，他们一方面在食物支出方面与下层较接近，但另一方面，在教育、文化、娱乐和耐用品方面的消费支出又显著高于下层。第三，考察 1995—2010 年我国中产阶层家庭户主的职业构成，可以发现我国中产阶层与西方理论界定的中产阶层有较大的差异。实际上，研究发现上、下中产阶层的职业变动趋势十分相近，即专业

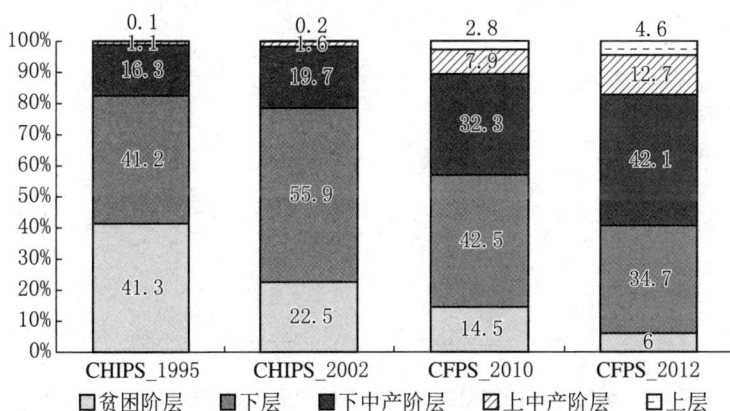

图 8-1　1995—2012 年间我国社会经济阶层变动情况

注：① 各年度数据分别来自微观调研数据库 CHIPS1995、2002 和 CFPS 2010、2012。
② 本书的分析单元是家庭而不是个体。由于中上阶层生育率相对较低，因而家庭规模较小。因此，以个体来估算的中上层的人口规模应略大于上述估算结果。
③ 该估算结果已经经过空间价格指数的调整，以此来控制不同时空的物价指数水平。
资料来源：根据四组家庭调查数据计算。

表 8-3   2010 年各经济阶层家庭的典型消费品占日常消费支出总额的比重

经济阶层	食物	衣服	日常消费品	医疗保健	教育和娱乐	耐用品
贫困阶层	25.7%	5.2%	2.9%	4.3%	0.0%	0.0%
下层	37.7%	4.7%	2.0%	5.2%	0.4%	0.0%
下中产阶层	31.5%	3.9%	1.5%	6.0%	2.3%	2.5%
上中产阶层	23.7%	3.3%	1.0%	6.5%	3.4%	3.6%
上层	9.2%	1.8%	0.5%	4.9%	1.8%	8.8%

资料来源：根据 CFPS2012 数据计算，含城市和乡村。

技术人员和办事人员的比例大幅度下降，而产业工人、工商业从业者和私营业主的比例显著上升，这显示出强烈的结构性社会流动的特征。实际上，工人和工商业从业人员并不契合西方经验中的典型中产阶层职业，且他们的家庭经济福利水平的提高主要是市场经济作用的结果，而不是通常认为的直接有赖于政府的扶持。

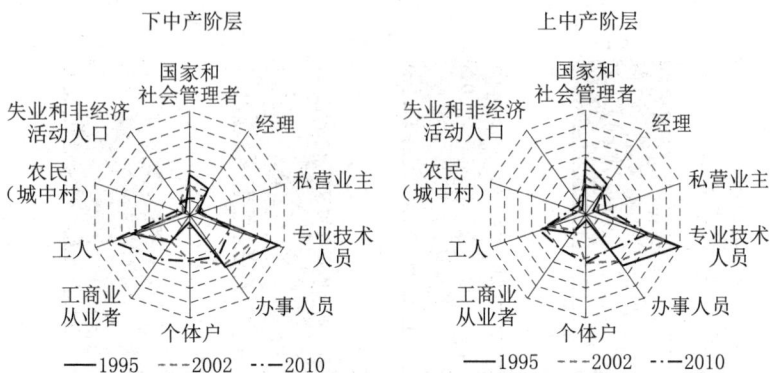

图 8-2   城市地区中产阶层家庭户主的职业构成变迁(1995—2010)

注：户主为非经济活动人口(如退休、全职家务人员等)的家庭忽略不计。
资料来源：根据 CHIPS1995、CHIPS2002、CFPS2010 数据绘制。

在此基础上，再考察户口对中产阶层形成的影响，可发现城市家庭、流动人口家庭和农村家庭中的中产阶层(包括上层和下层)比重呈递减关系，但三者之间的差距正明显缩小。其中，农村地区中产阶层家庭比重的增长速度甚至高于农民工群体。这说明,我国城镇化发展的过程不仅改善了城乡居民的经济福利水平,也使更高比例的流动人口进入了中产以上的阶层。进一步,按照所在地城镇的等级体系划分城乡家庭样本,可发现随着城镇规模等级的上升,有更多的城乡家庭进入中产以上阶层。这意味着我国的城镇化和城镇增长确实提高了总体社会流动性。

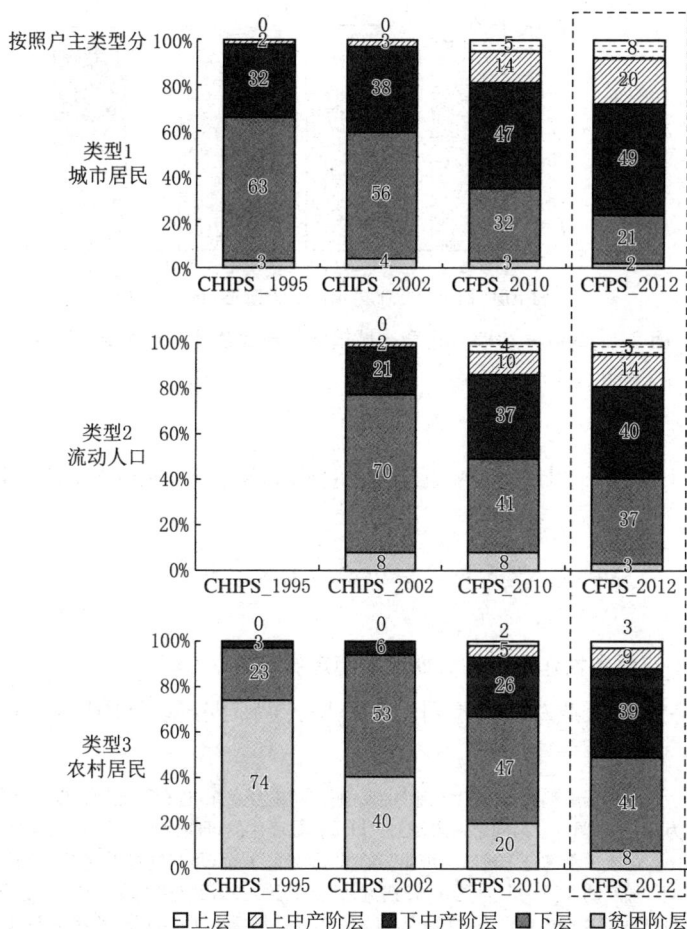

图8-3 1995—2012年间我国三类城乡家庭的社会经济阶层变动情况

资料来源:同图8-1。

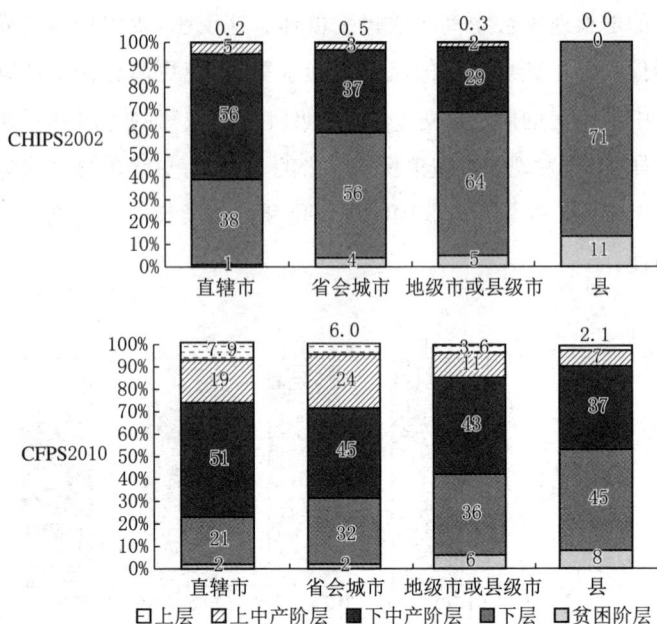

图 8-4　2002—2012 年间我国城镇增长与社会经济阶层变动情况

资料来源:同图 8-1。

8.4　对人口流动本地化及向城镇体系末端集聚的解释

8.4.1　空间因素作用下的流动人口群体差异

1. 空间属性作用下的长期流动和定居行为

一方面,按照发展意愿,将相关样本分为"长期流动"和"返乡"两类,[①]

---

　　① 两个数据库都针对"流动意愿"的反面——"返乡意愿"进行了征询。以 CLDS2012 数据库为例,其原题为:"请问您未来回到户口所在地居住的可能性是?",选项则包含"非常可能""比较可能""不确定""比较不可能""非常不可能"五个,可将选择上述"比较不可能"和"非常不可能"的人群认定为具有"长期流动"意愿的人群,并与"返乡意愿"相对应。而 CHIPS2002 数据库的原题则为:"如果本地政府不允许继续住下去,你将选择去哪里?",选项包含"回农村老家""到其他城市""到其他镇""到其他农村"四个,可以认为没有选择"回农村老家"的流动人口受在目前所在地打工的正向激励而选择继续流动,因此,认为选择其他三个选项,即"到其他城市""到其他镇""到其他农村"的被访者具有"长期流动"意愿,并与"返乡意愿"相对应。

并进一步考察空间距离属性对流动人口的"定居"行为的作用。研究发现:①从流出地的空间距离来看,与本省内(本市县外)流入的流动人口相比,跨省流入的流动人口的返乡意愿更强,而省内流动人口更倾向于长期流动,这与相关研究发现的来自本省的流动人口更倾向于在流入地定居的发现是一致的(Zhu & Chen,2010);②从流入地的城市规模等级来看,除了县城流动人口的返乡意愿比例较低外,其余各规模等级城市中的流动人口的返乡或流动打工意愿的差异并不大,这与相关研究发现的较高级别城市更容易使流动人口倾向于长期流动或定居的观点不一致,对此,需要在控制相关因素的条件下做进一步的分析。

另一方面,本书定义的"定居"是在流入地拥有完全产权的住房,而不是获得非农户口。这主要是因为:①首先,2012年以前非农户口的获得主要是通过参军、上大学、拆迁、工作调动等途径,仅是出于定居目的而成功获得非农户口的流动人口比较有限,且其样本的获得比较困难;②其次,获得非农户口仅是获得合法的定居身份,从我国城镇地区高达85%以上的住房自有率和"安居乐业"文化传统的角度来看,定居的实现仍是以拥有城市住房产权为基础的;③第三,在房价高企的背景下,房产在我国家庭的资产结构中的占比越来越高,因此,完成"安居"的过程对流动人口来说不仅仅表现为一种主观意愿,其背后还可能有一整套的家庭财政和工作安排(Hu et al.,2011)。据此,以获得"完全自由"的住房产权为标志来衡量定居行为是比较合适的。

考察空间属性对流动人口的"定居"的作用,可以发现,"完全自有"和"租住"是流动人口解决居住最主要的两种渠道;并且,越是本地化的流动人口,越可能持有住房产权;而随着迁移距离的扩大,通过租住的方式在流入地居住的流动人口家庭的数量也大量增长。进一步,在控制流入地的城市规模等级的情况下考察流动人口家庭的住房类型构成,可发现在县和100万人口以下的城市中,拥有自己的产权住宅的流动人口家庭占比最大,其次才是租房。不过,在100万以上人口规模的城市中,多数等级的城市中租房的流动人口占多数,其次是完全自有,再次则是单位免费提供住房。不过,两者并没有显示出线性的渐变态势,需要在控

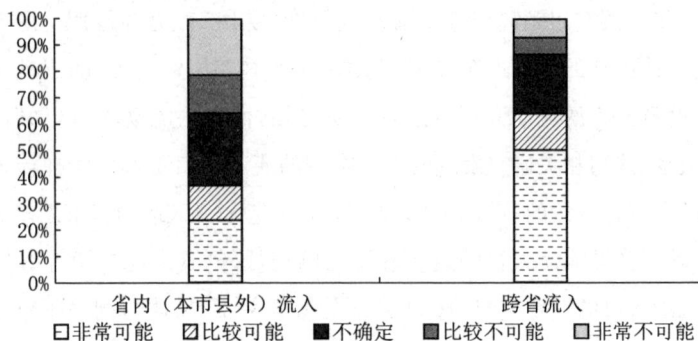

图 8-5　按流出地分的流动人口的返乡意愿

（图例）□非常可能　▨比较可能　■不确定　▧比较不可能　□非常不可能

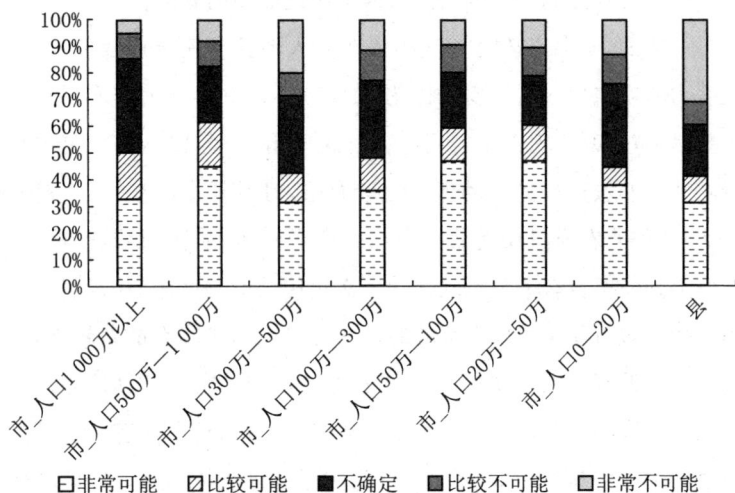

图 8-6　按流入地城市规模分的流动人口的返乡意愿

（图例）□非常可能　▨比较可能　■不确定　▧比较不可能　□非常不可能

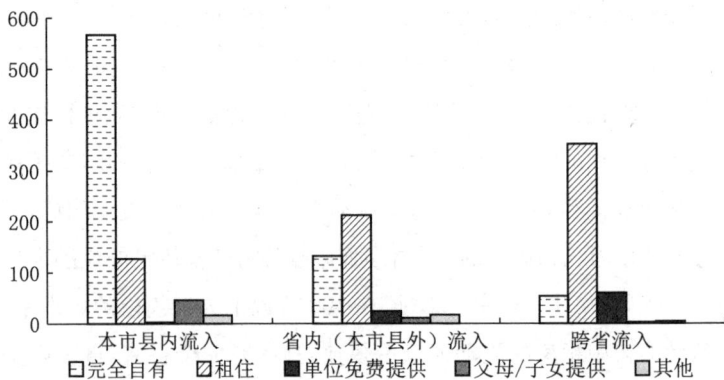

图 8-7　按流出地分的流动人口在流入地的住房类型

（图例）□完全自有　▨租住　■单位免费提供　▧父母/子女提供　□其他

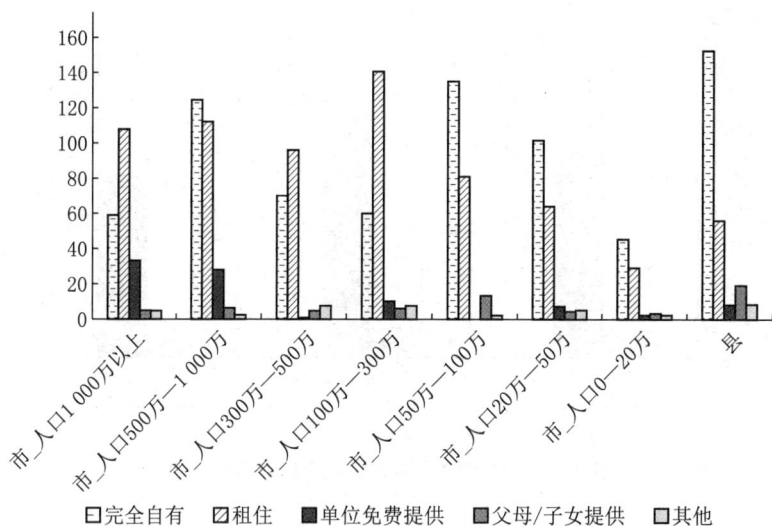

图例: □完全自有　◪租住　■单位免费提供　▨父母/子女提供　▨其他

图 8-8　按流入地城市规模分的流动人口在流入地的住房类型

制相关因素的条件下做进一步的分析。

2. 空间因素作用下的流动人口的社群属性

分个体的人口学特征、工作特征,以及家庭的经济特征、非经济特征这两组四个方面,以考察空间因素作用下的流动人口的社群属性。需要说明,在 CLDS2012 数据中,仅将"户口在本市县外"的家庭视为流动家庭是不够的,需要进一步将户主"户口在本市县内、居住在城市社区、持有农业户口"的家庭识别为来自本市县内的流动人口家庭。由此,按照流动人口家庭的来源地,可以将其分为"本市县内流入""省内(本市县外)流入"和"跨省流入"三个类别,并比较其住宅产权的类型。

首先,考察个体的人口学特征与空间因素的关系。相关研究发现,平均年龄、婚姻状况、性别和受教育水平都对"外出打工"有显著影响。由此来看,在流出地分类中,省内(本县市外)流入的流动人口基本符合年龄较小、已婚、多为女性、受教育水平较高的特征;此外,本市县内流入的人群则相对年龄最大。而在流入地城市中,随着城市级别上升,已婚比例、年龄逐渐上升,受教育程度相对提高的趋势是比较明显的。相关研究一般认为,女性更容易在流入地长期定居,但 CLDS2012 数据并不支持这一观点,因为女性比例没有显示出随着城市级别上升而逐渐下降的趋势。

153

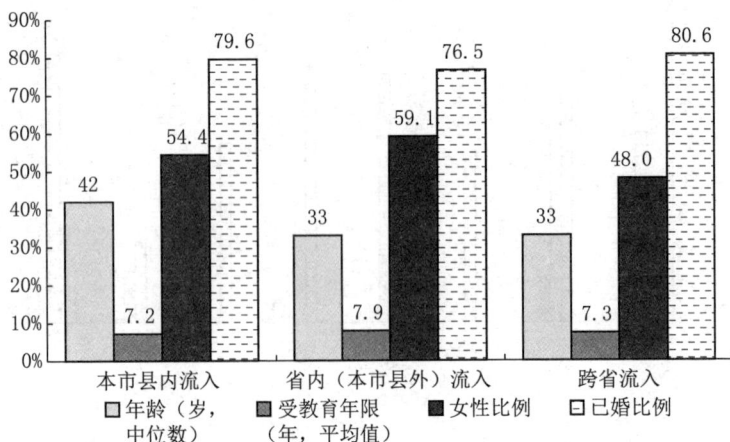

图 8-9　按流出地分的流动人口的人口学特征

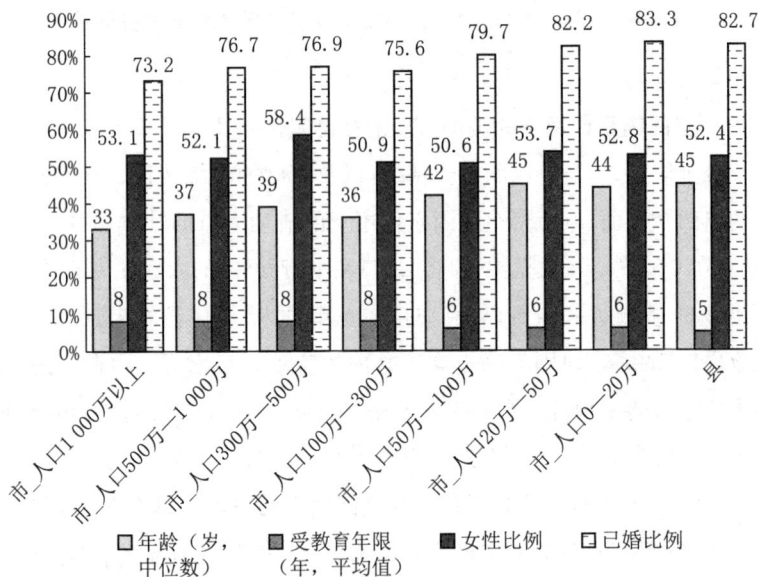

图 8-10　按流入地城市规模分的流动人口的人口学特征

其次,考察流动人口的工作特征。一方面,流动人口群体的月收入分布随着流出距离的上升而逐渐攀升,同时也随着流入地城市级别的上升而逐渐上升。可见,这种特征与前文对"城市增长和工资水平"的研究发现是一致的。此外,尽管许多研究认为是否拥有医疗保险对流动人口的定居意愿没有显著影响,但可发现随着流入地城市级别的上升,有更多的人获得了养老保险和医疗保险。这可能与许多大城市的"民工荒"及其引起的工资水平上升和福利保障改善有关;同时也显示出越是发达的大城市,有关个体的属性越趋于"正规化"。

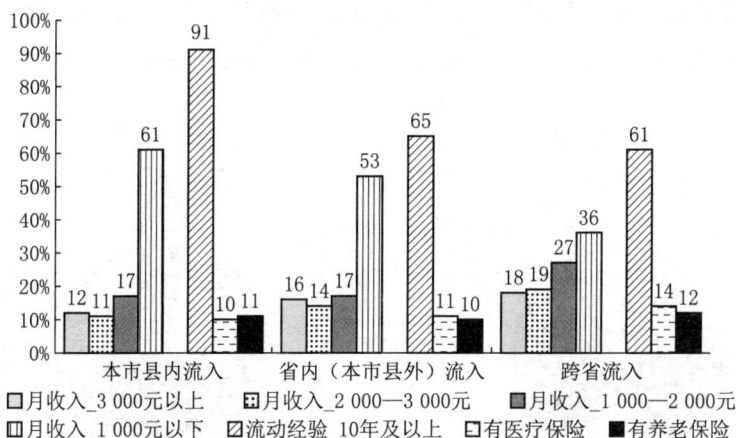

图 8-11　按流出地分的流动人口的工作特征

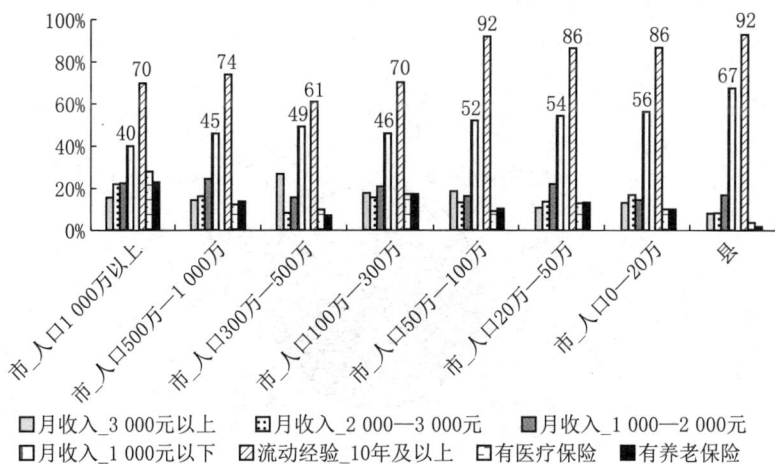

图 8-12　按流入地城市规模分的流动人口的工作特征

　　另一方面，就流动人口的职业类型而言，按来源分类，可以发现跨省流入的流动人口的职业类型特征与相关研究的发现最接近——失业率最低、非经济活动人口比例最低，这种特征随着迁入距离的缩短而逐渐消减。按流入地城市级别分的流动人口的职业构成及其收入差异分为四类，即人口 300 万以上、100 万—300 万、50 万—100 万、50 万以下（城市或县城）。相比较而言，城市等级越高，商业服务业人口比例越高，而生产、运输设备操作人员等（即制造业工人）人口比例相对下降。

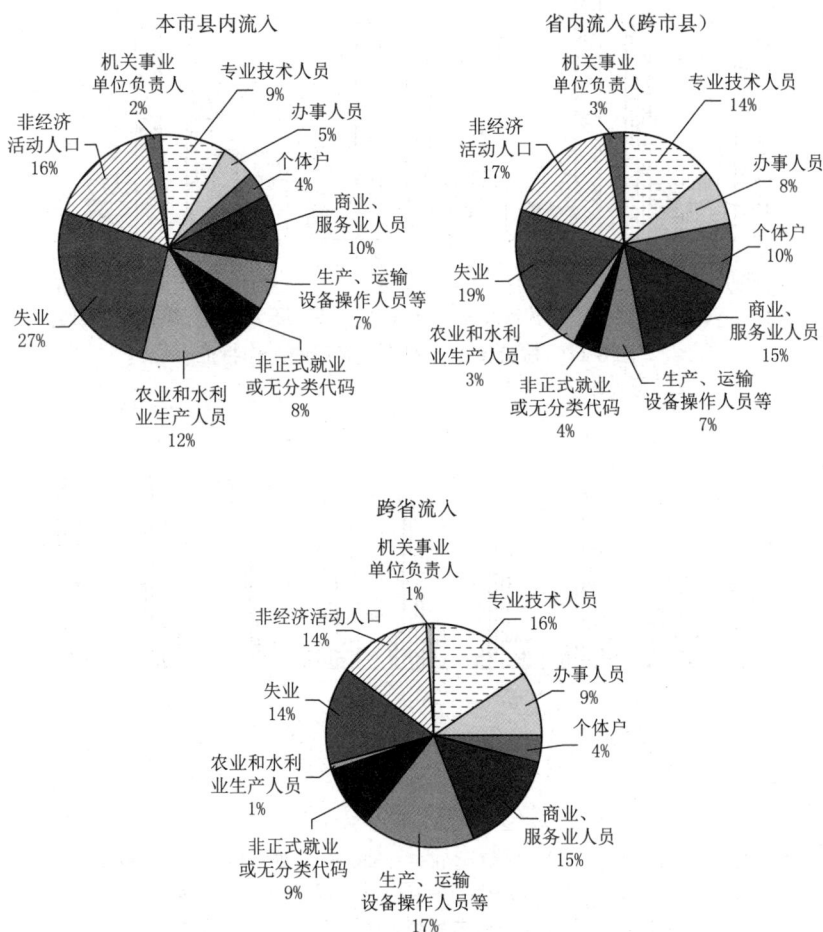

本市县内流入

机关事业单位负责人 2%
专业技术人员 9%
办事人员 5%
个体户 4%
商业、服务业人员 10%
生产、运输设备操作人员等 7%
非正式就业或无分类代码 8%
农业和水利业生产人员 12%
失业 27%
非经济活动人口 16%

省内流入（跨市县）

机关事业单位负责人 3%
专业技术人员 14%
办事人员 8%
个体户 10%
商业、服务业人员 15%
生产、运输设备操作人员等 7%
非正式就业或无分类代码 4%
农业和水利业生产人员 3%
失业 19%
非经济活动人口 17%

跨省流入

机关事业单位负责人 1%
专业技术人员 16%
办事人员 9%
个体户 4%
商业、服务业人员 15%
生产、运输设备操作人员等 17%
非正式就业或无分类代码 9%
农业和水利业生产人员 1%
失业 14%
非经济活动人口 14%

图 8-13　按流出地距离分的流动人口的职业构成

市_人口 300 万以上

机关事业
单位负责人
1%
专业技术人员
14%
非经济
活动人口
16%
办事人员
9%
个体户
6%
失业
17%
商业、
服务业人员
17%
农业和水利
业生产人员
4%
非正式就业
或无分类代码
7%
生产、运输
设备操作人员等
9%

市_人口 100 万—300 万

机关事业
单位负责人
2%
专业技术人员
13%
非经济
活动人口
20%
办事人员
8%
个体户
6%
失业
21%
商业、
服务业人员
14%
农业和水利
业生产人员
2%
生产、运输
设备操作人员等
8%
非正式就业
或无分类代码
6%

市_人口 50 万—100 万

机关事业
单位负责人
3%
专业技术人员
10%
非经济
活动人口
13%
办事人员
5%
个体户
2%
商业、
服务业人员
7%
失业
25%
生产、运输
设备操作人员等
17%
农业和水利
业生产人员
8%
非正式就业
或无分类代码
10%

人口 50 万以下市或县

机关事业
单位负责人
2%
专业技术人员
10%
非经济
活动人口
14%
办事人员
4%
个体户
6%
商业、
服务业人员
10%
失业
27%
生产、运输
设备操作人员等
8%
农业和水利
业生产人员
12%
非正式就业
或无分类代码
7%

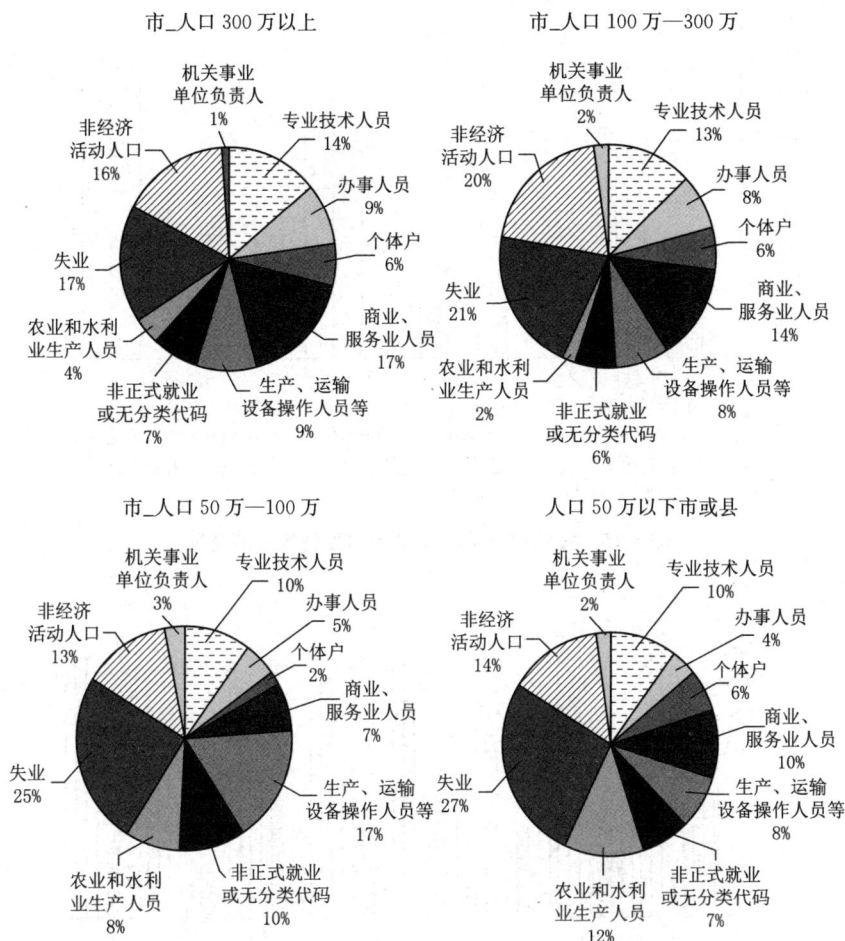

图 8-14 按流入地城市规模分的流动人口的职业构成

第三,考察流动人口家庭的经济特征与人口流动的空间因素的关联性。可以发现,来自本市县内的流动人口家庭的人均年收入显著低于省内(跨市县)流入和跨省流入的流动人口家庭的人均年收入;而随着流入地城市(县)等级的上升,流动人口家庭的收入分布也存在逐渐上升的趋势。这与相关研究的发现是一致的。此外,省内(跨市县)流入人口中在给老家寄钱和老家仍有住房的家庭比例,显著低于跨省流入的流动人口家庭,而这两个因素对流动人口的定居意愿具有显著的负面作用。这样看来,选择省内流动的人更倾向于在流入地定居。

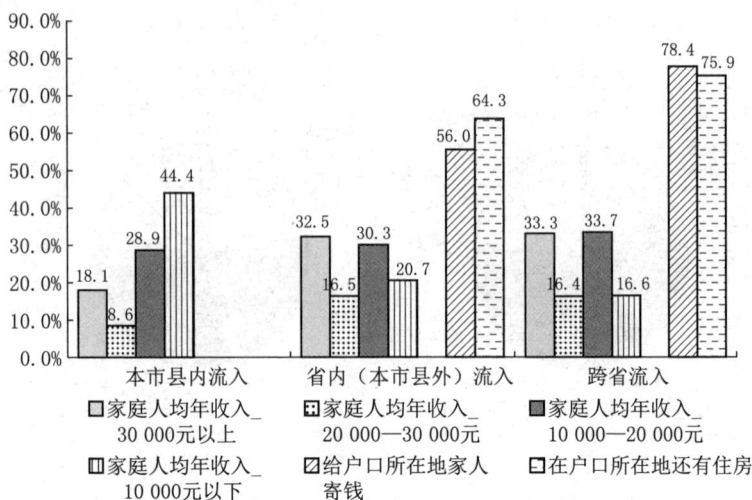

图 8-15　按流出地分的流动人口家庭的经济特征

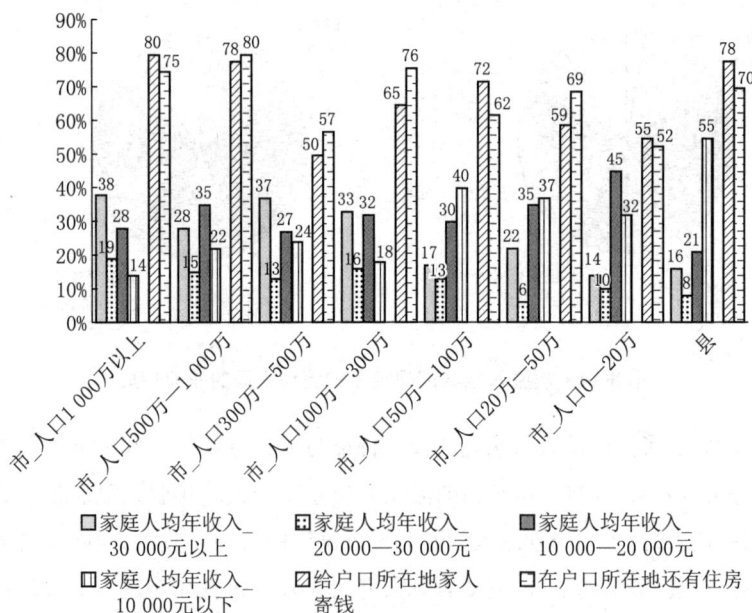

图 8-16　按流入地城市规模分的流动人口家庭的经济特征

　　最后，考察流动人口家庭的非经济特征与人口流动的空间因素的关联性。可以发现，一方面，随着人口流动距离上升，流动人口家庭的完整性也逐渐变弱，即单身独居、已婚独居、夫妇同居的占比上升，而夫妇及子女共居和其他家庭类型的占比下降。此外，随着市县等级上升，上述特征仍然成立。另一方面，随着人口流动距离上升，其在户口所在地持有住房的比例，以及本地人口占全家人口的比重均下降。并且，这种特

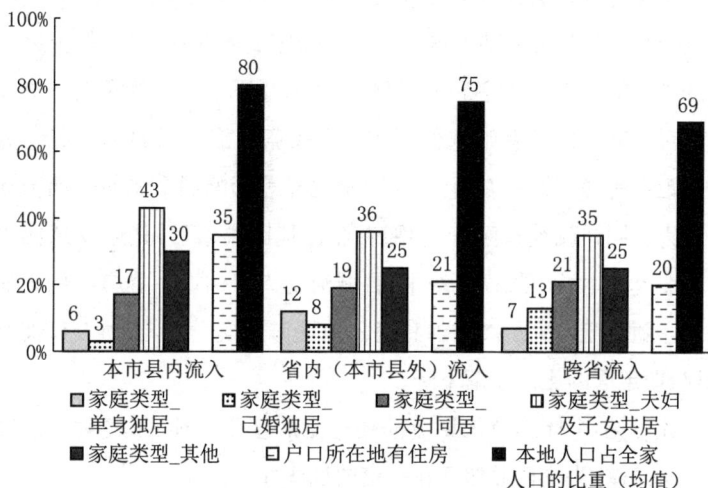

图 8-17　按流出地分的流动人口家庭的非经济特征

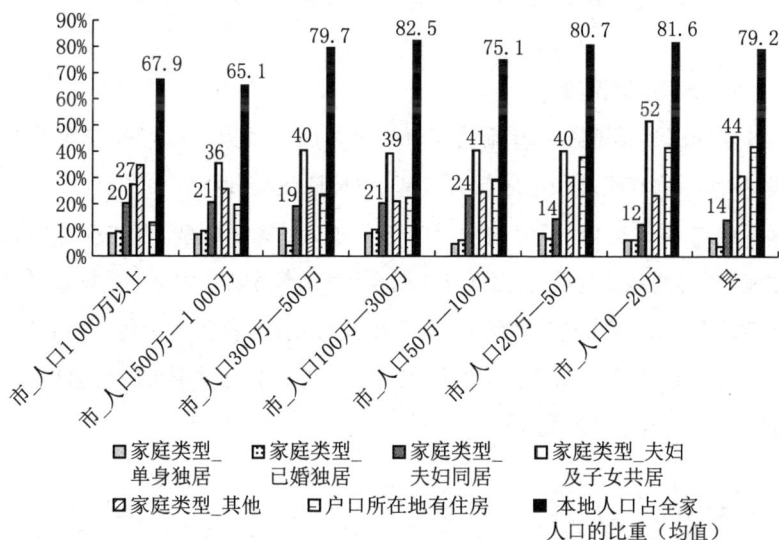

图 8-18　按流入地城市规模分的流动人口家庭的非经济特征

征随着城市(县)级别的上升也成立。这说明人口流动的空间距离和流入地的城市规模等级与流动人口的家庭策略是显著相关的。

3. 人口流动本地化及向城镇体系末端集聚的规律初判

综上，一方面，在空间因素的作用下，流动人口群体内部确实出现了一定的特征差异。就经验而言，随着城市等级规模上升和流出距离增加，存在如下规律：①流动人口个人收入和家庭收入均上升，但家庭完整性则逐步下降。②失业率和非经济活动人口的比例显著降低。笔者认为距离对流动人口具有筛选作用——市场竞争能力强的单身劳动力更适于远距离流动。另一方面，空间因素也显著影响到个体的长期流动和定居行为。同样就经验而言：①随着流出地距离增加，其返乡意愿愈发强烈。在流入地城市规模等级中，县城流动人口的返乡意愿比例则显著较低。②随着流出地距离增加和流入地城市规模上升，流动人口拥有住房产权，即定居的比例逐渐下降。

由此可见，个体选择长期流动还是定居基于个体、家庭对空间因素等的考量，其行为抉择显然存在一定的规律性。

8.4.2 个体、家庭、空间因素对流动和定居行为的影响

1. 概率模型配置

空间因素显著影响着流动人口的个体因素和家庭因素起作用的方式，从而影响其流动和定居行为。基于"长期流动/返乡"和"定居/其他"这两组二项式选择，可建立两个二项 Logistic 概率模型。其中，模型 A ("流动"模型)以"流动打工"为1，"返乡"为0；模型 B ("定居"模型)以"实际定居"为1，"其余情况"为0。基于相关理论，笔者认为个体因素(i1—i12)、家庭因素(h1—h7)和空间因素(g1—g3)决定了个体的"流动打工"和"定居"的概率 YA' 和 YB'。

$$Y' = \ln\left(\frac{p}{1-p}\right)$$

$$= \beta_0 + \beta_1 i_1 + \cdots + \beta_2 i_{12} + \beta_3 h_1 + \cdots + \beta_7 h_7 + \cdots + \beta_8 g_1 + \beta_9 g_3$$

根据分析框架和数据的可获得性,相关因素的代理指标配置如表 8-4 所示。需要补充说明的是:

a. 对个体因素的选择包含了人口学特征(年龄、教育程度等)、流动打工特征(合同类型、职业类型、社会保险种类、流动经历年限等)和社会资本(本地亲友数量和地方方言等)三个方面。而对这些因素的具体配置吸收了已有研究成果的一些发现。以年龄为例,笔者采用年龄层(cohort)的方式来考察,而不是用线性(x)或抛物线($x+x^2$)的方式进行拟合,是因为现有研究已经发现流动人口的流动和定居行为具有显著的年龄层差异,这种差异受到多种因素影响,不一定是线性或抛物线的关系。并且,25 岁、30 岁、40 岁是最常用的临界值;又如教育程度,已有研究发现是否获得高中及以上的学历对流动人口的流动打工意愿、工资水平等都有显著的影响。其他指标也有类似的配置过程。

b. 对家庭因素的配置包含了经济因素和非经济因素两个方面,这些因素均着重考察本地家庭与户口所在地家人的联系。其中,经济因素不仅与收入相关,也考虑到了家庭资产配置的情况;而对非经济因素的配置中,强调了本地家庭的构成类型及赡养责任等。上述因素的配置也吸收了相关研究的成果,如对家庭类型的配置,即单身独居、已婚独居、夫妇同居、夫妇及子女共居等类别的划分参考了 Fan(2012)的研究。

c. 在对个体因素和家庭因素的指标配置方面,本书吸收了已有研究成果中的影响因素及其具体配置。现有研究对流动人口来源类型仅区分省内和省外,而对城市规模等级的研究也大多参考 1990 年版《城市规划法》中对城市等级的划分标准(已有许多研究认为原先的城市等级分类标准已不适合于描述我国现有的城市等级体系),本书采用最新的城市规模等级划分标准。

d. 对空间因素的模型配置经过了特殊考虑。具体来说,一是将流动人口来源类型分为本市县内流入、省内流入(本市县外)、跨省流入三类,这主要是与人口普查的口径对接,以便交叉验证;二是对市县规模等级的划分参考了《新型城镇体系规划》中对城市人口规模等级现状的划分标准，这种划分方式并不是为了精确拟合，而是希望与相关政策进行关联分析；三是对流入地的区域类型的划分，即分为主要流入地、流出地和其余地区，则是受到本书的宏观结构层面分析的启发，进而希冀在微观层面做进一步的考察。

表8-4　自变量配置

变量类型	代码	自变量	配置
个体因素	i1	年龄	≤25；26—30；30—40；≥40
	i2	性别：男	男；女
	i3	教育程度	初中及以下；高中及以上
	i4	月收入	万元
	i5	合同类型	长期合同；短期合同或无合同；雇主或自雇
	i6	职业类型	企事业单位管理/技术/办事人员；私营业主或个体户；制造业和建筑工人；商业和服务业人员；其他
	i7	有医疗保险	有；无
	i8	有养老保险	有；无
	i9	10年以上流动经历	≥10；<10
	i10	有农业生产经历	有；无
	i11	少于5个本地亲友	<5个；≥5个
	i12	熟练掌握本地方言	熟练；不熟练
家庭因素	h1	本地家庭人均年收入	万元
	h2	每年给老家家人寄钱	是；否
	h3	本地家庭拥有住房产权	有；无
	h4	老家还有住房或土地	有；无
	h5	本地家庭人口占全家比重	
	h6	本地家庭类型	单身独居；已婚独居；夫妇同居；夫妇及子女共居；其他
	h7	本地家庭在老家有未成年子女	有；无
空间因素	g1	流动人口来源类型	本市县内流入；省内流入（本市县外）；跨省流入
	g2	流入地的城市规模等级	市_人口500万以上；市_人口300万—500万；市_人口100万—300万；市_人口50万—100万；市_人口20万—50万；市_人口0—20万；县
	g3	流入地的区域类型	主要流入省区/主要流出省区/其余省区

注：失业人口和非经济活动人口计入"其他"。

2. 概率模型结果

上述两组四个模型均获得了较好的拟合优度（R2）和较低的误判率（Misclassification Rate），说明上述因素具有较强的解释力。考察各变量对"流动"和"定居"的作用，主要发现如下：

第一，尽管"长期流动"和"定居"都与家庭因素显著相关，但家庭因素的作用在"长期流动"模型中主要表现为经济方面的特征，而在"定居"模型中则表现为经济特征和非经济特征的结合。上述特征在2002年和2012年这两个时间点均是成立的，这一差异可能是理解两组模型中个体因素和空间因素变化的关键。以2012年为例，较高的本地人均年收入、在流入地城市拥有住房均对流动意愿有显著的正向作用。此外，"给老

表 8-5　农户流动人口"流动"和"定居"概率模型的参数估计结果

自变量	A_长期流动/返乡		B_定居/其他	
	2002 年	2012 年	2002 年	2012 年
个体因素				
年龄（对照：小于 25 岁）				
≥40	−0.676 ***	−0.412 *	0.347 *	0.398 *
30—40	−0.223 ***	−0.260(*)	0.024	0.089
25—30	0.280 **	0.370 *	−0.269	−0.468 *
性别：男（对照：女）	0.058	−0.382 ***	−0.044	−0.028
受教育程度（对照：初中及以下）				
高中、职高、技校、中专及以上	0.224 ***	0.191(*)	−0.015	0.196 **
月收入（万元）	0.559	−0.297	0.690	0.033
合同类型（对照：雇主或自雇）				
长期合同	−0.431 ***	0.002	−0.148	0.185
短期合同或无合同	0.082	−0.292(*)	0.079	−0.182(*)
职业类型（对照：其他）				
企业事业单位管理/技术/办事人员	0.403 **	−0.355	0.520 *	−0.201
私营业主或个体户	−0.145	0.306	0.161	0.142
制造业和建筑工人	0.025	−0.395	0.129	−0.039
商业和服务业人员	−0.058	0.183	−0.059	−0.326 *
有医疗保险（对照：无）	0.327(*)	0.238	0.234	0.099
有养老保险（对照：无）	−0.047	0.207	0.432 **	0.002
10 年以上流动经历（对照：≤10 年）	0.125 **	0.221 *	0.439 ***	0.483 ***
有农业生产经历（对照：无）	−0.355 ***	−0.113	−0.070	0.105
少于 5 个本地亲友（对照：≥5 个）	−0.072(*)	−0.165(*)	−0.080	−0.192 ***
熟练掌握本地方言（对照：不熟练）	—	0.374 ***	—	0.141

续表 8-5

自变量	A_长期流动/返乡		B_定居/其他	
	2002 年	2012 年	2002 年	2012 年
家庭因素				
本地家庭人均年收入(万元)	0.331**	0.072*	0.178	0.071*
每年给老家家人汇钱(对照:否)	0.090*	−0.378**	0.020	−0.352**
本地家庭拥有住房产权(对照:无)	0.072	0.472***	—	—
老家还有住房或土地(对照:无)	−0.184***	−0.269**	−0.172*	−0.768***
本地家庭人口占全家比重	0.172	0.205	1.040*	1.045***
本地家庭类型(对照:夫妇同居)				
单身独居	−0.108	−0.078	(−1.041)*	−1.010***
已婚独居	0.162	0.146	(−1.041)*	−0.779*
夫妇及子女共居	0.150	−0.185	0.238	0.415**
其他家庭	−0.123	−0.216	0.365	0.758***
本地家庭在老家有子女(对照:无)	−0.003	−0.181	−0.659***	−0.791***
空间因素				
流动人口来源类型(对照:跨省流入)				
本市县内流入	−0.244***	—	0.420***	0.609***
省内流入(本市县外)	0.162**	0.198(*)	−0.086	0.243*
城市规模等级(对照:市_人口 0—20 万)				
市_人口 500 万以上	−0.258**	−0.227	−0.439*	0.083
市_人口 300 万—500 万	0.059	−0.137	0.137	−0.154
市_人口 100 万—300 万	0.331***	0.054	−0.555**	−0.688***
市_人口 50 万—100 万	0.150	0.345	0.103	0.200
市_人口 20 万—50 万	0.171	0.363	1.917***	0.106
县	—	0.645**	—	0.318**
区域类型(对照:其余省区)				
主要流入地省区	0.250***	0.109	0.245*	0.008
主要流出地省区	0.218***	−0.233	−0.852***	0.033
样本量(Observations)	3 246	1 140	3 273	2 582
拟合优度(Entrophy R-Square)	0.098	0.272	0.318	0.397
显著度(Prob>ChiSq)	<0.000 1***	<0.000 1***	<0.000 1***	<0.000 1***
错判率(Misclassification Rate)	0.334	0.165	0.080	0.186

资料来源:根据 CHIPS2002 和 CLDS2012 数据计算。

注:① CLDS 数据仅对跨市县的流动人口进行了返乡意愿的问询,因此仅有 1 140 个样本被用于"长期流动"意愿的模型估计;对"定居"的概率估算基于"家庭拥有住房产权",并纳入了识别的本市县内的流动人口,因而在对 2012 年数据的测算中,模型 B 的样本量大于模型 A。

② 其中,CHIPS2002 数据的独居家庭样本较少,因此没有进一步区分"单身独居"和"已婚独居"类型,表中给出了笼统的"独居"家庭样本的参数估计值(−1.041)。

*** p<0.001, ** p<0.01, * p<0.05,(*)p<0.1

家汇钱"和"老家持有住房"对"长期流动"和"定居"显示出相反的作用;而在"定居"模型中,尽管"给老家汇钱"和"老家持有住房"的负面作用仍然显著,但本地家庭人口占全家比重、家庭构成、本地家庭在老家有子女等非经济因素的作用也十分显著。这意味着,尽管流动人口可以基于经济理性选择长期流动,但进一步的定居所面临的决策因素则必须考虑到家庭团聚的需要。

第二,与"定居"模型中更为全面的家庭因素相对应的,是该模型中一些个体因素作用的消解,而这些个体因素在"长期流动"意愿模型中仍具有显著作用。以 2012 年为例,这些因素包括部分人口学特征(性别)、流动打工特征(月收入),以及个体社会资本(对本地方言的掌握情况)等,即相对年轻、女性、较高受教育程度、较多的本地亲友和熟练掌握本地方言的流动人口更倾向于流动,这些与相关研究的发现是一致的。可见,长期流动意愿进一步体现出了经济理性基础上的个体选择,而定居的决策则更多地体现了以家庭团聚为中心的集体意志。

第三,在控制个体因素和家庭因素的基础上,空间流动距离对流动人口的"流动"和"定居"行为仍具有显著作用,即流动距离较近的流动人口更可能实现定居或长期流动,这些微观层面的特征与宏观层面观察到的本地化的人口流动趋势是一致的。以 2012 年为例,与跨省流动相比,省内(其他县、市、旗)流入的流动人口不仅有更显著的长期流动的愿望,其定居的概率也明显更高,这可能是省内流动人口占比大幅度上升的重要原因。进一步,与跨省流动人口相比,来自本市县内的流动人口也显示出较高的定居的可能性。

第四,在控制个体因素和家庭因素的基础上,作为流入地,县城对"流动"和"定居"行为都有显著的正面影响。2012 年,无论是"流动"还是"定居"模型,以 20 万以下人口城市为参照物,县城一级显示出强烈的正向作用。在"流动"模型中,以 20 万以下人口城市为参照物,县城以外的其他级别城市对流动人口的返乡意愿没有显著影响;而在"定居"模型中,县城以外,在流入地 100 万—300 万人口级别城市定居的概率显著低于其他地区,而 20 万—50 万人口城市、50 万—100 万人口城市、300 万以上人口城市对"定居"的作用没有显著差异,大城市(100万以上人口)则有显著的负面作用。人口流入地的区域类型,即主要流入地(东部沿海地区)和流出地(中西部地区)对"流动"和"定居"的作用不显著。可见,上述人口流动的微观动力机制与宏观层面上的人口流动趋势是一致的。

3. 人口流动本地化及向城镇体系末端集聚的微观行为解释

定居、长期流动、返乡,这是当前流动人口群体发展的三个主要方向。研究发现,无论流动人口选择长期流动还是定居,都与家庭因素显著相关。其中,长期流动意愿进一步体现出了经济理性基础上的个体选择,而定居的决策则更多地体现了以家庭团聚为中心的集体选择。比如,模型显示,家庭因素的作用在"长期流动"模型中主要表现为经济方面的特征,而在"定居"模型中则表现为经济特征和非经济特征的结合,其中,家庭构成类型是最重要的非经济特征。这些发现证明了本书对"经济家庭"行动策略及其逻辑的描述。

进一步,在控制个体因素和家庭因素的基础上,笔者发现:①空间流动距离对流动人口的"流动"和"定居"行为仍具有显著作用,即流动距离较近的流动人口更可能实现定居或长期流动;②在控制个体因素和家庭因素的基础上,作为流入地,县城对"流动"和"定居"行为都有显著的正面影响;③描述性分析发现,随着流出地距离增加和流入地城市规模上升,流动人口选择长期流动和定居的可能性均减小,但从微观分析来看,空间因素对"定居"行为的影响比对"流动"行为的影响更为显著。

因此,流动人口的"定居"策略应是当前人口流动本地化及向城镇体系末端集聚的重要原因。

8.4.3 对"定居"策略与人口流动本地化的解释

从"定居"行为的影响因素来看,本章进一步考察了随着流动人口的空间流动距离的变化。关于流动人口在流入地城市的居住形式是如何实现的,研究发现,流动人口家庭的定居策略与本地城镇化发展态势存在着内在关联性。

首先，以 CLDS2012 数据为例，可发现在本地化的流动人口家庭拥有住房产权的途径中，有相当比例的自建房；这一现象主要出现在省内流动和本市县内的流动家庭中，尤以本市县内的流动家庭最为显著，且并不限于低等级城市和县城。例如，即使是在 500 万—1 000 万人口的城市中，也有相当比例的流动人口家庭拥有自建房产权。其次，即使是在本地城市居民家庭（户主拥有非农户口）中，也存在一定量的通过自建房的形式解决居住问题的样本，不过主要集中在小城市和县城。最后，可进一步发现，CLDS2012 的数据样本中，本县市内流动人口的自建房比例甚至要高于 CHIPS2002 中的比例，这意味着将自建房作为定居的基础的比例在 2002—2012 年间是上升的。由于自建房必须依赖自有的宅基地，人口流动的本地化很可能是各级城镇近郊区的农村家庭将自建房作为"定居"策略的结果。

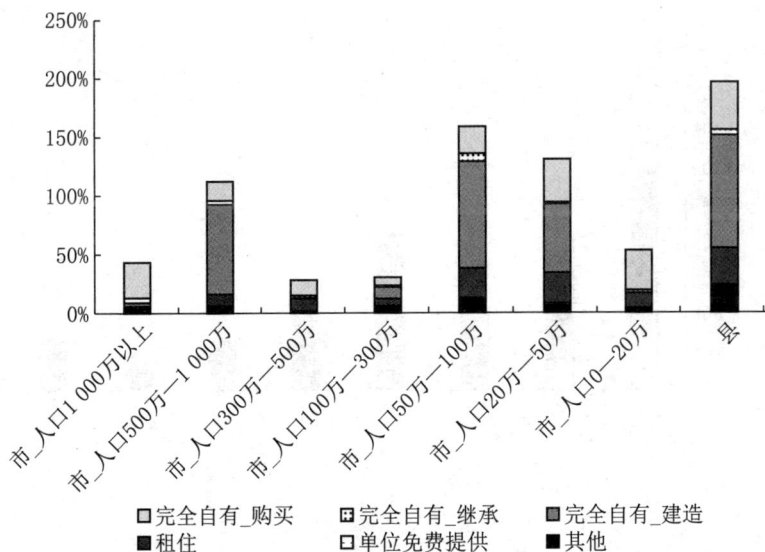

图 8-19　CLDS2012 全国样本中本市县内流入的流动人口家庭的住房构成

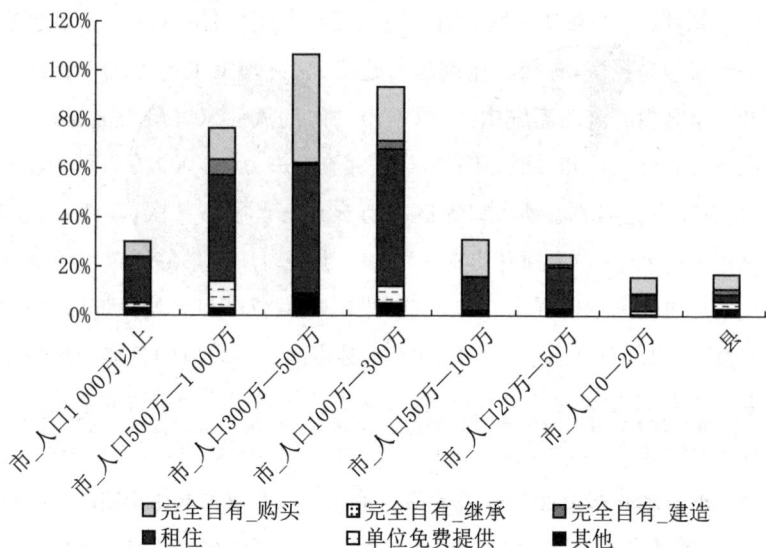

图 8-20　CLDS2012 全国样本中省内（本市县外）流入的流动人口家庭的住房类型

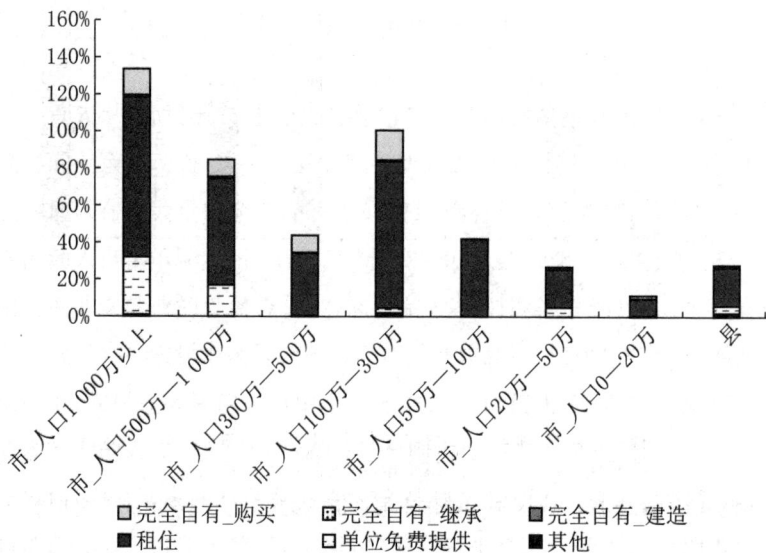

图 8-21　CLDS2012 全国样本中跨省流入的流动人口家庭的住房类型

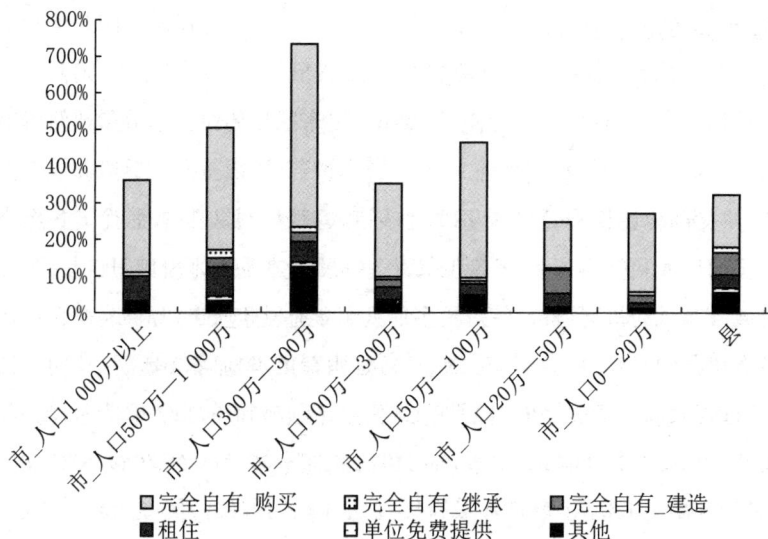

图 8-22　CLDS2012 全国样本中城市居民家庭的住房类型

因此,本地化的"定居"策略不但是家庭团聚的集体意志的体现,同时也是出于家庭解决住房需求的经济理性考量。由于自建房只能存在于农业户口家庭自家的宅基地上,在我国快速城镇化的情景下,大量城乡接合部和城中村地区的家庭可以通过自建房的形式来解决住房需求。一旦流出户口所在县市,流动家庭的住房需求将不得不通过市场途径来解决,即购房或租房。在 2002 年以来,城市地区房价上涨过快,大量城市甚至出现"限购令"的情况下,流动人口家庭要通过在流入地购房来完成定居行为有较大的难度,因而不得不"自谋出路"来解决在城镇的住房问题,这种现象的出现与现今在快速城镇化地区"小产权房"的产生是一致的;而城镇居民家庭中存在自建房则很可能缘于快速城镇化过程中的"村改居",或是一些省份在户籍制度改革中取消了农业户口的结果。在一定意义上,农户家庭的这种转变可谓其农业户口红利的显现。

由此可以推论,宏观层面分析发现的人口流动本地化的现象,很可能是农户家庭通过综合考量就业、住房、家庭等各方面因素选择的结果,显示出家庭策略中的主观能动性特征;而这些因素不但证伪了以城市户口红利为中心的观点,也超越了西方新劳动迁移经济学对"正式"的人口流动现象的已有解释。

8.5 小 结

　　一方面,在相关研究的基础上,笔者运用微观数据考察我国各经济阶层的规模和空间分布,发现城镇化和工业化发展给我国打开了一个走向城乡融合的机会窗口,使得更多的人可能通过自身努力来改变自己的经济状况,并实现社会流动。城市家庭所在的城镇等级越高,其向上流动、进入较高经济阶层的可能性也越大,这一城镇等级增长带来社会流动性的角度解释了我国大城市增长的动力,以及1980年以来"偏好中小城市、控制大城市发展"的政策持续遭遇失败的原因。因此,新时期我国城镇化的意义不应局限于经济发展,更应是社会结构整体优化的重要契机。

　　另一方面,定居、长期流动、返乡,这是当前流动人口群体发展的三个主要可能方向。研究发现,流动人口选择"长期流动"或是"定居"都与家庭因素显著相关;而人口流动向城镇体系两端集聚的现象和本地化态势则是这种以家庭为考量单元的分散选择的合成特征。其中,"长期流动"意愿体现出了经济理性基础上的个体选择,而"定居"行为则同时体现了对经济理性和家庭团聚的权衡和选择。这些发现证明了前文对"经济家庭"行动策略的描述。笔者认为,正是这一微观机制使得流动人口群体出现了空间集聚的分异特征。统计数据表明,随着城市等级规模扩大和流出距离增加,流动人口个人收入和家庭收入均上升,但家庭完整性则逐步下降;同时,失业率和非经济活动人口比例显著降低。对此的解释推测为:由于随着城市等级规模扩大和流出距离增加,流动人口携带家眷能力下降,家庭内部经过权衡,往往将非经济活动人口安置在农村老家。由此可以认为,家庭因素显然是人口流动向城镇体系末端集聚和本地化的重要成因之一。

　　进一步可发现,随着流出地距离增加和流入地城市规模扩大,流动人口拥有住房产权,即定居的比例逐渐下降,而返乡意愿则趋于强烈。

微观模型研究在控制个体因素和家庭因素的基础上,证明了①空间流动距离对流动人口的"流动"和"定居"行为仍具有显著作用,即流动距离较近的流动人口更可能实现定居或长期流动;②在控制个体因素和家庭因素的基础上,作为流入地,县城对"流动"和"定居"行为都有显著的正面影响;③描述性分析发现,随着流出地距离增加和流入地城市规模扩大,流动人口选择长期流动和定居的可能性均减小,但从微观分析来看,空间因素对"定居"行为的影响比对"流动"行为的影响更为显著。

最后,除了"工农兼业"和"农业户口红利"等原因外,人口流动向城镇体系末端集聚的现象和本地化态势还受到流动人口家庭"定居"策略的影响。在我国城市住房价格高企的背景下,大量本市县内的流动人口及其家庭通过自建房的形式解决居住需求,因而宁愿在户口所在地市县接受相对较低的个人和家庭人均收入,这很可能是农户家庭通过综合考量就业机会、住房价格、家庭团聚等方面因素的选择结果,显示出家庭策略中的主观能动性特征。这一发现不但证明了以城市户口红利为中心的观点的局限性,也超越了西方新劳动迁移经济学对人口流动现象的既有解释。

9　人口流动家庭化、本地化和高等级城市导向的驱动机制:子女教育因素

本章聚焦如下议题:①从结构视角来看,城市的行政等级制度是否会影响我国流动人口的流动意愿? ②从能动视角来看,我国的家庭结构会呈现出哪些家庭策略的特征?影响处在不同生命周期的家庭的长期定居意愿的因素有哪些差异? ③从结构—主体互动的视角来看,生命周期对家庭的影响在不同行政等级的城市中展现出怎样的差异? 对上述问题的回答可为新时期全球南方国家的城镇化转型理论做出贡献,也可为中国城镇化发展提供政策启示。

9.1　总体认知

20 世纪 90 年代以来,我国的高速城镇化是以青壮年适龄劳动人口为主体的向大城市的转移,流入地城市地区以不承担基本公共服务、不提供可负担住房的低成本城镇化方式高速发展(Huang & Tao, 2015)。但 2012 年以后,传统的城镇化发展模式已经难以为继。《国家新型城镇化规划(2014—2020)》提出要"推进农业转移人口享有城镇基本公共服务",这一转变标志着新发展理念的确立,同时也响应了 2010 年以来我国人口流动的三大趋势,即家庭化、本地化和高等级城市导向。人口流动的家庭化代表着决策单元从个人转向夫妻双方或核心家庭,这一决策受到住房、教育、医疗等多元要素的约束,代表着中国城镇化的微观机制正在发生深刻的变化(Chen & Zhao, 2017)。同时,人口流动的宏观城镇化

载体选择出现了本地化和高等级城市导向这两种完全相反的趋势，导致了对宏观城镇化政策的不同见解。一方面，人口流动的本地化趋势明显，即越来越多的流动人口选择省内流动、就近打工(Zhu，2017)，尤其是在县城打工就业的流动人口占比上升。二十大报告提出了要"推进以县城为重要载体的城镇化建设"，以县城为载体既能发挥人口和经济的集聚优势，又能避免大城市人口集中带来的"城市病"；但也有学者认为，中国的县域城镇化多处于"安居"却无法"乐业"的低水平城镇化发展形态(Chen et al.，2018；Liu et al.，2015)。另一方面，地方城镇体系中层级越高的城市，公共服务资源配置越丰富，越容易吸引更多更优质的人才。在中国的行政体制下，行政等级对资源配置有着较大的影响，Davis 等人称之为"政府偏袒"(Davis & Henderson，2003)。

对于中国人口流动新趋势背后的成因，有两种理论解释。第一种理论强调中国的制度环境、经济环境对流动人口长期定居的影响，认为流动人口长期定居受到很多制度因素的约束，如户口制度、土地所有制度、住房市场和保障制度等。大量的研究曾表明，行政等级越高的城市，就业机会越多，平均收入也越高，这些经济因素是流动人口愿意长期定居的重要原因(Liu et al.，2018)，本书称之为制度结构视角。但是这样一种结构性的理论框架无法解释中国流动人口的进城与返乡同时存在的双向流动现象及与刘易斯拐点的背离(Chen & Zhao，2017)。另一种理论认为，尽管制度很重要，流动人口的定居意愿最终是流动人口的自主选择，并且这种决策单元逐渐从个人转向家庭，家庭策略决定了人口流动的行为选择，本书称之为行动者的能动视角。该理论强调家庭的能动性，家庭不是被动地接受社会制度的影响，而是以自身的理性选择对社会结构做出反应；比如研究发现，即使给流动人口提供获取城市户口的机会，他们也并不都感兴趣(Zhu & Chen，2010)。但是，结构性的因素依旧很重要，会影响家庭策略；比如集体土地制度、住房制度都会影响家庭成员的流动和定居意愿。因此，本书认为两类理论都不能单独解释流动人口长期定居的选择，流动人口的定居行为是在结构因素影响下的家庭主体的能动选择：家庭决策受到结构因素的影响，家庭的组成特征又会反过来影响结构因素。既有研究揭示了这两个层面的因素对流动人口定居意愿的共同影响(Lin & Zhu, 2022)；但是对于两类因素的互动关系，尤其是子女的教育阶段与城市行政等级制度之间的相互作用，还缺少系统性的讨论。

家庭存在不同的发展阶段，每个阶段都面临着不同的条件、外部结构和内部状况。家庭生命周期理论将家庭的发展历程系统化、全周期化，表征不同家庭规模、婚姻状态及子女的不同教育阶段，反映经济能力和子女教育需求差异(Amirtha et al., 2021)。这一理论通过动态的视角为考察能动者和社会结构因素之间的相互作用提供了具有丰富互动细节的分析框架。笔者基于家庭生命周期理论，研究了家庭生命周期对流动人口选择在不同行政等级城镇定居的影响，并从动态的周期出发考察了制度结构层面与主体能动层面的互动关系。教育作为文化资本，影响着阶层传承和代际再生产(Bourdieu & Passeron, 1990)。由此，不同子女教育阶段的家庭定居决策，可能构成了教育驱动城镇化的微观机制；对其进行深入探究和解释，可为新时期我国的宏观城镇化过程提供重要注解。

9.2　定居意愿的影响因素

9.2.1　结构制度视角下的定居意愿解释

结构视角关注制度因素对人口流动的影响。在国际人口流动研究中，签证和永居条件等制度限制是影响移民长期定居的主要因素。中国流动人口迁移发生在国家内部，城乡二元背景下的制度，尤其是户籍制度的约束，以及与国际人口流动研究中的非法移民等研究的比较，一直是学者讨论的重点议题(Zhou et al., 2021)。第一，在户籍制度的限制下，流动人口无法获得同等的公共服务水平，比如中国的高考与户籍地挂钩，流动人口子女必须返回户籍地参加高考(Liu & Wu, 2006)。然而，户籍制度对流动人口定居意愿的解释能力却很有限。研究发现，许多流动人口虽然长期在城镇居住，但是并不愿意放弃原有农村户口；同时，即便拥有城市户口，也不代表流动人口就有能力在大城市定居(Chen & Liu，2016)。第二个影响定居意愿的制度因素是土地所有制，土地所有制下的农地产权为农村居民提供了"社会保障"，农地产权不仅为农村流动人口带来经济收益，还可以提供应对无业或失业风险的保障(Yan et al.，2014)。第三，结构视角还关注城市特性的影响，自新古典主义理论开始，城市的特性便包括了从推力和拉力两个层面影响人口的迁移(Wells & Gubar，1966)。农业农村部门与非农业部门之间生产力的差异，以及城市内部二元劳动力市场的存在，都驱使着大量流动人口向着工业化程度、科技创新水平、社会公共服务水平更高的城市聚集(Partridge et al.，2012)。由于规模效应的存在，许多研究将城市自身特征的影响总结为城市等级的影响，基于人口规模、经济重要性、行政重要性对城市等级进行划分，由此发现了人口向高等级城市聚集的明显趋势(Lerch，2016)。而中国的城市等级更多的是一种行政制度而非单纯的城市特性，受行政手段的干预，自上而下的城市行政等级划分影响着城市资源的获取。在人口流动发展的各个阶段，不少学者发现，高行政等级城市是流动人口的主要流入地(Wang et al.，2023)。而2010年以来也有研究指出，农民工向低等级城市"回流"的趋势逐渐显现。2010年开始，流动人口增量趋于放缓，2015年，流动人口总量首次负增长，人口回流趋势愈发明显。出于改善生活品质的目的，更多流动人口选择在地级市和县级市定居；据调查，浙江省返乡人员中有40.5%选择返回县城(Chen et al.，2023)。从数据上看，县域作为城镇化载体的重要性在上升，但现有结构层面的研究解释力仍较为有限。

9.2.2 能动者视角下的定居意愿解释

深入而综合的微观机制研究为宏观的人口流动现象提供了全新的解释。从一开始的理性人，到权衡经济收益与社会收益的个体，如年龄、性别、婚姻状况、受教育程度、收入、雇用状态、住房条件等(Zhu，2007)个体因素，都会对流动人口是否定居造成影响。新劳动力迁移经济学的出现批判了新古典经济学将个体视为分析单元的思路，同时也对之前迁移理论中重经济因素轻社会心理因素的分析框架予以修正（Stark & Bloom，1985）。新劳动力迁移经济学强调家庭作为基本分析单元在迁移决策中的核心地位，在家庭的视角下，迁移既是为了经济收入的最大化，也是为了家庭风险的最小化。进一步，一些非经济因素如家庭状况等也需纳入考虑，如研究发现，是否愿意长久居住和共同迁移的家庭成员数量，尤其是儿童数量有关（Paparusso & Ambrosetti，2017）。家庭资本理论认为，家庭迁移决策是经济收益和家庭资本最大化的结果（Jensen & Pedersen，2007）。Coleman（1988）将家庭资本扩展到经济资本、人力资本和社会资本三类。经济资本由家庭财富和家庭收入衡量，表征一个家庭的物质资源；人力资本由父母受教育程度表征，强调父母投入对子女教育的影响；社会资本依托社会人际网络，父母与人际网络互动越频繁，社会资本越高。Bourdieu（2018）在这个基础上提出文化资本的概念，强调文化资源的占有，认为不仅父母的受教育程度作为人力资本影响子女教育，父母的阶级地位和资源占有也会作为文化资本综合影响子女的发展，教育因此成为社会阶层传承与代际再生产的重要路径。在不同行政等级政区之间的流动是积累家庭资本、提升代际流动性的重要渠道（Zhou et al.，2023）。

家庭是一个动态变化的单元，家庭生命周期理论的出现为研究代际关系和家庭策略提供了全面、动态的分析框架，包含了一个家庭建立、发展、解体和消亡的过程，年龄、婚姻状况、子女、就业状况、死亡、家庭规模等都会影响家庭生命周期的分类（Wells & Gubar，1966）。关于具体阶段的划分随着研究目的的不同而不同，但家庭生命周期总体上可以分为核心家庭生命周期和扩展家庭生命周期两类。传统的家庭生命周期基于以夫妻二人为核心的核心家庭，Sorokin、Zimmerman和Galpin是家庭生命周期理论初创时候的代表，他们将家庭生命周期分为四个阶段，分别是：刚刚经济独立的已婚夫妇家庭、一般核心家庭、有自食其力子女的核心家庭、老年夫妇家庭（Taylor，1932）。子女是核心家庭生命周期的主要分类标准,Farber(1995)将子女年龄作为生命周期的主要划分标准,Wells & Gubar(1996)将子女对父母的依赖程度也考虑在模型中。当存在多个子女时,大部分研究将年龄最大的子女作为家庭生命周期阶段的主要判断标准(Rodgers, 1964)。

1960年后,家庭生命周期理论进一步拓展,从一开始的4阶段发展为24阶段。晚婚、无子、单亲等特殊情况也被考虑进去,家庭结构从传统的核心家庭变为扩展家庭(Hanna, 2001)。扩展家庭一直是发展中国家占主导地位的家庭结构(Bongaarts & Zimmer, 2002)。除了扩展家庭外,家庭的概念还被拓展至更广泛的社会网络,其结构超越家庭,变成了"网络中的跨地区生计"(multi-locational livelihoods in networks)。研究发现,与本地居民保持亲缘关系或主动与本地非亲缘居民构建社会联系的农村流动人口往往具有更强的城市定居意愿(Huang et al., 2018)。有学者提出,中国的家庭结构逐渐从扩展家庭向核心家庭转化。然而,现有研究表明,尽管在空间上,年轻人和老年人分离,扩展家庭的功能,如照顾子女、养老等,反而得到了强化。由于年轻人无法兼顾工作和照顾家庭,老年一代实际上承担了照顾子女的责任,同时,年轻人也完成了对老人的赡养,形成了一种兼具核心家庭独立性与扩展家庭代际支持功能的临时扩展家庭(Tang et al., 2021)。

9.2.3 结构制度因素与能动者因素的互动机制

以孩子为中心的社会心理使教育拥有家庭事务决策中的最高优先次序;在农村教育落后的情况下,城镇的优质教育成为农民实现子女进步和家庭发展的重要环节,促使农村人口不断向城市集聚,只为获得更优质的教育资源,形成教育驱动的城镇化(Li & Zhang, 2023)。在家庭策略和城镇拥有优质教育资源的双背景下,教育资源成了家庭能动因素与社会结构因素互动的重要媒介。一方面,基于结构视角,政府的"偏袒"促使行政等级越高的城市,比如首都、直辖市和计划单列市,越能享受到教育资源配置的倾斜,如政府补贴、减税和信贷优惠(Chen et al.,

2017)。在现实中,县城、县级和地级城市的基础教育资源也远非一般乡村可比。进入县城或城市,可以使子女获得更好的教育,进而获得预期的回报。这直接表现在子女的受教育状况改善和成绩提高:升学考试的分数越高,越能进入好的学校,家庭获得的教育回报也可能越多。因此,从结构的视角来看,流动人口为了好的教育资源,更愿意去行政等级高的城镇定居。

但是另一方面,从主体能动的视角来看,农村家庭存在祖辈照料孙辈的行为,当孙辈的父母外出务工时,祖辈的流动人口为了照顾孙辈,会选择回流回低等级的城镇(Liu & Wu, 2006)。同时,迫于高等级城镇高昂的生活成本和教育门槛,不少流动人口仍然会选择在低等级城镇定居。这展现了教育作为中介在流动人口对不同行政等级城市定居意愿偏好上的不同效应,呈现出明显张力。

本章要揭示这样一种相互作用背后的机制和特征,展现出处于不同家庭生命周期的家庭,尤其是处于不同子女教育阶段的家庭,在不同行政等级的城市中的定居意愿存在哪些差异,并展现能动者和结构的相互作用,以微观决策机制解释宏观规律。同时,本章还会讨论家庭周期、城市行政等级这两个理论视角与传统理论阐释的不同之处;这也从一个侧面揭示了中国城镇化进程的本土特征。

9.3 数据来源和方法

9.3.1 数 据

笔者分别从能动者层面和结构层面建立模型。能动者层面的数据来自国家卫健委 2017 年全国流动人口动态监测调查(CMDS)。这是迄今为止可用于本章主题讨论的最新流动人口的人口家庭及迁移数据集。这项调查采取分层、多阶段与规模成比例的 PPS 方法,对在流入地居住一个月及以上,非本区(县、市)户口的 15 周岁及以上的流入人口展开调查。数据集提供了流动人口的社会经济信息、流动人口家庭成员的信息,以及流动人口的迁移经历和未来定居计划。总数据集包含了中国

1 290 个区级行政单位、351 个市级行政单位共 169 990 个样本；以区/县级单位为分析单元；结构层面的房价来源于安居客网，一家权威的房产信息网站（website：https://www.anjuke.com/fangjia/shan3xi2017/）。城市流动人口类型划分的依据来自 2000 年、2010 年和 2020 年的人口普查数据，以净流入的人口绝对值排序，划分主要人口流入地、主要人口流出地和其他地区三类（刘竹阳、陈晨，2023）。

9.3.2　变　　量

本章的因变量采用"是否长期居住"这一指标来衡量定居意愿，想定居 5 年以上赋值为 1，否则赋值为 0。最终自变量选取如下（表 9-1）。

表 9-1　变量赋值

变量名称	变量定义或说明
	主体能动层面
个体特征变量	
性别	女＝0，男＝1
年龄	连续变量（单位：岁）
教育水平	初中及以下＝1，高中＝2，本科＝3，硕士及以上＝4
是否有医疗保险	否＝0，是＝1
在流入地从事的职业类型	公务人员和专业技术人员＝1，商业服务人员＝2，产业工人＝3，其他＝4
就业身份	有固定雇主的雇员、无固定雇主的劳动者（零工、散工等）及其他＝0，自雇＝1
是否拥有住房	无＝1，自建房＝2，自购房＝3
个人收入	连续变量（单位：元）
流动时间	连续变量（单位：年）
流动类型	市内跨县＝1，省内跨市＝2，跨省＝3
就业性质	体制外＝0，体制内＝1
家庭资本变量	
家庭生命周期（人力资本，文化资本）	单身、丧偶无小孩、离婚无小孩＝1，情侣未婚同居＝2，建立夫妻二人家庭无孩＝3，养育子女和孩子学龄前阶段＝4，孩子上小学、初中＝5，孩子上高中阶段＝6，孩子成年阶段＝7，孩子结婚阶段＝8，退休阶段＝9

变量名称	变量定义或说明
人均月收入(经济资本)	连续变量(单位:万元)
除扩展家庭外是否有其他同住人(社会资本)	否=0,是=1
家庭迁徙模式(社会资本)	个体迁徙=0,家庭迁徙=1
	制度结构层面
城市等级划分	正省级市=1,副省级或计划单列市=2,地级市=3,县级市=4
主要流入地或主要流出地	主要流入地=1,主要流出地=2,其他=3

资料来源:主要流入地或主要流出地的分类标准(刘竹阳、陈晨,2023)。

自变量包括能动者和结构两个层面的变量。能动者层面的变量包括个体基本属性变量和家庭资本变量。个体基本属性包含个人特征如性别、年龄、受教育程度、在流入地居住的时间,还有经济和空间属性,如职业类型、是否有房产、房屋支出收入比、流动距离等。在基本属性的衡量中还引入工作状态变量,设定公共部门工作和私有部门工作两种情况,以进一步衡量样本的工作特征。在中国,公共部门的工作也被称为"体制内",包括政府、公共机构、国有企业和军队,被认为是稳定、有前途和有声望的工作(Zheng,2013)。

为了衡量家庭的能动效应,家庭资本包括人力资本、经济资本、社会资本,以及文化资本。选取家庭生命周期作为家庭人力资本、文化资本的衡量标准,家庭人均月收入作为经济资本的衡量标准,除扩展家庭外是否有其他同住人以及家庭迁徙模式作为社会资本的衡量标准,其中,家庭迁徙模式是家庭内部网络的社会资本,是否有其他同住人代表了家庭外部网络的社会资本。

在家庭生命周期的分类上,表 9-2 包含了两个关注子女教育阶段的经典模型,并且展示了这些经典的模型是如何被整合进本章的分析框架的。在 Farber 和 Wells & Gubar 的两个模型的基础上,以 65 岁为界,65 岁以前的样本被分入阶段 1—7,65 岁之后的受访者被分入阶段 8。当家庭出现多个子女的时候,以年龄最大的子女为阶段的主要判断标准,并根据中国的学制特征对家庭生命周期的分类标准进行进一步调整,即分为学龄前、小学初中、高中三类,最终形成了 8 个周期的综合模型。除了传统的亲缘关系网络外,除扩展家庭外是否有其他同住人也被引入作为一项重要指标。在家庭层面,还选择了迁移模式作为指标,考察流动人口在迁移的过程中是否有家庭成员一起迁移。

表 9-2　家庭生命周期分类标准

编号	Farber (1964)	Wells & Gubar (1966)	本文采用的分类标准	定　义
		65 岁以下		
1	婚前阶段	单身阶段,不住在家里	单身阶段	单身无小孩
2	新婚阶段	年轻的新婚夫妇,没有孩子	新婚无子女阶段	同居但未婚和没有孩子的已婚家庭
3	学前阶段	满巢Ⅰ,最小的孩子六岁以下	子女学前阶段	年龄最大的孩子在 5 岁以下的家庭
4	小学阶段	满巢Ⅱ,最小的孩子六岁或六岁以上	子女上小学和初中阶段	年龄最大的孩子在 6—15 岁的家庭
5	高中阶段		子女高中阶段	年龄最大的孩子在 16—18 岁的家庭
6	大学阶段 大学毕业后阶段	满巢Ⅲ,有受抚养子女的年长已婚夫妇	子女成年未婚阶段	年龄最大的孩子超过 18 岁但未婚的家庭
7	姻亲阶段	空巢Ⅰ,家里没有孩子,最大的子女已经工作	子女结婚阶段	年龄最大的孩子已婚的家庭
	祖父母阶段	空巢Ⅰ,最大的子女已经退休		
		65 岁以上		
8	独居阶段和重婚阶段	只有一人在世	退休阶段	没有孩子在家的家庭(孩子工作或退休)

资料来源:根据 Farber(1988),Wells & Gubar(1966)的分类修改。

结构层面的主要变量是城市行政等级,高等级的城市得到更多的教育资源、财政支持,拥有更好的公共服务水平。样本包含了 1 290 个行政单元,等级涵盖了直辖市、副省级市、计划单列市、地级市和县级市,将副省级市和计划单列合并为一个层级,并依次赋值。研究还根据各城市流动人口数量的变化将其分为主要人口流入地、主要人口流出地和其他地区。另外,根据刘竹阳和陈晨对全国近三次人口普查数据的统计结果，主要人口流出地包括河南、安徽、四川、贵州、广西、湖南、江西、湖北；主要人口流入地则包括广东、浙江、上海、北京、江苏、天津、福建。

9.3.3　模型优度检验

在之前的相关研究中，学者有时会采用分层回归模型来避免城市分组本身对回归结果的影响(Liu & Wang, 2020)，但本章经过组间相关性(ICC)检验，显示仅有 1% 的定居意愿差异是由于城市间差异造成的(表 9-3)，因此，笔者采用单层 Logistic 模型的方法。对所有变量进行共线性检验，发现 VIF 均小于 3，变量间没有共线性问题，可以进行后续的分析。

表 9-3　变量共线性检验

参数	估计值	标准误	Wald 检验	显著性水平	95% 置信区间	
					下界	上界
残差截距	0.243 28	0.000 835	291.205 3	0	0.241 647 695	0.244 922 518
[主体＝城市层级]	0.004 225	0.003 457	1.222 212	0.221 628	0.000 849 894	0.021 001 579

9.4　概率模型结果

9.4.1　流动人口的定居意愿

中国流动人口的定居意愿在 2008 年金融危机爆发前后呈现出显著变化。在金融危机爆发前，经济增速较高，劳动力需求大，就业机会多，长期定居意愿从 1997 年的 42.8% 上升至 2008 年的 62.1%（姜俊丰，2022）；金融危机爆发后，大量企业缩减就业岗位，流动人口大规模返乡。根据 2017 年的调查结果，流动人口的长期定居意愿已下降至 43.3%。尽管定居意愿呈现下降趋势，但分城市等级比较后发现，流动人口仍然更愿意在行政等级更高的城市长期定居,如正省级市的流动人口希望长期定居的占比高达 53.5%,与此同时,县城或县级市的流动人口有长期定居意愿的仅占 39%。随着城市行政等级的提高,流动人口长期定居意愿从地级市的 41.2% 上升到副省级市和计划单列市的 47.1%,提高了 5.9 个百分点(表 9-4)。在中国现有行政管理的城市发展体系下,高行政等级的城市在建设用地指标、招商引资以及各类政策方面均具有优势,从而吸引了更多的产业和人口聚集。伴随着户籍制度改革等结构性因素的松绑,越来越多的流动人口通过迁移实现生活水平的提升,高等级城市因其经济发展、资源配置等优势成为众多迁移者的首要选择。实际上,从宏观人口数量分布上看,2010—2020 年间,省会市区和地级市市区人口保持快速增长,而县域人口收缩更加普遍和严重,人口增长的中心—外围差异强化(Tong et al.,2022)。

表 9-4　不同行政等级城市的定居意愿情况

行政等级	总样本数	是否愿意长期定居	
		否	是
正省级城市	21 542	10 027(46.5%)	11 515(53.5%)
副省级城市和计划单列市	28 281	14 952(52.9%)	13 329(47.1%)
地级市	83 632	49 192(58.8%)	34 440(41.2%)
县级市	36 150	22 069(61%)	14 081(39%)
累计	169 605	96 240(56.7%)	73 365(43.3%)

在结构分析的基础上,进一步引入对个体能动性的考察,分析流动人口在不同行政等级的城市想要长期定居的原因(图 9-1)。常见的定居原因可以被分为个体收益预期和家庭收益预期两类,个体收益预期包括个人发展空间大、积累工作经验,家庭收益预期包括结婚生育、土地需要打理、社会关系网都在本地、家人习惯本地生活、子女有更好的受教育机会、与本地人结婚等。有意思的是,在正省级市、副省级市与计划单列市、地级市中,"子女有更好的受教育机会"是流动人口选择长期定居的最重要原因。而在县级市,选择长期定居的人更多的是出于更大的个人发展空间,但子女教育依然是一个重要因素。

副省级市与计划单列市

个人预期收益：个人发展空间大 21.91%；收入水平高 17.51%；积累工作经验 5.90%

家庭预期收益：子女有更好的受教育机会 24.22%；家人习惯本地生活 8.19%；社会关系网都在本地 3.08%；与本地人结婚 3.00%

正省级市

个人预期收益：个人发展空间大 20.7%；收入水平高 20.07%；积累工作经验 4.99%

家庭预期收益：子女有更好的受教育机会 20.98%；家人习惯本地生活 8.57%；与本地人结婚 7.63%；社会关系网都在本地 3.45%

县级市

个人预期收益：个人发展空间大 18.28%；收入水平高 15.01%；积累工作经验 8.74%

家庭预期收益：子女有更好的受教育机会 13.96%；家人习惯本地生活 17.04%；与本地人结婚 5.77%；社会关系网都在本地 4.91%

地级市

个人预期收益：个人发展空间大 18.27%；收入水平高 14.62%；积累工作经验 7.68%

家庭预期收益：子女有更好的受教育机会 25.47%；家人习惯本地生活 10.48%；社会关系网都在本地 3.08%；与本地人结婚 3.04%

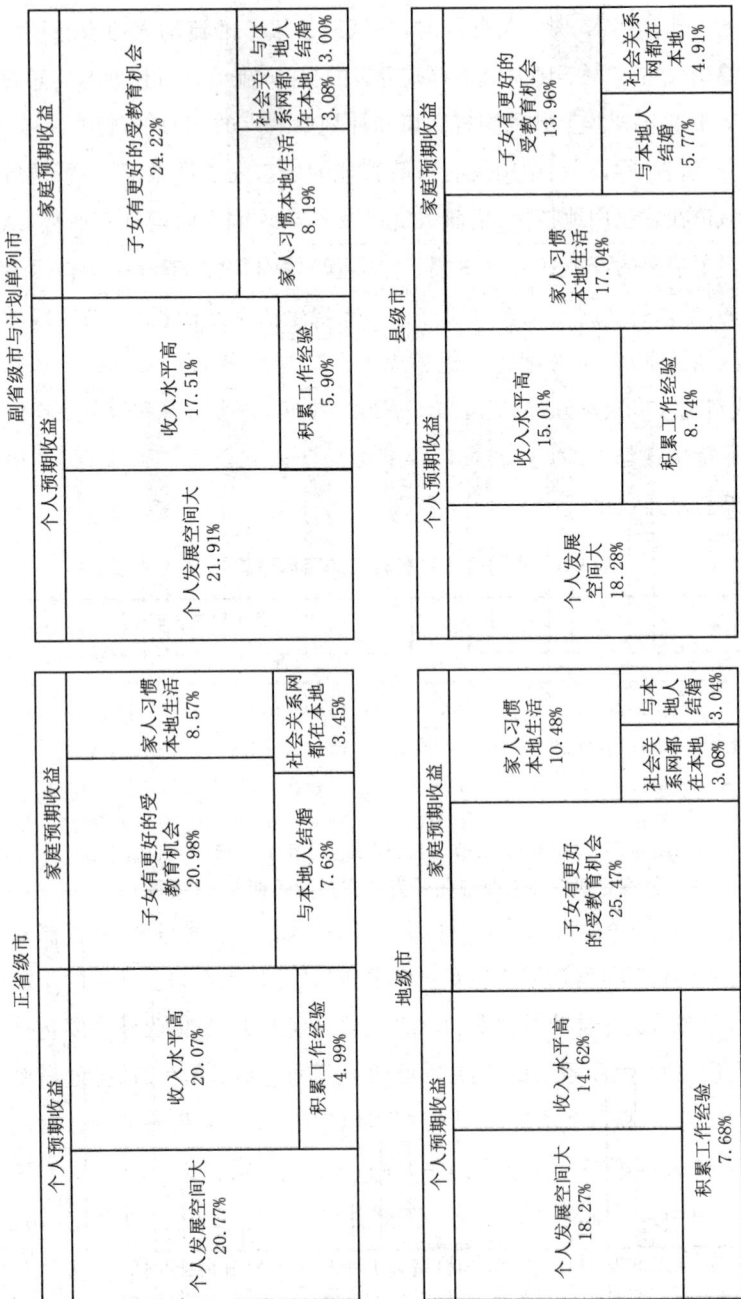

图9-1 流动人口在不同行政等级城市长期定居的主要原因

在同一行政等级的城市内部,不同的家庭生命周期的流动人口定居原因也存在分化(图9-2)。单身阶段流动人口的定居原因多为经济收益预期,在所有行政等级的城市中,更大的个人发展空间、高收入水平、工作经验积累都是选择人数较多的选项,其中,更大的个人发展空间是选择人数最多的选项。流动人口进入已婚未育阶段,和本地人结婚成为新的选择人数较多的选项,家庭因素开始影响流动人口的定居选择。已婚未育阶段的流动人口若在行政等级较高的城市,也仍然将个人发展空间大作为自己长期定居的主要原因;但是在县级市,"家里人习惯了当地生活"变成了决定去留的重要因素。从已婚未育时期开始,流动人口决策从个人决策转向家庭决策,需要同时平衡个人收益与家庭收益,在地级及以上的城市,个人收益是定居的主要考虑因素;而在县级市,由于个人收益无法充分满足,流动人口更多的是出于家庭收益制约而选择长期定居。

有了子女后,流动人口进入抚育子女的家庭,在各城市中,"为了子女获得更好的教育"都成为长期定居的重要原因。在小学至高中阶段的子女教育因素中,高中阶段对家庭定居的影响显著高于其他阶段。随着子女教育阶段的不断升高,在个人收益方面,因为发展空间而长期定居的人越来越少;相反,越来越多的人将收入高作为选择长期定居的原因,这与不同生命周期家庭的经济负担有着密切联系。对不同行政等级城市在抚育子女时期的定居偏好也存在着差异,追求更好的受教育机会更多存在于高等级的城市中,而出于家庭习惯当地生活、当地的社会网络等影响家庭社会资本的因素则更多出现于县级市。在抚育子女时期,子女教育成为决策的主导因素,并且在不同教育阶段、不同行政等级的城市中呈现出不同的主导强度,个人收益因素对定居意愿的影响也随之呈现出差异。

子女成年后,熟悉当地环境和社会网络,以及医疗、公共服务设施便利等结构性因素成为长期定居的主要原因;同时,个人预期收益的影响降低,家庭预期收益的重要性进一步提升,在低等级城市中,这一点尤为明显。在县级市,因家庭习惯当地生活而长期定居的人占到48.2%。在退休阶段,个人预期收益的影响进一步降低,家庭习惯当地生活成了各等级城市人口长期定居的最重要原因。同时,在正省级市,当地的社会网络对定居的影响显著高于其他等级的城市。最后两个阶段的家庭对家庭预期收益的考虑要远大于个人预期收益,但是家庭决策不再将子女教育作为主要因素,而是社会网络、生活习惯等因素占据主导。这些发现证明了在子女教育问题上,本书提出的结构因素与微观因素的互动也是显著的。

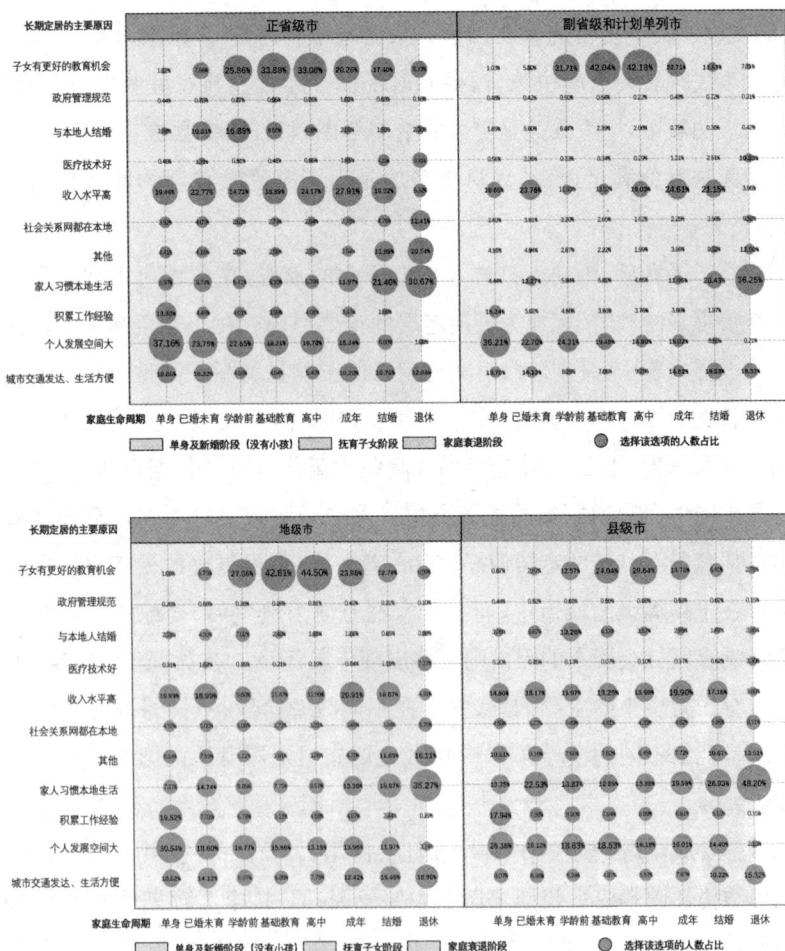

图9-2 不同家庭生命周期的流动人口在各行政等级城市长期定居的主要原因

9.4.2　文化资本对流动人口的定居意愿影响

逐步 Logistic 回归的结果如表 9-5 所示，其中，模型 1 包含了能动者层面的个体特征变量，模型 2 进一步加入了能动者层面的家庭资本变量，最后在模型 3 加入了结构层面的变量，模型的优度依次从 0.242 提升至 0.263 和 0.276，验证了能动者及结构层面变量的显著影响。具体来看，流动人口作为能动者，年龄越大、在流入地工作时间越长、个人收入越高，以及拥有自购房、更高的职业地位和医疗保险，对流动人口的长期定居意愿具有显著的正向作用，这些结果和既有研究的结论类似。

表 9-5　逐步 Logistic 模型回归结果

	模型 1（仅有个体特征变量）	模型 2（能动者层面变量）	模型 3（所有变量，输入法）	模型 4（所有变量，向前逐步回归法）
截距	−1.642 ***	−3.274 ***	−3.161 ***	−3.116 ***
主体能动层面个体特征变量				
性别（女性）	0.069 ***	0.019	0.008	
年龄	0.003 ***	0.008 ***	0.006 ***	0.006 ***
教育水平（初中及以下）				
高中	−0.925 ***	−0.864 ***	−0.765 ***	−0.767 ***
本科	−0.599 ***	−0.548 ***	−0.471 ***	−0.473 ***
硕士及以上	−0.216 *	−0.147	−0.092	−0.093
流动时间	0.063 ***	0.061 ***	0.061 ***	0.061 ***
在流入地从事的职业类型（公务人员和专业技术人员）				
商业服务人员	0.008	−0.042	−0.058	−0.058
产业工人	−0.031	−0.058 *	−0.124 ***	−0.124 ***
其他	−0.342 ***	−0.414 ***	−0.403 ***	−0.404 ***
是否拥有住房（无）				
自建房①	−1.481 ***	−1.369 ***	−1.367 ***	−1.367 ***
自购房	−0.075	0.048	0.112 **	0.111 **

---

①　根据描述统计发现，单位雇主房、整租房、自购房对定居意愿都有明显的正向作用。自建房对定居意愿的正向影响没有那么明显，因此被模型识别为负向作用。

续表 9-5

	模型 1 (仅有个体特征变量)	模型 2 (能动者层面变量)	模型 3 (所有变量,输入法)	模型 4 (所有变量,向前逐步回归法)
个人收入	0.324***	0.082***	0.063***	0.061***
是否有医疗保险(无)	0.005	0.095***	0.085***	0.085***
流动类型(市内跨县)				
省内跨市	0.366***	0.414***	0.496***	0.496***
跨省	0.345***	0.381***	0.383***	0.383***
就业性质(体制外)	−0.262***	−0.274***	−0.3***	−0.301***
就业身份(有固定雇主的雇员、无固定雇主的劳动者[零工、散工等]及其他)	−0.02	0.082***	0.002	
家庭资本变量				
家庭生命周期 (单身、丧偶无小孩、离婚无小孩)				
情侣未婚同居或建立夫妻二人家庭无孩		−0.24*	−0.252*	−0.258*
养育子女和孩子学龄前阶段		−0.095	−0.115	−0.114
孩子上小学、初中		0.291**	0.299**	0.3**
孩子上高中阶段		0.25*	0.259**	0.261**
孩子成年阶段		0.092	0.11	0.112
孩子结婚阶段		−0.159	−0.141	−0.139
退休阶段		−0.38***	−0.329**	−0.327**
人均月收入		0.371***	0.356***	0.356***
除扩展家庭外是否有其他同住人(否)		0.061	0.023	
家庭迁徙模式(个体迁徙)①		−0.147***	−0.155***	−0.15***
制度结构层面				
城市等级划分(正省级市)				
副省级市或计划单列市			0.894***	0.895***
地级市			0.681***	0.682***
县级市			0.335***	0.336***
主要流入地或主要流出地(主要流入地)				
主要流出地			−0.276***	−0.275***
其他			−0.13***	−0.131***
LR chi-square	284.603	187.161	157.041	132.062
R²	0.242	0.263	0.276	0.276

注:***、** 和 * 分别表示在1%、5%和10%水平上显著。

① 之前的研究表明,家庭化迁移对人口定居意愿具有正向作用,但由于本章将半家庭化和家庭化统一考虑为家庭化,半家庭迁移因为两头奔波,定居意愿比独自移动低,故这个变量呈现出负向作用。

　　由于似然比检验是基于整个模型的拟合情况进行的，结果最可靠，加入所有变量后得到"向前：LR"的模式对变量进行筛选，得到模型4。在家庭生命周期中，单身阶段和退休阶段对定居意愿有显著的负向作用，孩子上小学、初中和孩子上高中这两个时期则对定居意愿有显著的正向作用。家庭人均月收入表征家庭的经济能力，人均月收入越高的家庭定居意愿也越强。在结构层面，城市行政等级这一变量呈现出显著的正向作用，且随着行政等级的增高，这种正向作用越来越强，显示出高行政等级的城市对流动人口强大的吸引力。除此之外，相较于主要流入地，其他地区都呈现出明显的负向作用。

　　为了进一步研究能动者层面要素和结构层面要素的互动作用，比较不同行政等级城市内部影响因素的程度差异，研究按照城市的行政等级将总样本分为四组，在每个组内构建 Logistic 模型（表 9-6），结果显示，部分变量的影响效果存在显著的组间差异。

表 9-6　不同行政等级城市 Logistic 模型回归结果

解释变量	正省级市	副省级市及计划单列市	地级市	县级市
截距	−1.427 ***	−4.083 ***	−2.225 ***	−0.851 **
主体能动层面				
个体特征变量				
性别（女性）	0.07 **	−0.052 **	−0.009	0.045 *
年龄	0.01 ***	0.012 ***	0.007 ***	0.009 ***
教育水平（初中及以下）				
高中	−1.004 ***	−0.703 ***	−0.79 ***	0.021
本科	−0.559 ***	−0.32 **	−0.493 ***	0.229
硕士及以上	−0.201	0.155	−0.086	0.35
流动时间	0.069 ***	0.071 ***	0.055 ***	0.046 ***
在流入地从事的职业类型				
（公务人员和专业技术人员）	0.072	0.076	0.026	−0.194 ***
商业服务人员	−0.008	−0.055	−0.071 **	−0.284 ***
产业工人	−0.165 **	−0.343 ***	−0.371 ***	−0.429 ***
其他				
是否拥有住房（无）	−1.684 ***	−1.27 ***	−1.269 ***	−1.428 ***
自建房	0.69 ***	−0.006	−0.209 ***	0.413 ***
自购房	−0.018 *	−0.016 **	−0.007	0.012 **
个人收入	0.055	−0.038	0.094 ***	0.173 ***

解释变量	正省级市	副省级市及计划单列市	地级市	县级市
是否有医疗保险(无)				
流动类型(市内跨县)	22.239	0.212 ***	0.586 ***	0.408 ***
省内跨市	−0.022	0.336 ***	0.478 ***	0.379 ***
跨省	−0.304 ***	−0.25 ***	−0.376 ***	−0.231 ***
就业性质(体制外)	−0.143 ***	−0.078 **	0.029	0.021
家庭资本变量				
家庭生命周期				
(单身、丧偶无小孩、离婚无小孩)	0.111	−0.282 **	−0.549 ***	−0.54 ***
情侣未婚同居或建立夫妻二人家庭无孩	0.269 **	−0.076	−0.292 ***	−0.487 ***
养育子女和孩子学龄前阶段	0.576 ***	0.27 **	0.168 **	−0.005
孩子上小学、初中	0.425 ***	0.277 **	0.125	−0.086
孩子上高中阶段	0.426 ***	−0.001	−0.088	−0.222 **
孩子成年阶段	0.053	−0.11	−0.336 ***	−0.479 ***
孩子结婚阶段	−0.17	−0.454 ***	−0.586 ***	−0.563 ***
退休阶段	0.304 ***	0.544 ***	0.371 ***	0.106 ***
人均月收入	0.075	0.242 ***	−0.013	−0.018
家庭迁徙模式(个体迁徙)	−0.237 ***	0.043	−0.079 *	−0.122 *
制度结构层面				
主要流入地或主要流出地(主要流入地)	−0.008			
主要流出地		−0.476 ***	−0.325 ***	−0.41 ***
其他		−0.118 ***	−0.163 ***	−0.189 ***
LR chi-square	1.67	48.421	133.045	86.056
R^2	0.338	0.281	0.261	0.263

注：*** 、** 和 * 分别表示在 1%、5% 和 10% 水平上显著。

　　家庭的经济、人力、社会资本差异导致了样本对城市行政等级的定居意愿偏好差异。首先，在经济资本上，家庭人均月收入在不同行政等级的城市中都呈现出显著的正向影响，且在正省级市和副省级市中的影响要显著高于县级市。在不同生命周期，家庭经济资本的差异也会进一步影响定居意愿：孩子出生后，该阶段的流动人口承担着养育孩子及赡养老人的双重任务，具备健全的家庭消费结构。在该阶段，家庭需要快速积累经济资本，在行政等级越高的城市获取的经济报酬和发展潜力越大，正省级市对定居意愿呈现明显的正向促进作用；对孩子上小学、初中阶段比孩子学龄前阶段的定居意愿的正向作用显著增加。在孩子 6 岁以前，因为妻子需要照顾小孩，经济资本会明显下滑；但是随着孩子进入小学、初中，家庭的经济资本逐渐增多，定居意愿有显著提升。

其次，在人力资本上，家庭人力资本的提升可以显著增强定居意愿，主要表现在家庭成员数量的增加对定居意愿的正向作用。孩子出生前的家庭在多类城市中呈现出负向定居意愿；孩子出生后，正省级市的流动人口开始呈现出正向的长期定居意愿。

最后，在社会资本上，除扩展家庭外其他同居人的存在，增加了家庭的社会资本，这时，副省级市对流动人口的定居意愿具有正向作用。在家庭生命周期变量中，社会资本的影响体现在退休阶段的流动人口定居意愿的下降；语言差异、故土情结、流入地公共服务不均，加之代际冲突等因素，导致家庭社会资本显著降低，流动人口更倾向于结束异乡漂泊的状态。

基于不同教育阶段家庭的定居意愿差异，进一步研究文化资本对流动人口定居意愿的影响。可以发现，在孩子受教育之后的不同家庭生命周期阶段，对城市行政等级的偏好存在梯度上升的规律，子女受教育阶段越高，表现出正向定居意愿的城市范围越向高等级城市收缩。在整个抚育子女的阶段中，家庭一共面临三个教育选择的节点，分别是子女开始上小学、子女中考和子女高考。

首先，子女开始上小学后，人口定居意愿在县城之外的其他等级城市都表现出显著的正向影响。这一方面是因为中国的县级市与地级市之间、县级市内部乡村与城区之间的基础教育资源差异显著，这种不平等性在子女小学升入初中时期表现最为明显(Rao & Ye, 2016)。另一方面，高等级城市对流动人口随迁子女的义务教育限制逐步减少，大部分城市已经实现流动人口子女的就地入学，这使得流动人口子女能在高等级城市接受小学和初中教育，从而增加了流动人口在高等级城市的定居意愿。

其次，在子女中考的节点，对比高中阶段和小学升入初中阶段，正省级市对相关流动人口的定居意愿的正向作用有所下降。这与城市政策相关；不少副省级及以上城市在政策上限制流动人口子女就读普通高中；加之高考必须在户籍所在地报名和参加考试。在种种限制下，流动人口子女往往只能返回户籍地上高中并参加高考(Liu & Wu，2006)。与此同时，优质的高中教育资源进一步向高等级城市集聚，如在同一个省内集中于省会城市的几所重点中学(Zhang et al.，2016)；为了家庭文化资本的积累，子女在高中阶段的流动人口只在正省级和副省级城市显示出明显的定居意愿。

最后，在子女高考的节点，对比孩子成年但还未成家阶段和高中阶段，可以看到流动人口对城市的定居意愿偏好范围进一步缩小，仅在正省级城市表现出正向作用。这是因为这些城市的用人单位更倾向于招聘在当地接受过优质教育的人，因此，学生在行政级别较高的城市更有机会获得更好的工作。此时，流动人口再次回归经济发展诉求，大城市提供的发展机遇、工作收入都增强了定居意愿。

通过教育资源这一媒介，可以清晰地看到行动者能动视角和结构视角是如何相互作用的。在行政等级制度下，教育资源分布不均等，流动人口家庭为了让子女获得更好的教育资源而选择在等级更高的城市居住。行政等级这一结构因素驱使行动者向上流动，但大量涌入的流动人口会加剧高等级城市教育资源的供需不平衡，反过来促进流入地城市的教育制度改革。流动人口逐渐被允许在非户籍地参加高考，但地方政府仍会设立高门槛以减缓本地压力：如北京、上海、广州等城市，对于异地高考，规定流动人口需要缴纳一定年限的社保，有的还会限制流动人口子女填报志愿的批次。因此总体上看，中国的教育政策正朝着更为公平的方向发展，但对那些享有资源的行动者来说，文化资本通过再生产的过程使优质教育资源的等级分布固化，不均衡分布仍然存在强化的趋势，客观上影响了政策实施效果。与此同时，若流动人口为不享有资源的行动者，则不得不通过内部分工的调整来适应结构变化。以家庭结构为例，优质教育门槛的不断提高使流动人口需要代际接力付出努力。研究结果表明，即使退休阶段在其他等级的城市中的居留意愿呈现出明显的负向趋势，在正省级城市中却并不明显。在越高等级的城市中，退休人口为了子女获得更好的教育而趋于长期定居的越多；因为祖辈承担了照顾孙辈的部分责任，即使不与子女住在一起，也形成了实质上的扩展家庭。

9.5 小　　结

基于 CMDS2017 数据的分析,本章的研究将现有的两种解释流动人口选择的视角结合起来,通过结构视角与能动视角的互动关系,为我国宏观的城镇化趋势提供了微观解释。本章主要结论如下:

(1)个体因素方面,年龄越大、在流入地工作时间越长、个人收入越高,以及拥有更高的职业地位和医疗保险等,对流动人口的长期定居意愿具有正向作用;而拥有住房所有权和高学历并没有体现出预期的正向作用。在流动距离的偏好上,流动人口也并非更倾向于短距离流动,省内跨市状况对定居意愿的正向作用最强,其次是市内跨县,最后是跨省。

(2)家庭因素方面,家庭预期收益也随着流动人口生命周期的变化而不断影响着流动人口的迁移决策。研究从家庭生命周期理论的角度展现了不同阶段家庭决策与定居意愿之间的关联。其中,单身阶段和退休阶段与定居意愿呈显著的负向关系:单身时期的流动人口收入水平相对较低,经济能力较低,生活稳定性较差,因此在城市的定居意愿并不强;退休阶段的流动人口出于语言差异、故土情结、流入地公共服务不均,以及代际冲突等因素,在流入地城市的长期定居意愿也不强。孩子上小学、初中和孩子上高中这两个家庭生命周期变量,对流动人口的定居意愿有显著的正向作用。这一方面与父母工作状态稳定、经济收入压力减少有关;另一方面,稳定的居住环境也可以为子女提供稳定的学习环境,有助于提高子女的教育质量(Lerch,2016)。

(3)城市等级层面,城市行政等级对流动人口的定居意愿有着显著的影响,流动人口更愿意在行政等级较高的城市长期定居。行政等级越高,城市的发展机遇越多,提供的公共服务水平越好。但变量在不同行政等级的城市中作用效果不同,例如男性在正省级和县级市的长期定居意愿比女性高,但是在副省级市、计划单列市、地级市定居的意愿都不如女性。职业上看,产业工人只在地级市、县级市体现出明显的负向定居意愿,而商业服务人员只在县级市体现出明显的负向。这似与城市的产业类型、经济环境等相关。

(4)由于教育资源分布的不均等性,流动人口家庭在孩子受教育之后的不同周期阶段,对不同行政等级城市的定居偏好存在显著差异,并展现出个体能动视角与结构视角的互动。处于抚育子女阶段的家庭,随着子女受教育阶段的提升,对城市行政等级的偏好存在梯度上升的趋势;孩子受教育阶段越高,流动人口的城市选择范围愈发呈现出高行政等级城市偏好。在孩子上小学、初中这一阶段,在除了县城之外的其他等级城市的定居意愿都为显著正向。孩子上高中后,仅在正省级和副省级城市呈现出显著正向的定居意愿。孩子成年后,对城市的定居意愿偏好范围进一步缩小,仅在最高行政等级的正省级城市表现为正向。处于退休阶段的流动人口的长期定居意愿仅在正省级市没有呈现出明显的负向,其原因与照顾孙辈有关。在当今中国,流动人口已经呈现出城乡之间双向流动的趋势,且流动人口在不同行政等级之间的流动也并非单向的、一次性的,流动人口在城、县、乡之间不断往返,而县域城镇化只是这个过程中的一个过渡状态。

2019年,我国城镇化率突破60%,进入城镇化中后期。在新的背景下,城镇化呈现出家庭化、本地化和高等级城市导向的复合特征,本章从"个体—结构"互动的视角为这三个城镇化趋势提供了注解。首先,流动人口的城镇化展现出家庭化迁移的特征,新时期中国流动人口的流入地选择很难用新古典主义的个体层面因素和新劳动力迁移经济学的家庭因素来解释,而是涉及经济成本收益考量、人力资本积累和家庭文化资本积累等多个层面的综合性家庭策略。事实上,不仅在中国,许多全球南方国家的家庭也有季节性和循环性的迁移行为;与西方迁移的语境不同,他们不是永久迁移,而是呈现为在多个地方往返的多地点家庭(Mcgee & Greenberg,1992)。比如印度尼西亚的泗水以及泰国的曼谷,流动人口总数呈现出周期性、有规律的变化,并且与该国的农业周期相吻合。除了耕作外,经济互惠、非物质服务,如照顾老人或学龄儿童(Lohnert,2002),以及知识、信仰和价值观的传递等,也是多地点家庭的重要生计策略。本研究认为,家庭资本是影响家庭决策的重要方面。通过不断累积经济资本、人力资本、社会资本,以及更为重要的文化资本,流动人口家庭可获得更强的家庭发展能力,从而在更高等级的城市定居,实现阶层跃迁。在一定意义上,我们可称之为教育驱动的城镇化。

其次,不少文献将就近城镇化作为中国城镇化的新趋势,中央政府也推出了"推进以县城为重要载体的城镇化建设"的政策;县域内的就近迁移的人数逐年增长,县城的平均人口从2010年8.5万增长至2019年10.47万。Che et al.(2022)曾发现人们更愿意迁移到附近的小城市,而不是大城市,提出流动人口就近迁移的现象。农村人口出于对公共设施便利和个人及家庭发展的需求,有进入城镇安居的动力。县城因其生活成本低、社会适应成本低的特点,成为新一代流动人口进城的一个选择。但是本章也揭示了中国县城等小城市在城镇化发展方面所面临的挑战。从结构层面来说,由于各类城市的不均衡发展,高行政等级城市在规模效应和政策支持下产生越来越大的聚集效应,形成了连绵的城市群和都市圈。本研究发现,流动人口总体而言更愿意在行政等级更高的城市定居。尽管县城的功能和作用非常重要,但其对产业发展和农村转移人口的承载能力毕竟有限;同时,紧邻大城市群的县城才拥有相对较好的经济发展条件。目前流动人口的在县城买房等行为,是消费性而非生产性行为,若没有持续的经济发展,县城的兴盛可能难以持续。从结构层面和个体能动层面的互动来说,部分农村外出人口在县城定居应是在平衡进城的收益与进城的生活、情感成本后的一种理性选择。在高考制度等结构因素的作用下,流动人口的子女不得不回原户籍地上高中,部分外出打工的流动人口也因此返回本地,在县城定居,呈现出向县城回流的趋势。这也进一步论证了对部分流动人口而言,县域城镇化并不是最终状态,而是一个中间过渡形态。在行政等级制度的作用下,县域的经济能力和公共资源配置有限,最终的主要城镇化载体将是城市群、都市圈,而小城市和县城亦是一类重要载体,有其独特作用。

最后,本章证明了人口向高等级城市集聚的流动特征依然显著,但是集聚的原因不仅仅是经济方面的考虑,子女教育方面的利益也是重要因素。教育对于家庭迁移的重要性早有研究提及。学界将家庭分为被动应对型(coping types)和主动累积型(accumulative types),主动累积型的家庭将追求更好的教育作为重要迁移动机。在重视教育的亚洲,主动积累型家庭非常多;甚至在贫困的尼泊尔农村,一些家庭成员也会带着上学的孩子去城市追求更好的教育机会,而老一代人会继续在乡村耕种土地(Schmidt-Kallert,2009)。受城市行政等级的影响,中国教育资源的分配呈现出中等教育的"县与城"分配不均、高等教育的"分省定额"不均衡等格局。而不同行政等级的流动人口在不同子女教育阶段的定居意愿选择与教育资源的分配高度吻合。正如 Harris & Todaro(1970)对新古典迁移理论的修正那样,教育的收益同样分为实际教育收益和预期教育收益,二者都会影响流动人口的迁移决策。即便对于那些子女没有随行的流动人口,"为了子女得到更好的教育"依然是10%流动人口选择定居的原因。教育是中国子代实现向上社会流动的主要路径,也是父代影响子代的主要路径;中国教育制度的公平性会影响到整个社会的流动性,教育资源的分布也会影响人口的流动方向。如果教育资源在高等级城市过度集中,高行政等级城市的生活成本无法降低,再加上户籍等制度壁垒,流动人口向上流动的成本就会大大增加,整个社会的流动性也会减弱,这不利于维护社会公平正义、激发社会活力、促进经济转型与长期增长。

通过结构—能动者互动的视角,本章探讨了在已有的制度—结构安排下,个体和家庭在不同行政等级城市的居住意愿特征。从子女接受正式教育的视角出发,研究揭示了流动人口迁移是内嵌于城市等级制度和户籍制度结构之中的家庭主动选择的结果,从微观的流动家庭角度展现了教育福利驱动下中国的城镇化机制,以及城镇化家庭化、就近化、高等级城市集聚化特征背后的新解释。其政策启示是,以人为本的中国新型城镇化是经济、社会和文化全面发展的城镇化,是家庭的城镇化而不是局限于"农民工市民化"的城镇化;城市和县城的教育设施、教育投资和对非农家长的就业支持,应有助于提高处在子女受教育阶段的流动家庭的定居意愿。同时,国家对教育资源的合理配置,尤其是确保基础教育的均等性和高等教育的公平准入,对于推进以人为核心的城镇化具有重要意义。

10 人口流动视角下的中国城镇化：
理论创见、政策思考及前沿议题

中国城镇化发展与改革开放和融入全球经济密切相关，可谓是工业化驱动城镇化，而城乡二元制度改革则顺应和保障工业化和城镇化。但中国的工业化和城镇化与国际上的一般进程（尤其是其他新兴发展中国家）有所不同，若对照经典理论则存在若干悖论。本书以经典理论和规律性描述为参照，在我国既定的宏观背景下，深入研究城镇化发展的微观机理。在工业化、城镇化快速发展的时段，以人口流动为研究对象是本书的特点。

10.1 理论基点与创见

10.1.1 关于结构主义：刘易斯模型的适用性与修正

实际上，无论是周期性的城乡人口流动现象，还是农村劳动力冗余与城镇劳动力供需"拐点"共存的悖论，都不完全是我国经济社会发展中的特有现象。如果细究，各个发展中国家都在一定程度上偏离了刘易斯理论模型所演绎的情景；这提示了本土研究的必要性，并给予了理论修正的契机。

事实上，在经历快速工业化与城市化的一些国家，包括中国、越南和柬埔寨，城—乡间的周期性移民是增长最快的移民类型；此外，韩国、日本等的"刘易斯拐点"研究也发现，个体的流动行为并不一定对应于地区间的工资差异,而理论上的农村地区剩余劳动力完全转移的情景在现实中也并未出现过(Liu et al.,2014)。例如:①在日本经济发展的过程中,城乡两个部门的劳动力供给均出现过停滞(Hayami & Godo,2003);②韩国在20世纪70年代跨越"刘易斯拐点"的时候,尽管城市地区的工资水平显著提高,但农村劳动力的转移速度仍保持不变(Liu et al.,2014);③在其他亚洲经济体中,如果以农村剩余劳动力彻底消失为标志,则马来西亚、印度尼西亚、泰国等国家都还没有迎来其"刘易斯拐点"。

针对"刘易斯拐点"模型应用于我国时出现的偏离,相关研究对农地所有权、劳动力同质性、城市(工业)部门的失业问题等刘易斯模型的前提条件都做了一定修正,从而形成了相应的理论解释;但这些理论讨论一般是结构性的,没有考虑到个体的能动性,特别是对劳动力转移的"决策单元"这一真实存在的情景,并没有进行深入讨论。

若要将刘易斯模型用于解释我国城镇化现象,则需要做必要修正,其关键是将基本分析单元从"经济人"扩展到"经济家庭"。具体来说,在我国的城乡发展过程中,人口流动的"经济家庭"理性,除了需要考虑家庭成员工资收入最大化,还要考虑处在农村集体所有制中的家庭承包地、宅基地和住房等存量资产的效用情况。其行动策略和逻辑为:一方面,每个农村家庭趋于将其劳动力置于最佳的市场配置中——希冀实现家庭总收入的最大化。这也意味着外出务工的成员会倾向于最大化收益而最小化生活成本,从而保证较高的净收益。另一方面,经济家庭的行动逻辑还在于最大化家庭资产价值和效用,并最小化风险。需要指出,这里的土地、房产等资产是由制度特征决定的,而风险则是市场性的。因此,流动人口的家庭理性策略是对现行制度和现实市场两方面状况综合权衡的结果。

正是在家庭理性的作用下,我国农村的劳动力转移与农村总人口的转移具有显著的不对称性,即青壮年劳动力转移多,而其他年龄段人口转移少,大量的老人和中年妇女在家中务农及照顾儿童。在城市就业筛选劳动力、住房价格高企、生活成本较高等条件下,中年偏上及其他竞争力偏弱的人群亦趋于留在农村,这构成了农村劳动力冗余。这种人口流动的不对称性导致我国在城镇化率尚不高（42%）的时候就出现了"民工荒"现象。

10.1.2 新古典主义——一般均衡理论的适用性和修正

根据新古典经济学的一般均衡理论，人口流动在宏观层面上应该逐渐缩小主要流入地和流出地的经济社会发展差距，因此，其城镇化的发展阶段应逐渐趋于一致。而实际上，我国的人口流动却使得主要流入地和流出地的发展状况逐渐异化。因此，从静态的、个体的视角来看，新古典主义的一般均衡理论似无法解释我国主要流入地和流出地之间经济发展差距逐渐扩大的现象。

在将新古典主义理论用于解释我国人口流动对区域发展的作用时，应将人口流动的结果从"区域间发展差异的收敛"扩展到"以家庭为单元的社会福利水平的收敛"（包括经济福利和非经济福利）。笔者认为，2000—2010 年间，我国主要流入地和流出地的城镇化发展特征出现"对偶性差异"是由以下两种现象导致的：一类是年轻化的流动人口群体从主要流出地的农村地区进入主要流入地的城镇地区，以获得较高的工资水平和更多的发展机会，享受较高的经济福利，但也付出了较大的生活成本和家庭分离等社会成本；另一类是主要流出地的大量中年流动人口和少量年轻流动人口就近在乡镇或县城务工，表现为"工农兼业"方式——既能保有农地和宅基地等资产利益，还能获得非农工作的务工经商收入，并能同时照顾家庭。

实际上，随着我国城镇化转型和现代性进村，农民家庭城镇化的决策考量由经济收益最大化向家庭功能最大化实现转变，家庭功能的次序性、角色性和空间性三重属性互相作用，使得当代中国农民家庭在村镇、县城、县外的流动产生独特的三元空间配置，成为我国县域城镇化区域差异的微观注脚。这从"功能家庭"视角为新时期我国人口流动的内在机制提供了新的解释，对推动我国区域和城乡协调发展、分类引导县城高质量发展具有重要参考价值。

总之，我国农村家庭的"经济家庭"和"功能家庭"行动策略，使得区域性人口流动在主要流入地和流出地之间形成了一种不同于西方新古典主义的一般均衡，这既是结构和制度的结果，也是个体能动性与制度互动的结果。在现实的发展框架下，上述区域间的城镇化发展的差异可能仍将长期存在。

10.2　全国层面的城镇化发展趋势和政策思考

10.2.1　重新理解新型城镇化的内涵：从政治愿景到理论情景

《国家新型城镇化规划（2014—2020 年）》提出，我国城镇化面临"由速度型向质量型转型"，而新型城镇化是以人为本的城镇化。自"新型城镇化"正式写入"十二五"规划以来，"城镇化转型"便经常用于区分"新型城镇化"和"传统城镇化"。不过，现有研究主要关注新型城镇化的内涵或其与传统城镇化的差异，如仇保兴（2013）认为，传统城镇化是"高耗能、高污染、高排放"的城镇化，未来新型城镇必须转变发展方式，走资源节约、环境友好、集约紧凑的绿色城镇化道路；单卓然、黄亚平（2012）认为新型城镇化有 6 大核心目标——平等城镇化、幸福城镇化、转型城镇化、绿色城镇化、健康城镇化和集约城镇化；彭真怀（2013）认为，集约的、智能的、绿色的、低碳的城镇化道路就是我们所追求的新型城镇化道路。

然而，直接针对城镇化转型过程的研究并不多，一个可能的原因是缺少一个可以比较的理论情景或理想图景，以至于"城镇化转型"和"新型城镇化"本身的定义也显得模糊。作为一个政策命题或愿景，城镇化转型是基于一定现实约束条件的发展阶段转变，而转型后的理想或理性发展情景应是与约束条件相呼应的。考察相关研究对城镇化转型的约束条件的认识，可梳理出两条主线：一是土地、能源、资源、人口方面的要素约束（《国家新型城镇化规划》，2013；仇保兴，2013；张立，2010；彭真怀，2013；单卓然、黄亚平，2012），特别是 2004 年"民工荒"现象出现以来，我国以低廉充足的劳动力为基础的外向型经济发展模式难以为继,因而提出了"转方式、调结构、科学发展"的诉求;二是我国不断攀升的基尼系数受到国内外学者的关注,这种由国际通用指标表征的逐渐加剧的社会不平等,曾导致我国社会整体发展前景受到质疑(何鹤鸣、张京祥,2011;高潮,2013)。

从相关理论来看,第一条主线对应的理论概念是"刘易斯拐点",表征了劳动力供需关系从无限供给转向有限供给,农村地区边际生产力为零的人口几近迁出;据此,人们有理由推断,"劳动力有限供给"时代的城镇化发展态势将会与过去有所区别。第二条主线对应的理论概念是"库兹涅茨拐点",出自西蒙·库兹涅茨在1955年的一篇演讲中专门就增长与分配的关系问题提出的著名的"库兹涅茨假说",即"在前工业文明向工业文明极为快速转变的经济增长早期,不平等扩大;一个时期变得稳定;后期不断缩小"(郭熙保,2007)。相关经验研究曾指出,当前我国已经到了西蒙·库兹涅茨"倒U形理论"中的底部拐点,即经济不平等水平的最高点。据"库兹涅茨拐点",若不平等水平上升,则很可能会进入"中等收入陷阱";而不平等水平的下降则可能推动中国进入黄金发展期(高潮,2013)。

实际上,只有明确了新型城镇化的理论情景和现实约束条件,才有可能提出有针对性的政策建议。笔者认为,我国的城镇化转型,即从传统城镇化向新型城镇化的转型,约束条件是劳动力市场供求关系结构性改变(从无限供给到有限供给),其标志性事件是2004年以来逐渐蔓延的"民工荒"和劳动力工资上涨的现象。在现实的研究中,考察城镇化转型的对应经济理论模型是刘易斯二元城市化模型和库兹涅茨理论,而上述两大理论所对应的发展情景是"城乡二元经济向一元经济过渡;地区发展差异和区域空间二元经济结构逐渐消失"。而若从我国现实的城镇化发展情景出发,新型城镇化的本质内涵应是推动从"不对称转移"的城镇化到"对称转移"的城镇化,从"流动型"城镇化与"兼业型"半城镇化等为表征的流动人口向城镇体系两端集聚,进而形成更为健康有序的城镇化格局。

10.2.2　流动人口现象可能会长期存在

我国农村的劳动力转移与农村总人口的转移具有显著的不对称性，这是千千万万农村家庭基于"经济家庭"和"功能家庭"行动策略的理性选择结果。这种模式下的工业化和城镇化的近期成本较低，使得我国劳动力成本低、产品在国际市场上具有竞争力；地方政府得以快速启动城镇化，农村人口也可以快速增加家庭收入。因此，近期来看是"多赢"，但若长期看也有其局限性；尤其是经济发展和城镇化的福利溢出偏小，未能使流动人口充分融入城市社会。如果算上城乡家庭在存量资产增值上的差距（特别是多数大城市的住房价格增值了4—5倍），则随着时间的推移，流动人口进入城镇落户的门槛更高了。因此，这个中国特色的"刘易斯拐点"并没有带来二元结构的真正消除，反而显示出制度阻隔与市场的合力，导致城乡利益格局进一步固化了。

从"农民工市民化"的角度看，开放户籍只是第一步，巨大的经济社会成本是一个绕不开的问题。各级政府要出台相应的社会保障、公共服务等配套政策，要有巨大的财政投入；流动人口自身则需要面对城镇地区较高的住房、物价、子女教育等方面的成本。在城市经济效率尚不高的前提下，大多数流动人口的工资收入难以支撑整个家庭进城，而中央和地方政府都很难在短时间内对这个2亿多人口的庞大群体给予普遍的经济补贴，或是大幅增加包括可支付住房等在内的福利。根据《中国城市状况报告（2012/2013）》，目前农民工转市民的成本约为每人8万元，全国的"农民工市民化"总成本约为20多万亿元；如果算上家眷随迁，则总成本更高。由此可见，新型城镇化的主题之一"流动人口的市民化"是一项重大且长远的任务，不可能一蹴而就。

我国以往的经济增长和城镇化率统计指标靓丽，在社会发展方面则相对滞后，这种情况与我国的发展方式本身有着内在关联性。这一判断的政策意义在于，既不能因此低估人口流动和打工经济的巨大作用，亦不能漠视这种模式的弊端；改变目前的局面需要多方面的配套改革和有序推进,尤其是不应功利性地期望通过"农民工市民化"来释放消费。实际上,进入城镇的庞大流动人口群体"牵联"着诸多农村家庭,流动人口在城镇的就业和收入水平关乎我国农村发展的全局,且与农村脱贫有着直接关系。从许多农民不愿意放弃农村户籍以及进城农民工较普遍的低消费行为来看,一是在城镇的收入尚不够高,难以支撑举家迁入城镇——转而被用于贴补老家开支、赡养家庭老弱成员,所以进城农民工不能像正常市民那样消费;二是农村老家尚有承包地和住宅,存量资产有经济价值和效用,但这些资产难以变现和退出。由此可见,"农民工市民化"是一项非常复杂的社会工程,涉及城市和农村两方面的利益调整和改革,因而在城镇化政策制定中,要正视流动人口和打工经济的重要性和长期性(赵民、陈晨,2013)。展望未来,唯有做好各方面的基础性工作,才能构建起更为和谐的城乡关系,并迎来真正的"城市时代"。

10.2.3　认清城镇化的行为主体及政府的角色

在一个开放社会中,城镇化发展是随经济社会发展并基于城乡比较利益而产生的个体自发的社会流动,主要靠市场调节,所以城镇化的行为主体主要是民众个体——人口流动是既定制度框架下的个体自主选择,市场则发挥基础性作用。在我国特定的历史背景和制度环境下,农民变市民的过程更多地受到土地、户籍、福利等制度性因素的左右。随着改革开放的深化,许多制度性障碍已经消除或弱化了,农民有了较以往更大的选择自由;农民进不进城,希不希望在城镇定居,以及是否要转为城镇户口,是基于其自身和家庭利益最大化判断的选择,并不需要"被选择"或"被市民化",如此才谈得上"人的城镇化"。

另一方面,政府的作用也非常重要;在社会的变迁过程中,各级政府必须有所作为。在我国的具体条件下,地方政府负有推进新型城镇化的重大责任;这种责任主要是破除由历史原因造成的各种制度性障碍,通过逐步完善制度供给和公共服务来保障社会个体的自主选择权利和社会流动机会。从这个角度看,2014 年 7 月颁布的《国务院关于进一步推进户籍制度改革的意见》提出的"全面放开户籍"便消除了"农民工市民化"的部分制度障碍;但是否要彻底退出农村在城镇入户,取决于流动人口的自主选择,这背后有着多方面的影响因素。

就国际比较而言,曾有学者(Minami,1998)研究了日本的"刘易斯拐点"与"库兹涅茨假说"的关系,认为日本战后收入不平等的改善并不是一个自然发生的过程,而是社会政策调控的结果。日本自 20 世纪 60 年代以后,随着剩余劳动力逐渐消化,劳动力数量逐渐稳定,收入分配的巨大差距逐渐开始收敛。就我国而言,当前发生的"刘易斯拐点"尚没有带来二元经济向一元经济的充分融合;实际上,既有的土地、户籍、福利等制度性因素已经导致了城乡收入差距的固化。因此,政府在制度设计和提供公共服务方面必须充分发挥作用,除了逐步消除户籍门槛和改革农村集体产权制度外,还应推出更高比例的"补缺型"社会福利支出和转移支付,以配合旨在促进人的全面发展的人口、住房、教育、医疗卫生、文化体育等方面的公共政策,从而逐步校正失衡的社会利益格局(赵民、陈晨,2013)。总之,认清城镇化的行为主体及政府的作用十分重要。

10.2.4 科学看待城镇化发展速度,更为重视城镇化质量

历史经验证明,发展中国家的经济增长一般都会带来城镇化水平的提高,而反之却未必成立。实际上,一些国家的城镇化伴随着经济的增长和繁荣,而另一些国家却与大量的城市贫困和绵延的贫民窟(slum)相联系。改革开放 40 多年来,我国经济社会快速发展,城乡建设也取得了巨大成就;城镇化人口在持续增加,迄今已有超过 60% 的人口生活在城镇。但由于流动人口计入城镇人口,我国的城镇化率内涵与其他国家有很大不同,因而不能简单地仅从统计指标判定我国的城镇化水平和推断城镇化发展趋势。

考察世界各国的城镇化历史,城镇化进程具有阶段性,经过一段时间的高速增长后会自然放缓;就城镇化与经济发展的关系来说,人均 GDP 每增加一定数量,城镇化率便相应提高,但随着该国经济发展到一定程度,城

镇化率反而呈现出逐渐降低的趋势(周一星,1982)。就我国城镇化发展的现实情景而言,以劳动年龄段人口为主的流动人口的"非对称转移"顺应了以往的经济快速增长需求,加之转移的直接成本低,所以速度快,因而快速提升了全国城镇化的统计指标。但是,中国式城镇化与经济发展的高度相关关系,是基于大量农村青壮年劳动力进入城镇劳动力市场,以及通过大规模投资和消耗土地等资源换来的。随着"拐点"的出现,加之宏观经济形势的变化,这种偏好于年轻人口的"非对称转移"已显疲态,反映在经济增长和城镇化发展速度上,可能难以延续以往的"超常规"速率。

相关研究曾指出,农村现存劳动力中 60% 以上都处于 36—64 岁年龄段;对户籍等制度障碍的松绑很可能提高劳动参与率,或增加 1 亿—1.5 亿的有效劳动力供给(Chan,2010;Colley & Meng,2011;蔡昉,2013)。但现实是,即使城镇向流动人口开放了户籍,大部分以中年人为中心的核心家庭也是难以仅凭自身的力量来承担城镇化成本的。就经验而言,流动人口的进一步迁移有其自身的理性决策逻辑和经济约束,仅仅放开城镇户籍并不一定会引致新的人口大量涌入(赵民、陈晨,2013)。

上述判断的政策意义在于,在城镇化发展的速度问题上要持科学态度;要认识到,城镇化率只是统计指标,可以做预测,但不能以此为硬性要求。政府的可调控领域在于宏观经济发展、制度安排,以及与财政能力相适应的公共产品供给等。就预测而言,我国城镇化发展正在由初级阶段进入中级阶段,从"非对称转移"到"对称转移"、从"流动人口"到"真正的市民",未来城镇化发展的成本将不断增加,除了一些特定地区,总体增长速度很可能会放缓。而挤压城镇化发展的"水分",化解城镇化发展中的种种结构性矛盾,并弥补城镇建设的"欠账",从而提升城镇化的质量,应成为新时期城镇化工作的基本任务。

10.3　对区域性城镇化发展差异的解释和政策思考

10.3.1　区域性城镇化的"对偶性差异"解释

在现实的发展框架下,区域间的城镇化发展的差异仍将长期存在。

然而,这种差异是在现实发展条件下,流动人口家庭通过能动性策略所形成的地区间发展的低水平均衡的外在表现。例如,农民工一般具有尽量压缩消费、提高净收入的生存逻辑,因而本质上,人口流动衍生的是一种"生产型"城镇化,其弱消费是内生的,这与当前国内总体消费水平偏低不无关系。大量工农兼业的人口滞留在乡村地区,其工资水平、本地的集聚经济和分工水平等均不及大城市;流动人口即便是进入了北京、上海、广州这样的超大城市,仍是大量集中在城乡接合部,而不是融入城市社会,像一般市民那样工作和生活。

10.3.2 从传统城镇化向新型城镇化转型的相关政策思考

从传统城镇化向新型城镇化的迈进,需要破解上述地区间城镇化发展的低水平均衡,关键是要改变与现实发展情境下的"经济家庭"和"功能家庭"行动策略相联系的福利均衡,尤其是跨区域的周期性人口流动。笔者认为,制度创新和福利体系重构是达成这一目标的两种重要手段,而具体政策制定的思维方式则应从"自上而下"的"收放"思维,转向城市—乡村和宏观—微观的对置思考。

1. 通过福利体系重构战略,促进城镇地区的"农民工市民化"

在城镇地区,似可通过对国家福利体系和政府福利性财政支出的重构,来促进"农民工市民化"。未来政府的工作重心要从积极推动经济发展转变到构建完善的福利体系和稳定的发展环境。一方面,地方政府需要更高比例的"补缺型"社会福利支出,来配合"面向人的全面发展"的人口、住房、教育、医疗卫生、文化体育等方面的公共政策(赵民、陈晨,2013),以政府福利支出来替代一部分的家庭储蓄功能(因缺乏福利保障而趋于增加储蓄),并聚焦"收入分配均等化"的经济社会政策;另一方面,政府福利支出应同时兼顾对"发展型福利"的投入,即应使得财政支出能够有效地加强对人力资本的投资和促进社会资本的形成,并消除个体经济参与等所面临的障碍。

实际上,一些发达国家正是在经济发展和城镇化高速运转带来的社会矛盾集中出现的时期,逐渐建立了完善的国家福利体系。从这个角度看,当前我国城镇化发展所面临的种种困境对我国经济社会转型发展具有重要的"倒逼"意义。

此外,社会福利的含义已经逐渐延展到管理社会问题、满足人类需求和最大化社会机会等方面(Midgley,1997)。如日本在城镇化率50%左右的时期,国家组织对农村青年进行大规模的技工培训,对后来的日本工业崛起起到了积极的作用;德国在城镇化率50%的时期开始全面建构福利国家体系(吴志强,2012)。此外,在区域层面,配合产业的梯度转移,主要流出地省份可能会迎来一定的人口回流;特别是中西部地区的中小城市,很可能成为下一阶段城镇化的主要载体。这意味着国家和地方财政需要在中西部人口流出地加大对基础设施和公共服务等方面的投入。

2. 通过农村精明收缩战略,兼顾农村地区的经济发展和社会稳定

在农村地区,通过政策和制度创新来兼顾农村地区的经济发展和社会稳定。在当前城镇化发展的现实框架下,城镇地区的增长管理已经获得了广泛的重视,但农村地区的治理创新则相对滞后。尽管存在大量人口流出和缺乏青壮年劳力的情况,但很多地区的农地流转比例并不高,农业规模化和现代化水平仍有待提高。农村宅基地流转和退出需要通过制度创新来改变目前的不利局面;在"构建城乡一体的建设用地市场"的目标下,实现经营性土地与国有土地"同等入市",从而激活和优化集体经营性建设用地配置。而上述领域的制度现状,实际上构成了流动人口的"经济家庭"和"功能家庭"行动策略考量的基础。

在城镇化水平逐步提升、乡村总人口不断减少的背景下,笔者认为,我国农村人居空间发展应该体现"精明收缩"的理念。首先,在总体目标上,农村"精明收缩"并不是反对农村发展,而是强调要促使农村发展跳出分散低效的个体理性,站在全社会整体发展的高度来更加合理高效地配置社会资源。以上海市郊农村地区为例,同济课题组发现,城市建成区周边的近郊农村承接了大量在市区务工的人口的住宿需求,具有很强的扩张蔓延的能力。但与大多数农村地区的发展机制一样,这些地区的住宿条件、公共设施服务水平、卫生条件等都较差,若不进行有效的引导和治理,它们可能很快就会在城区向外发展的过程中成为极难处理的"城中村"。对于这类地区,要尽快组织实施农村建设用地和宅基地的置换,例如可在就近的城郊提供公共住房和廉租房以进行疏导和置换。此外,以农村地区公共服务设施配置为例,在子女教育方面,多数农民会将孩子送往县城或市区的学校就读初高中,这就使得乡镇一级的初高中设施出现了闲置。因此,从城乡和谐发展的角度来看,相关政策目标应该是城乡公共服务的均等化,而不是城乡设施配置的平均化。在符合一定条件的地区,应该逐渐有条件地撤销乡镇级的初高中教育设施,将其集中布局于县城(市区)或大镇,形成教育设施和教学条件的规模效应。在这个意义上,城镇地区"精明增长"与农村地区"精明收缩"应是辩证统一的关系;其中隐含的理念对全社会整体和长期的高质量及和谐发展具有重要意义。

其次,在总体原则上,农村"精明收缩"要"因地制宜;并要通过制度和政策上的创新,来达到农村地区的精明收缩"。所谓因地制宜,就是要依据不同地区的经济、社会、文化特征,充分考虑历史发展的因素,制定不同的规划引导策略。主要流入地和流出地的农村,城市市区、近郊、远郊地区的农村,超大或特大城市、大城市、中小城市、县城周边地区的农村、具有历史风貌保护价值的村落和一般村落等,其规划策略应有所不同。例如,湖北、河南等主要人口流出地省份的农村空心化现象十分显著;大量青壮年劳动力外出打工,农村地区的发展缺乏内生动力,其导致的凋零和破败景象严重。但是,受制于固化的农村集体土地制度安排,其农地流转比例并不高,宅基地的流转和退出更是困难重重。另一方面,据《中国流动人口发展报告(2020—2024)》,外出务工人口中已婚人口的比例和携子女出行的比例正逐年上升;这意味着,如果"农民工市民化"的政策得到有效的贯彻落实,而农村老家的宅基地、田地等沉淀资产能够充分流动并进入市场,则这些外出务工人口对老家的牵挂将减少,这将使得城—乡两头都可以进入更为稳定的发展态势。因此,在符合一定条件的农村空心化地区,积极推动农村"精明收缩",实行以保障农民利益为前提的农地流转、宅基地退出等举措,应是符合社会整体和长期的利益的。

再次,在空间表现上,农村"精明收缩"一般表现为农村人类活动地区的形态收缩。但农村"精明收缩"并不等于简单的迁村并点,而是有选择地"拆并"和"保留",甚至允许一定程度上的发展。举例来说,对具有历史风貌保护价值的传统村落,要充分发掘其文化价值;通过保留村落和地貌环境而保护特定的文化基因,从而留住山水和乡愁。2016 年以来,社会资本进入了一些乡村,对此不应一禁了之;如果引导得当,可有力推进特色旅游乡镇、特色乡村民宿、农家乐和"洋家乐"等形式的乡村发展。因此,一定条件下的保留和发展,也是农村"精明收缩"应有的题中之义。

最后,在实现路径上,农村"精明收缩"的实现应该是自下而上和自上而下两方面的动力的结合。其中,农村"精明收缩"的主体仍是农村居民和其他民间相关利益方,政府重在推进体制机制创新,为相关活动搭建制度平台,以及出台必要的政策措施。以农村土地制度的相关制度创新为例,2010 年来在各地有很多尝试,如重庆的"地票"制度,广东南海农村股份合作制,天津宅基地换房,湖南益阳的土地信托,成都、武汉的农村产权交易所,等等,显示了因地制宜原则下的制度和政策创新精神,并显现了其实践价值。

10.4　城镇体系层面的流动人口集聚对新型城镇化的启示

10.4.1　城镇体系层面的治理策略

关于我国的城镇化发展问题,在城镇化水平将持续提高这一点上应具有共识;曾经的争议在于城市发展的规模控制,是否应该秉持"市场决定论"或"规模效益论",其本质上就是大城市重点论和小城镇重点论之争。其中,前者的理论基础为新经济地理学提出的人口增长带来的集聚效应、规模收益、分工深化、经济扩散效应等;后者的理论基础是国情论,即以小城镇为基础的"分散型"城镇化模式具有速度快、成本低、就近服务农村、兼顾社会公平等多方面的优势。

笔者认为，由于中国城镇化受到流动人口的"经济家庭"和"功能家庭"理性的约束，因而片面的大城市重点论和小城镇重点论都有一定局限性。迄今的大规模人口流动及其主要向城镇体系两端集聚的特性，很大程度上重塑了我国的城镇体系结构。但是，两端地区——300万人以上的大城市（含超大特大城市）与县城等小城镇地区，对于城镇化发展的意义极为不同，前者是经济发展的引擎，后者则关系到国家的基层治理。其中，大城市，尤其是特大和超大城市的持续发展，对于我国新型城镇化的意义主要在于提高国家整体经济、社会、文化发展水平，并形成具有竞争力的区域性、全国性和世界级中心；产业结构和就业结构真正实现优化，社会发展处在较为和谐的状态，从而在国家治理方面发挥引领作用。而县城和小城镇的健康城镇化发展，除了一般的经济社会意义外，主要在于国家治理的落实；尽管镇层面的城镇就业人口的工资水平、行业分工水平等均不及大中城市，但这一层面的城镇发展可兼顾"安居、乐业"等方面的目标，同时还能服务于我国广袤的农村地区的"三农"发展，这对于我国整体社会稳定和抵御周期性经济波动具有重要意义，其作用不可替代。

基于对人口流动微观过程的研究，笔者认为，流动人口主要在城镇体系首末两端上集聚的空间特征，与流动人口的"经济家庭"理性选择有关，即每个农村家庭趋于将其劳动力置于最佳的市场配置中——希冀实现家庭收入的最大化。同时，经济家庭的行动逻辑还在于最大化家庭资产价值和效用，并最小化风险（赵民、陈晨，2013）。人口流动的经济家庭理性作用既导致了一定时间内有相当规模的流动人口在流入地的高等级城市集聚，而流出地却主要集中在县域和乡镇地区的状况；同时也形成了流出人口在目的地不稳定的"异地流动型城镇化"，与留守在家乡的"就近兼业型半城镇化"不同的态势。从上述发现来看，国家新型城镇化规划及户籍制度改革希望通过"控制大城市人口，而开放中小城市户口"而将人口导入中等城市的政策愿景，绝非轻而易举就能达成的，其治理策略的制定需要基于对个体"经济家庭"和"功能家庭"理性的真实诉求和比较利益的深刻认识。

此外,针对有学者强调中国经济的发展不应牺牲大城市的集聚和扩散效应,以及认为人口和资源等应向大城市尤其是东部大城市进一步集聚等观点,笔者认为,主要由人口流动集聚而推动的城镇增长迄今并没有将我国的城镇体系推向一个城镇规模和类型与就业结构有显著的关联性的城镇职能结构体系,而是形成了一个各规模等级城市的就业结构趋同的格局。实际上,对各等级规模城镇的就业结构产生根本性影响的都是制造业、建筑业和批发零售业、住宿业的大规模增长,而这些行业正是集中在流动人口大量集聚的地区。这显示出在现实经济社会的发展框架下,制度和市场共同作用下的劳动力市场区隔所带来的城镇增长有其自身的局限性。因此,即使仅从效率角度看,大城市的低效蔓延和自发增长也是不可持续的。

诚然,城市集聚到一定规模才会产生规模经济,但单个城市的规模过大会导致"集聚不经济",并产生严重的"城市病";同时,各类规模的城市及小城镇亦各有其优势和存在理由。所以要重视城市群和区域一体化发展的规划和协调机制建构;同时,城市与镇也要构成一个体系,互相分工和协调发展。如此,在获得集聚经济的同时,可避免因单个城市规模过大、功能过于庞杂而产生代价高昂的"城市病"。

笔者认为,兼顾公平和效率的城镇发展治理策略应是一种分类引导的政策体系,政策目标应是推进合理的城镇体系建构和发育。城镇体系结构的优化和运作高效有赖于不同城镇的分类治理策略和针对城镇群或城镇体系的区域性治理策略,并要有体制、机制的保障。

10.4.2　大城市层面的治理策略

由于我国大城市人口增长主要是由流动人口在特定空间范围内聚居而实现的,流动人口这一特殊社会群体的"非均衡高度集聚"必然要求大都市区空间资源配置和结构组织模式做出回应。而当前我国的特大城市治理却忽视了空间治理对大都市区治理的重要作用。现有的公共管治政策通常倾向于直接用行政干预的手段，如户籍准入制度，中心城区对群租房、路边摊贩的取缔，小汽车车牌竞拍或摇号，以及住房限购等，上述政策有其必要性，但频繁地用行政手段干预市场也存在一定的风险。与此相对，城市政府通常会低估空间系统本身的问题及空间治理的潜力。实际上，对大城市人口的治理，主要是对流动人口快速增长和空间集聚的治理，其目标应该是通过空间政策干预，优化大都市区产业、居住、交通及公共设施的空间布局，提高空间要素和空间结构的组织效率，使得流动人口在大都市区内逐步实现合理均衡分布，避免因流动人口过度集聚带来的空间错配和空间运行低效，从而实现空间治理促进社会治理的目的。

10.5 当前我国城镇化发展的新挑战与前沿议题

10.5.1 当前我国城镇化发展的新挑战

当前我国的城镇化增速呈显著下降之势，似意味着我国的快速城镇化进程已出现"拐点"，正在迈入诺瑟姆描述的城镇化三阶段中的"城镇化后期"，并已经展现出若干新问题及挑战。

一是以人口红利为基础的"体力城镇化"模式难以为继。2022 年作为中国人口负增长元年，标志着人口发展形态的根本改变，我国人口政策从"单独二孩""全面二孩"到当前三孩生育政策的演变仍无法阻止人口负增长时代的到来(王军，2023)。2010—2020 年间，我国劳动年龄人口减少了 4 000 多万，适龄劳动力的"达峰"意味着人口红利逐渐消失已成为无法避免的现实问题。与此同时，城市新增核心人口开始由体力劳动者转向智力劳动者，人才竞争现象在全国范围内的中心城市凸显，人力资本将成为城市发展的新引擎。

二是在家庭决策理性下，流入地低成本城镇化策略难以为继。20 世纪 90 年代以来，中国的高速城镇化是以青壮年适龄劳动人口为主体的向大城市的转移,流入地城市地区不承担公共服务、不提供可负担住房的低成本城镇化方式曾极为盛行。2010 年以来,出现了三大趋势:一是人口流动的"家庭化"趋势明显,流动的单元从个人转向夫妻双方或核心家庭;二是人口流动的"本地化"趋势明显,即越来越多的流动人口选择省内流动、就近打工,尤其是在县城打工就业的流动人口占比越来越高,但县域城镇化多处于"安居"却无法"乐业"的低水平城镇化发展状态;三是在地方分层体系中层级越高的城市,公共服务资源配置越丰富,越容易吸引更多、更高质的人才(王宁,2014)。

三是依赖小农和家庭农场的传统农业生产方式将日益艰难。目前我国广大乡村地区出现了三个特征:一是广大中西部农村地区出现了严重的老龄化。七普数据显示,我国乡村 60 岁、65 岁及以上老人的比重分别为 23.81%、17.72%,比城镇分别高出 7.99、6.61 个百分点。不仅如此,农村劳动力亦存在高度老龄化的问题,现实是 60—70 岁及以上的老人在苦苦支撑传统农业生产。二是东部发达地区人口流入地的乡村在高度工业化和城镇化的带动下,已经取得了初步的城乡一体化发展绩效,但乡村地区的活力仍然取决于当地是否存在特色农业资源、工业园区或风景及文旅资源。三是新生代农民工多数已经失去了农村生产劳动的技能,主观上也不愿意回到农村,这就进一步锁定了乡村地区的空心化。

10.5.2 面向未来新型城镇化的前沿研究议题

作为实行社会主义市场经济制度且正处在转型期的发展中大国,我国城镇化既具有一般性,更具有特殊性(叶超、于洁,2020)。笔者认为,面向未来的新型城镇化,下列议题具有重要的研究价值:

一是人口生育率下降的客观趋势和鼓励性生育政策的局限性问题,以及如何推动"劳务驱动型城镇化"向"知识驱动型城镇化"转型。随着上一轮外资、低成本工业化、土地财政等传统驱动力的减弱,知识创新、大数据、人工智能、高品质消费、优质公共服务、绿色可持续发展将成为新一轮城镇化浪潮的主要特征。应摆脱依靠出卖资源能源、提供廉价劳动力产业为基础的劳务驱动型城镇化道路，走上以智力化产业为基础的理性与创新的知识驱动型城镇化道路（吴志强等，2015）。

二是如何解决流动人口的住房问题，以实现新型城镇化阶段的居住正义，从而推动结构主义的"二元城镇化"向人本主义的"人的城镇化"转型。随着我国核心城市房价持续上涨，制度性身份获取门槛的降低与市场化产权获取成本的上升，意味着日益庞大的新市民群体面临落户意愿与住房支付能力之间的巨大落差。分析如何通过分类施策的住房供给和精准公共服务供给改革，实现个体流动与城市发展相契合的资源配置，这对加强群体间社会融合、提升基层社会治理效能具有重要的现实意义（樊佩佩，2021）。

三是如何打破农村地区的户籍利益固化问题，以及如何在大城市和城市群地区率先建立"有差异、无差距、可流动、无障碍"的城乡高度融合发展的新格局。在新的国际、国内发展形势下，我国的城镇化发展应更为重视质量而不是数量，并同时着力推进乡村振兴和城乡体制机制融合。一方面，由于历史原因，我国农村户籍身份与农村土地的捆绑制约了农业转移人口的城镇融入，以及农村土地等生产要素的自由流动；应系统性地设计农村户籍利益转化为可交易资产的基本条件，构建一个符合农业转移人口的利益诉求，并适应乡村振兴需求的农村户籍利益转化机制，构建可流动、无障碍的城乡关系。另一方面，要认识乡村地域多功能演化规律，为大城市和城市群地区的人才、资本、技术下乡提供制度保障，激活乡村发展的内生动力。随着城镇化、工业化的不断推进，中国乡村从单纯的农业生产衍生出承担社会稳定、生态保障、文化旅游等多种功能。城市要素下乡不但是对乡村要素流失的经济反哺，更是整治乡土社会、重塑乡村治理的政治反哺（施德浩等，2019）。较高的人才需求和较大的乡村发展潜力让越来越多的"新农人"成为乡村振兴的带头人和主力军，但同时，大量的人才吸纳对其公共服务、社会保障、乡村治理等方面也提出了更高的要求（冯丹萌，2022）。

参 考 文 献

外文文献

[1] Abraham A. International migration, return migration and occupational mobility: evidence from Kerala, India[J]. Indian Journal of Labour Economics, 2020, 4:1—21.

[2] Amirtha R, Sivakumar V J, Hwang Y. Influence of perceived risk dimensions on e-shopping behavioural intention among women—a family life cycle stage perspective[J]. Journal of Theoretical and Applied Electronic Commerce Research, 2020, 16(3):320—355.

[3] Arita, Shin. The growth of the Korean middle class and its social consciousness. The Developing Economies[J], 2003, 41(2):201—220.

[4] Asian Development Bank. The Rise of the Middle Class in the People's Republic of China. 2011. http://www.adb.org/publications/rise-middle-class-peoples-republic-china.

[5] Au C C, Henderson J V. Are Chinese cities too small? [J]. The review of economic studies, 2006, 73(3):549—576.

[6] Auerbach F, Ciccone A. The law of population concentration[J]. Environment and Planning B: Urban Analytics and City Science, 2023, 50(2):290—298.

[7] Banerjee A, Duflo E. What is middle class about the middle classes around the world? [J]. Journal of Economic Perspectives, 2008, 22(2):3—28.

［8］Barrett A，Mosca I. Social isolation，loneliness and return migration：evidence from older Irish adults［J］. Iza Discussion Papers，2013，39(10)：1659—1677.

［9］Berry B J. The impact of expanding metropolitan communities upon the central place hierarchy［J］. Annals of the Association of American Geographers，1960，50(2)：112—116.

［10］Birdsall N，Graham C，Pettinato S. Stuck in the tunnel：is globalization muddling the middle class？［J］，Working Paper No. 14，Centre on Social and Economic Dynamics，The Brookings Institution，Washington，DC，2000.

［11］Black D，Henderson J V. A theory of urban growth［J］，Journal of Political Economy，1999，107：252—284.

［12］Black R，Bellagamba A，Botta E，et al. Migration drivers and migration choice：interrogating responses to migration and development interventions in West Africa［J］. Comparative Migration Studies，2022，1：10—10.

［13］Bongaarts J，Zimmer Z. Living arrangements of older adults in the developing world：an analysis of demographic and health survey household surveys［J］. The Journals of Gerontology Series B：Psychological Sciences and Social Sciences，2002，57(3)：145—157.

［14］Boston Consulting Group. A New World Order of Consumption. 2010. https：//www. bcgperspectives. com/content/articles/consumer_products _retail_new_world_order_of_consumption/.

［15］Bourdieu P，Passeron J C. Reproduction in education［C］. Society and Culture. Vol.4. Sage，1990.

［16］Bourdieu P. Cultural reproduction and social reproduction［M］. Knowledge，Education，and Cultural Change. Routledge，2018：71—112.

［17］Brandt L，Holz C A. Spatial price differences in China：estimates and implications［J］. Economic Development and Cultural Change，

2006，55(1):43—86.

[18] Bratti M, Fiore S, Mendola M. The impact of family size and sibling structure on the Great Mexico-U.S. migration[J]. GLO Discussion Paper Series, 2019, 1:483—529.

[19] Broadfoot T. Reproduction in education, society and culture[J]. Comparative Education, 1978, 14(1):75—82.

[20] Cai F, Chan K W. The global economic crisis and unemployment in China[J]. Eurasian Geography and Economics, 2009, 50(5): 513—531.

[21] Cai F, Du Y, Zhao C B. Regional labour market integration since China's world trade organization entry: evidence from household-level data[C]. In Ross Garnaut, Ligang Song(eds.), China—Linking Markets for Growth. Canberra: Asia Pacific Press, 2007, 133—150.

[22] Cai F. Demographic Transition, Demographic Dividend, and Lewis Turning Point in China[J]. Economic Research Journal, 2010, 4: 4—13.

[23] Cai F. Hukou system reform and unification of rural-urban social welfare[J]. China & World Economy, 2011, 19(3):33—48.

[24] Cao Z, Zheng X, Liu Y, et al. Exploring the changing patterns of China's migration and its determinants using census data of 2000 and 2010[J]. Habitat International, 2018, 12:72—82.

[25] Castles S. International migration at a crossroads[J]. Citizenship Studies, 2014, 18(2):190—207.

[26] Chang G H, Brada J C. The paradox of China's growing under-urbanization[J]. Economic systems, 2006, 30(1):24—40.

[27] Chan K W, Wang M. Remapping China's regional inequalities, 1990—2006: a new assessment of de facto and de jure population data. Eurasian Geography and Economics[J], 2008, 49(1):21—55.

[28] Chan K W. A China paradox: migrant labor shortage amidst

rural labor supply abundance[J]. Eurasian Geography and Economics, 2010, 51(4):513—530.

[29] Chan K W. Crossing the 50 percent population rubicon: can China urbanize to prosperity? [J], Eurasian Geography and Economics, 2012, 53(1):63—86.

[30] Chan K W. Fundamentals of China's urbanization and policy[J]. China Review: an Interdisciplinary Journal on Greater China, 2010, 10 (1).

[31] Chan K W. Migration and development in China: trends, geography and current issues[J]. Migration and Development 1.2, 2012, 187—205.

[32] Chan K W. Misconceptions and complexities in the study of China's cities: definitions, statistics, and implications[J]. Eurasian Geography & Economics, 2007, 48(4):383—412.

[33] Che L, Du H, Jin X, et al. How family living arrangements and migration distances shape the settlement intentions of rural migrant workers in China[J]. International Journal of Environmental Research and Public Health, 2022, 19(23):16308.

[34] Chen, F Y, Korinek K, Family life course transitions and rural household economy during China's market reform [J]. Demography, 2010, 47(4):963—987.

[35] Chen, J H., Guo F, Wu Y. One decade of urban housing reform in China: urban housing price dynamics and the role of migration and urbanization, 1995—2005[J]. Habitat International, 2011, 35(1): 1—8.

[36] Chen C, Bo Q. The emergence of China's middle class: social mobility in a rapidly urbanizing economy[J]. Habitat International, 2014, 14:528—535.

[37] Chen C, Zhao M. The undermining of rural labor out-migration

by household strategies in China's migrant-sending areas: the case of Nan-yang, He'nan Province[J]. Cities, 2017, 60:446—453.

[38] Chen J D, Dai D, Pu M, et al. The trend of the Gini coefficient of China. Brooks World Poverty Institute, 2010.

[39] Chen L, Huang Y, Qin X, et al.Return migration and in-situ urbanization of 79 migrant sending counties in China: characteristic and driving factors[J]. Journal of Rural Studies, 2023, 104:103—155.

[40] Chen M, Liu W, Lu D, et al.Progress of China's new-type ur-banization construction since 2014: A preliminary assessment[J]. Cities, 2018, 78:180—193.

[41] Chen S, Liu Z. What determines the settlement intention of ru-ral migrants in China? Economic incentives versus sociocultural conditions [J]. Habitat International, 2016, 58:42—50.

[42] Chen Y, Henderson J V, Cai W. Political favoritism in China's capital markets and its effect on city sizes[J]. Journal of Urban Econo-mics, 2017, 98:69—87.

[43] Coleman J S. Social capital in the creation of human capital[J]. American journal of sociology, 1988, 94:95—120.

[44] Colley J, Meng X. Has China run out of surplus labour? [J]. China Economic Review, 2011, 22(4):555—572.

[45] Cuixia G, Simin T, Yuyang H, et al. Effect of population mi-gration on spatial carbon emission transfers in China[J]. Energy Policy, 2021, 156:1—13.

[46] David S. G. Goodman. The New Middle Class[C]. In Merle Goldman and Roderick MacFarquhar(eds.), The Paradox of China's Post-Mao Reforms, Cambridge, MA: Harvard University Press, 1999, 261.

[47] Davis J C, Henderson J V. Evidence on the political economy of the urbanization process[J]. Journal of Urban Economics, 2003, 53(1): 98—125.

[48] De Haas, Hein. Migration and development: a theoretical perspective[J]. International Migration Review, 2010, 44(1):227—264.

[49] Development Research Center of the State Council(DRCSC), and The World Bank. China 2030: Building a Modern, Harmonious, and Creative Society. Washington. D. C.: World Bank Publications. Ernst &. Young. Hitting the sweet spot: The growth of the middle class in emerging markets. 2013.

[50] Démurger S, Li S. Migration, remittances, and rural employment patterns: evidence from China[J]. Research in Labor Economics, 2013, 37:31—63.

[51] Duncan O D, Featherman D L, Duncan B. Socioeconomic Background and Achievement[M]. New York: Seminar Press, 1972.

[52] Elder G H, Johnson M K, Robert C. The Emergence and Development of Life Course[M]. New York: Kluwer Academic/Plenum Publishers, 2003.

[53] Ellis F. Household strategies and rural livelihood diversification [J]. The Journal of Development Studies, 1998, 35(1):1—38.

[54] Ellis F. Peasant economics: Farm households in agrarian development. Vol. 23. Cambridge: Cambridge University Press, 1993 [1988].

[55] El-Shaks S. Development, primacy and systems of cities[J]. Journal of Developing Areas, 1972, 7:11—36.

[56] Fan C C, Sun M, Zheng S. Migration and split households: a comparison of sole, couple, and family migrants in Beijing, China[J]. Environment and Planning-Part A, 2011, 43(9):21—64.

[57] Fan C C. Interprovincial migration, population redistribution, and regional development in China: 1990 and 2000 census comparisons [J]. Professional Geographer, 2005, 57(2):295—311.

[58] Fan C C. Migration, hukou, and the city[J]. China Urbanizes:

Consequences, Strategies, and Policies, 2008, 65—89.

[59] Fan C C. Modeling interprovincial migration in China, 1985—2000[J]. Eurasian Geography and Economics, 2005, 46(3):165—184.

[60] Fan C C. Settlement intention and split households: findings from a survey of migrants in Beijing's urban villages[J]. China Review, 2011, 11—41.

[61] Fan L. Measuring interprovincial flows of human capital in China: 1995—2000[J]. Population research and policy review, 2009, 28(3):367—387.

[62] Ge S, Yang D T. Labor market developments in China: a neoclassical view[J]. China Economic Review, 2011, 22(4):611—625.

[63] Glassman, Ronald M. The New Middle Class and Democracy in Global Perspective[M]. Basingstoke, Hamps: Macmillan, 1997.

[64] Goldthorpe J H, Llewellyn C, Payne C. Social mobility and class structure in modern Britain. 1980.

[65] Golley J, Meng X. Has China run out of surplus labor? [J]. China Economic Review, 2011, 22(4):555—572.

[66] Guan M. Temporal and spatial process: urbanisation driven by rural-urban migration in China, 1949—2010[J]. International Journal of Migration and Residential Mobility, 2014, 1(1):50—71.

[67] Hanna N, Wozniak R. Consumer behavior: an applied approach [J]. 2001.

[68] Harris J R, Todaro M P. Migration, unemployment and development: a two-sector analysis[J]. The American Economic Review, 1970, 60(1):126—142.

[69] Hattori T, Funatsu T, Torii T. Introduction: the emergence of the Asian middle classes and their characteristics[J]. The Developing Economies, 2003, 41(2):129—139.

[70] Hayami Y, Godo Y. Agriculture Economics[M]. China Agri-

culture Press，2003，44—248.

[71] He C，Gober P. Gendering interprovincial migration in China [J]. International Migration Review，2010，37(4):1220—1251.

[72] Heckman J J，Lance J L，Petra E T. Earnings functions，rates of return and treatment effects: The Mincer equation and beyond[J]. Handbook of the Economics of Education，2006，1:307—458.

[73] Henderson J V. Cities and development[J]. Journal of Regional Science，2010，50(1):515—540.

[74] Hoover E M. Location Theory and the Shoe Leather Industries [M]. Cambridge: Harvard University Press，1937.

[75] Huang X，Liu Y，Xue D，et al. The effects of social ties on rural-urban migrants' intention to settle in cities in China[J]. Cities，2018，83:203—212.

[76] Huang Y，Tao R. Housing migrants in Chinese cities:current status and policy design[J]. Environment and Planning C: Government and Policy，2015，33(3):640—660.

[77] Hu F，Xu Z，Chen Y. Circular migration, or permanent stay? Evidence from China's rural-urban migration[J]. China Economic Review，2011，22(1):64—74.

[78] Jacobs J. The Economy of Cities[M]. New York: Vintage Books，1969.

[79] Jennissen R. Economic determinants of net international migration in Western Europe[J]. European Journal of Population，2003，19 (2):171—198.

[80] Jensen P，Pedersen P J. To stay or not to stay? Out—migration of immigrants from Denmark[J]. International Migration，2007，45(5): 87—113.

[81] Kalleberg A L. Comparative perspectives on work structures and inequality[J]. Annual Review of Sociology，1988，14(1):203—225.

[82] Kharas H. The emerging middle class in developing countries [J]. Working Paper No. 285, Vol. 285, OECD Development Center, The Brookings Institution, Washington, DC, 2010.

[83] Kimura M. The emergence of the middle classes and political change in the Philippines[J]. The Developing Economies, 2003, 41(2): 264—284.

[84] Kley S. Explaining the stages of migration within a life-course framework[J]. European Sociological Review, 2011, 27(4):469—486.

[85] Knight J, Deng Q H, Li S. The puzzle of migrant labour shortage and rural labour surplus in China[J]. China Economic Review, 2011, 22(4):585—600.

[86] Krugman P. Increasing Returns and Economic Geography[J], The Journal of Political Economy, 1991, 99(3):483—499

[87] Kwan F. Agricultural labor and the incidence of surplus labor: experience from China during reform[J]. Journal of Chinese Economic and Business Studies, 2009, 7(3):341—361.

[88] Lai J, Pan J. China's city network structural characteristics based on population flow during spring festival travel rush: empirical analysis of "Tencent Migration" big data[J]. Journal of Urban Planning and Development, 2020, 146(2):04020018. 1—14.

[89] Lerch M. Internal and international migration across the urban hierarchy in Albania[J]. Population research and policy review, 2016, 35: 851—876.

[90] Lewis A W. Economic Development with Unlimited Supplies of Labor[J]. The Manchester School, 1954, 22(1):139—191.

[91] Li C. China's Emerging Middle Class: Beyond Economic Transformation[M]. Brookings Institution Press, 2010.

[92] Lin L, Zhu Y. Types and determinants of migrants' settlement intention in China's new phase of urbanization: a multi-dimensional per-

spective[J]. Cities，2022，124:1—11.

[93] Lipset S M，Bendix R. Social Mobility in Industrial Society[M]. Berkeley: University of California Press，1959，280.

[94] Liu H，Wu Q. Consequences of college entrance exams in China and the reform challenges[J]. KEDI Journal of Educational Policy，2006，3(1).

[95] Liu H Y，Cao S N，Deng J. Coexistence of surplus labor and the Lewis turning point in China: a unitary household decision-making model study[J]. Journal of Economic Interaction and Coordination，2013，8(2):249—266.

[96] Liu S Q，Xie F T，Zhang H Q，Guo S L. Influences on rural migrant workers' selection of employment location in the mountainous and upland areas of Sichuan，China[J]. Journal of Rural Studies，2014，33: 71—81.

[97] Liu T，Qi Y，Cao G，et al. Spatial patterns，driving forces，and urbanization effects of China's internal migration: county-level analysis based on the 2000 and 2010 censuses[J]. Journal of Geographical Sciences，2015，25(2):236—256.

[98] Liu T，Wang J. Bringing city size in understanding the permanent settlement intention of rural-urban migrants in China[J]. Population，Space and Place，2020，26(4):e2295.

[99] Liu Y，Deng W，Song X. Influence factor analysis of migrants' settlement intention: considering the characteristic of city[J]. Applied Geography，2018，96:130—140.

[100] Liu Y，Stillwell J，Shen J，Daras K. Interprovincial migration，regional development and state policy in China，1985—2010[J]. Applied Spatial Analysis and Policy，2014，7(1):47—70.

[101] Liu Z L，Wang Y J. Housing access，sense of attachment，and settlement intention of rural migrants in Chinese cities[C]. In Huang，

Youqin, and Si-ming Li(eds.), Housing Inequality in Chinese Cities, Vol. 115. Routledge, 2014, 103.

[102] Li X, Zhang L. Educational opportunity and children's migration: Evidence from China's Gaokao reform for children of migrant families[J]. Journal of Comparative Economics, 2023, 51(4):1162—1185.

[103] Lohnert B. Vom Hüttendorf zur Eigenheimsiedlung: Selbsthilfe im städtischen Wohnungsbau; ist Kapstadt das Modell für das neue Südafrika? [M]. Universitätsverlag Rasch, 2002.

[104] Lotka A J. Elements of Physical Biology[M]. Williams & Wilkins, 1925.

[105] Lu Y, Wang F. From general discrimination to segmented inequality:migration and inequality in urban China[J]. Social Science Research, 2013, 42(6):1443—1456.

[106] Mabogunje A L. Systems approach to a theory of rural-urban migration[J]. Geographical Analysis, 1970, 2:1—18.

[107] Maria C D, Lazarova E A. Migration, human capital formation, and growth: an empirical investigation[J]. World Development, 2012, 40(5):938—955.

[108] Marshall A. Principles of Economics[M]. 8th ed. London: Macmillan Press, 1977.

[109] Martin P L, Taylor J E. The anatomy of a migration hump [C]. In J. E. E. Taylor(ed.), Development Strategy, Employment, and Migration: Insights from Models. Paris: OECD, Development Centre, 1996, 43—62.

[110] McGee T G, Greenberg C. The emergence of extended metropolitan regions in ASEAN: towards the year 2000[J]. ASEAN Economic Bulletin, 1992, 22—44.

[111] Mcgranahan D A, Kassel K. Rural-urban migration patterns shift[J]. Rural Conditions and Trends, 1995(6):10—13.

［112］McKinsey Global Institute. Preparing for China's urban billion. 2009. http://www. mckinsey. com/insights/urbanization/preparing_for_ urban_billion_in_china. http://www. brookings. edu/research/papers/ 2010/03/china-middle-class-kharas.

［113］McKinsey Global Institute. Urban world: Cities and the rise of the consuming class. 2012. http://www. mckinsey. com/insights/urbani- zation/urban_world_cities_and_the_rise_of_the_consuming_class.

［114］Midgley J. Social Welfare in Global Context, Sage［M］. Thou- sand Oaks, CA, 1997.

［115］Murphy K M, Shleifer A, Vishny R W. Industrialization and the big push［J］. Readings in Development Microeconomics, 2000, 1: 171—196.

［116］Murphy M. The impact of migration on long-term European population trends, 1850 to present［J］. Population & Development Re- view, 2016, 42(2):225—244.

［117］Nguyen C V, Phung Q D. Does firm agglomeration induce mi- gration? Evidence from Vietnam［J］. Economics Bulletin, 2020, 4:3325— 3337.

［118］Northam R M. Urban Geography［M］. 2nd edn. New York: John Wiley & Sons, 1979, 65—67.

［119］Ohlin B. Interregional and International Trade［M］. Cam- bridge: Harvard University Press, 1935.

［120］Paoletti E. The Migration of Power and North-South Inequali- ties［M］. London: Palgrave Macmillan, 2010.

［121］Paparusso A, Ambrosetti E. To stay or to return? Return mi- gration intentions of Moroccans in Italy［J］. International Migration, 2017, 55(6):137—155.

［122］Partridge M D, Rickman D S, Olfert M R, et al. Dwindling US internal migration: evidence of spatial equilibrium or structural shifts in local labor markets? [J]. Regional Science and Urban Economics, 2012, 42(1—2):375—388.

[123] Piotrowski M, Tong Y Y. Straddling two geographic regions: the impact of place of origin and destination on return migration intentions in China[J]. Population, Space and Place, 2013, 19(3):329—349.

[124] Ponce A. Is welfare a magnet for migration? Examining universal welfare institutions and migration flows[J]. Social Forces, 2019, 98(1):245—278.

[125] Pytel S, Rahmonov O. Migration processes and the underlying reasons: a study on pensioner migrants in Poland[J]. Population, Space and Place, 2019, 25(3):1—14.

[126] Quigley J M. Urbanization, agglomeration, and economic development[C]. Urbanization and Growth. 2008, 115.

[127] Radel C, Jokisch B D, Schmook B, et al. Migration as a feature of land system transitions[J]. Current Opinion in Environmental Sustainability, 2019, 38:103—110.

[128] Rao J, Ye J. From a virtuous cycle of rural-urban education to urban-oriented rural basic education in China: an explanation of the failure of China's rural school mapping adjustment policy[J]. Journal of Rural studies, 2016, 47:601—611.

[129] Ravallion M. The developing world's bulging(but vulnerable) "middle class"[C]. World Bank Policy Research Working Paper No. 4816, The World Bank, Washington, DC, 2009.

[130] Robalino J, Jimenez C J, Chacon A. The effect of hydro-meteorological emergencies on internal migration [J]. World Development, 2015, 67:438—448.

[131] Rodgers R H. Toward a theory of family development[J]. Journal of Marriage and the Family, 1964, 262—270.

[132] Rosenthal S, Strange W. Evidence on the Nature and Sources

of Agglomeration Economies[C]. In J. V. Henderson and J.-F. Thisse (eds.), Handbook of Urban and Regional Economics. Vol. 4. Amsterdam: Elsevier, 2014.

[133] Rosenthal S S, Strange W C. The pursuit of opportunity: explaining selective black migration[J]. Journal of Urban Economics, 2002, 51(3):391—417.

[134] Ryoshin M, Ma X X. The Lewis turning point of Chinese economy: comparison with Japanese experience[J]. China Economic Journal, 2010, 3(2):163—179.

[135] Ryoshin M. Economic development and income distribution in Japan: an assessment of the Kuznets hypothesis[J]. Cambridge Journal of Economics, 1998, 22:39—58.

[136] Schmidt-Kallert E. A new paradigm of urban transition: tracing the livelihood strategies of multi-locational households[J]. Die Erde, 2009, 140(3):319.

[137] Serbeh R, Adjei P O.-W. Social networks and the geographies of young people's migration: evidence from independent child migration in Ghana[J]. Journal of International Migration and Integration, 2020, 1:221—240.

[138] Sewell W H, Hauser R M, Alwin D F, Ellegaard D M, Fisher J A. Education, Occupation, and Earnings: Achievement in the Early Career[M]. New York: Academic Press, 1975.

[139] Shen J. Changing patterns and determinants of interprovincial migration in China 1985—2000[J]. Population, Space and Place, 2012, 18(3):384—402.

[140] Shen J. Increasing internal migration in China from 1985 to 2005: institutional versus economic drivers[J]. Habitat International, 2013, 39:1—7.

[141] Shen J F. Counting urban population in Chinese censuses

1953—2000: changing definitions, problems and solutions[J]. Population, Space and Place, 2005, 11(5):381—400.

[142] Shen J F. Estimating urbanization levels in Chinese provinces in 1982—2000[J], International Statistical Review, 2006, 74(1):89—107.

[143] Shi Q, Liu T, Musterd S, et al. How social structure changes in Chinese global cities: synthesizing globalization, migration and institutional factors in Beijing[J]. Cities, 2017, 60:156—165.

[144] Singer H W. The "courbe des populations." A parallel to Pareto's Law[J]. The Economic Journal, 1936, 46(182):254—263.

[145] Stark O, Bloom D E. The new economics of labor migration [J]. The american Economic Review, 1985, 75(2):173—178.

[146] Stark O, David E B. The new economics of labor migration [J]. The American Economic Review, 1985, 173—178.

[147] Stark O, Taylor J E. Migration incentives, migration types: the role of relative deprivation[J]. The Economic Journal, 1991, 1163—1178.

[148] Stark O. Research on rural-to-urban migration in LDCs: the confusion frontier and why we should pause to rethink afresh[J]. World Development, 1982, 10(1):63—70.

[149] Stark O. Tales of migration without wage differentials: individual, family, and community contexts. No. 73. ZEF discussion papers on development policy, 2003.

[150] Stark O. The Migration of Labor[M]. Cambridge and Oxford: Basil Blackwell, 1991.

[151] Tang P, Wang S, Tao W. Temporary home: a case study of a rural-urban migrant family's homemaking practices in Guangzhou, China [J]. Mobilities, 2021, 16(6):843—858.

[152] Taylor C C. Systematic Source Book in Rural Sociology, Vols. I and II[J]. 1932.

[153] Todaro M P. A model of labor migration and urban unemployment in less developed countries[J]. The American Economic Review, 1969, 138—148.

[154] Tong Y, Liu W, Li C, et al. County town shrinkage in China: identification, spatiotemporal variations and the heterogeneity of influencing factors[J]. Journal of Rural Studies, 2022, 95:350—361.

[155] Venables A J. Equilibrium locations of vertically linked industries[J]. International Economic Review, 1996, 341—359.

[156] Vendryes T. Migration constraints and development: Hukou and capital accumulation in China[J]. China Economic Review, 2011, 22(4):669—692.

[157] Wang C, Liu H, Zhang M, et al. The border effect on urban land expansion in China: the case of Beijing-Tianjin-Hebei region[J]. Land Use Policy, 2018, 78:287—294.

[158] Wang W F, Fan C. Success or failure: selectivity and reasons of return migration in Sichuan and Anhui, China. California Center for Population Research, 2006.

[159] Wang X B, Huang J K, Zhang L X, and Rozelle S. The rise of migration and the fall of self employment in rural China's labor market [J]. China Economic Review, 2011, 22(4):573—584.

[160] Wang X B, Weaver N. Surplus labour and Lewis turning points in China[J]. Journal of Chinese Economic and Business Studies, 2013, 11(1):1—12.

[161] Wang Z C, Yang W G. Self-employment or wage-employment: on the occupational choice of return migration in rural China[J]. China Agricultural Economic Review, 2013, 5(2):231—247.

[162] Wells W D, Gubar G. Life cycle concept in marketing research [J]. Journal of Marketing Research, 1966, 3(4):355—363.

[163] Whisler R L, Waldorf B S, Mulligan G F, et al. Quality of life

and the migration of the college-educated: a life-course approach[J]. Growth & Change, 2010, 1:58—94.

[164] Wolfensohn Center for Development at Brookings. The New Global Middle Class: A Cross-over from West to East. 2010.

[165] Xie S, Chen J, Ritakallio V M, et al. Welfare migration or migrant selection? Social insurance participation and rural migrants' intentions to seek permanent urban settlement in China[J]. Urban Studies, 2021, 58(10):1983—2003.

[166] Yang X S. Determinants of migration intentions in Hubei province, China: individual versus family migration[J]. Environment and Planning A, 2000, 32(5):769—788.

[167] Yan X, Bauer S, Huo X. Farm size, land reallocation, and labour migration in rural China[J]. Population, Space and Place, 2014, 20(4):303—315.

[168] Yan X H, Bauer S, Huo X X. Farm size, land reallocation, and labour migration in rural China[J]. Population, Space and Place, 2014, 20(4):303—315.

[169] Ye J, Pan L. Differentiated childhoods: impacts of rural labor migration on left-behind children in China[J]. Journal of Peasant Studies, 2011, 38(2):355—377.

[170] Ye Y M, LeGates R. Coordinating Urban and Rural Development in China: Learning from Chengdu[M]. London: Edward Elgar Press, 2013.

[171] Yuan Z, Wan G, Khor N. The rise of middle class in rural China[J].China Agricultural Economic Review, 2012, 4(1):36—51.

[172] Yuan Z, Wan G, Khor N. The rise of the middle class in the People's Republic of China. ADB(Asian Development Bank). Economics Working Paper, 2011, 247.

[173] Yue Z S, Li S Z, Feldman M W, Du H F. Floating choices: a

generational perspective on intentions of rural-urban migrants in China [J]. Environment and planning A, 2010, 42(3):545.

[174] Yu L. Labour market outcomes, migration intentions of rural-urban migrants and return migration in China[D]. Lethbridge, Alta: University of Lethbridge, c2013.

[175] Zelinsky Z. The hypothesis of the mobility transition[J]. Geographical Review, 1971, 61:219—249.

[176] Zhang P, Bu Z, Wang Y, et al. Education outlay, fiscal transfers and interregional funding equity: a county-level analysis of education finance in China[J]. Value for Money, 2018, 317.

[177] Zhao L. Massive return migration emerging in China[J]. East Asian Policy, 2018, 10(3):75—86.

[178] Zhao M, Chen C. Re-assessing informal migration and urbanization in China[C]. International Conference on Urbanization in China: Challenges and Prospects. Singapore, 2013.

[179] Zheng S, Long F, Fan C C, Gu Y. Urban villages in China: a 2008 survey of migrant settlements in Beijing[J]. Eurasian Geography and Economics, 2009, 50(4):425—446.

[180] Zheng X. The empirical research on public service motivation of civil servants in the basic level government: taking the sub-district offices in Kunming as a case[C]. International Conference on Public Management (ICPM-2013). Atlantis Press, 2013, 13—17.

[181] Zhou J, Arundel R, Zhang S, et al. Intra-national citizenship and dual-hukou strategies among migrant families in China[J]. Habitat international, 2021, 108:102—311.

[182] Zhou J, Hui C M. Housing prices, migration, and self-selection of migrants in China[J]. Habitat International, 2022, 119:102—479.

[183] Zhou X, Cheng M, Ye C. The impact of household migration on the intergenerational educational mobility: based on the perspective of

adolescent development[J]. International Journal of Environmental Research and Public Health, 2023, 20(6):4825.

[184] Zhou Y, Ma L J C. China's urbanization levels: reconstructing a baseline from the fifth population census[J]. China Quarterly, 2003, 173:176—196.

[185] Zhu Y, Chen W. The settlement intention of China's floating population in the cities: recent changes and multifaceted individual—level determinants[J]. Population, Space and Place, 2010, 16(4):253—267.

[186] Zhu Y, Chen W. The settlement intention of China's floating population in the cities:recent changes and multifaceted individual—level determinants[J]. Population, Space and Place, 2010, 16(4):253—267.

[187] Zhu Y, Lin L. Continuity and change in the transition from the first to the second generation of migrants in China: insights from a survey in Fujian[J]. Habitat International, 2014, 42:147—154.

[188] Zhu Y. China's floating population and their settlement intention in the cities:beyond the Hukou reform[J]. Habitat International, 2007, 31(1):65—76.

[189] Zipf G K. Human behavior and the principle of least effort: an introduction to human ecology, 1949.

中文文献

[190] 安东尼·吉登斯.社会的构成[M].李康,李猛译.读书·生活·新知三联书店,1998.

[191] 白南生,李靖.城市化与中国农村劳动力流动问题研究[J].中国人口科学,2008,4:2—10.

[192] 蔡昉.户籍制度改革与城乡 社会福利制度统筹[C].中国人口与劳动问题报告.No.12.社会科学文献出版社,2011,243—258.

[193] 蔡昉.人口红利拐点已现[N].人民日报,2013-1-28.

[194] 蔡昉.刘易斯转折点及其政策挑战[C].中国人口与劳动问题

报告.No.8.社会科学文献出版社,2007.

[195]蔡昉."刘易斯转折点"近在眼前[J].中国社会保障,2007,5:24—26.

[196]蔡昉.人口转变、人口红利与刘易斯转折点[J].经济研究,2010,4:4—13.

[197]陈丙欣,叶裕民.中国流动人口的主要特征及对中国城市化的影响[J].城市问题,2013,3:2—8.

[198]陈晨,赵民.论人口流动影响下的城镇体系发展与治理策略[J].城市规划学刊,2016,1:37—47.

[199]陈晨.劳动力有限供给、有序迁移与城镇化健康发展——中国经济发展的"刘易斯转折点"讨论及启示[C].中国城市规划年会论文集,2011.

[200]陈晨.我国城乡发展的"刘易斯转折点"辨析及延伸探讨——基于湖北省村镇调研的城乡二元关系研究[J].城市规划,2011,11:65—72.

[201]陈锋.改革开放30年我国城镇化进程和城市发展的历史回顾和展望[J].规划师,2009,1:10—12.

[202]陈锋.农村"代际剥削"的路径与机制[J].华南农业大学学报(社会科学版),2014,13(2):49—58.

[203]陈刚.流动人口进入对本地劳动力市场的影响[J].经济学动态,2016,12:50—60.

[204]陈广汉,张光南.中国劳动力市场的二元结构及其工资差异研究[J].中山大学学报(社会科学版),2010,1:8.

[205]陈景信.中国区域创业绩效差异及其影响因素——基于空间计量模型的实证分析[J].商业研究,2020,12:44—52.

[206]陈良文,杨开忠,吴姣.中国城市体系演化的实证研究[J].江苏社会科学,2007,1:81—88.

[207]陈明星,陆大道,查良松.中国城市化与经济发展水平关系的国际比较[J].地理研究,2009,28(2):464—474.

［208］陈明星,唐志鹏,白永平.城市化与经济发展的关系模式——对钱纳里模型的参数重估[J].地理学报,2013,68(6):739—749.

［209］陈明星,叶超,周义.城市化速度曲线及其政策启示[J].地理研究,2011,30(8):1549—1507.

［210］陈双,周锐,高峻.基于腾讯迁徙大数据的长三角城市群春运人口流动时空特征[J].人文地理,2020,35(4):130—138.

［211］陈思创,曹广忠,刘涛.中国农业转移人口的户籍迁移家庭化决策[J].地理研究,2022,41(5):1227—1244.

［212］陈天惠,刘盛和.我国人口流动研究综述[J].安徽农业科学,2009,30:14940—14942,14948.

［213］陈彦光,周一星.城市化 Logistic 过程的阶段划分及其空间解释:对 Northam 曲线的修正与发展.经济地理,2005,25(6):818—822.

［214］陈彦光,周一星.豫北地区城镇体系空间结构的多分形研究[J].北京大学学报(自然科学版),2001,37(6):810—818.

［215］陈彦光.城市化与经济发展水平关系的三种模型及其动力学分析[J].地理科学,2011,31(1):1—6.

［216］陈英姿,赵玉港,胡亚琪.社会融合视角下中国老年流动人口定居意愿的影响因素[J].人口研究,2022,46(1):97—112.

［217］陈钊,万广华,陆铭.行业间不平等:日益重要的城镇收入差距成因——基于回归方程的分解[J].中国社会科学,2010,3:65—76.

［218］程遥,杨博,赵民.我国中部地区城镇化发展中的若干特征与趋势——基于皖北案例的初步探讨[J].城市规划学刊,2011,2:67—76.

［219］仇保兴.新型城镇化:从概念到行动[J].行政管理改革,2012,11.

［220］仇保兴.关于城市化的若干问题[J].宏观经济研究,1999,4:12—17.

［221］崔功豪,马润潮.中国自下而上城市化的发展及其机制[J].地理学报,1999,54(2).

［222］崔功豪.近十年来中国城市化研究的进展[J].地域研究与开

发,1989,8(1):1—5.

[223] 崔征,牟文强."闯关东"移民文化对东北经济的影响及对策分析[J].广西质量监督导报,2019,6:182—183.

[224] 代合治.中国城市规模分布类型及其形成机制研究[J].人文地理,2001,16(5):40—43,57.

[225] 单卓然,黄亚平."新型城镇化"概念内涵、目标内容、规划策略及认知误区解析[J].城市规划学刊,2013,2.

[226] 邓峰,丁小浩.人力资本、劳动力市场分割与性别收入差距[J].社会学研究,2012,5:24—26.

[227] 段成荣,吕利丹,邹湘江.当前我国流动人口面临的主要问题和对策——基于2010年第六次全国人口普查数据的分析[J].人口研究,2013,2:17—24.

[228] 段成荣,杨舸,张斐等.改革开放以来我国流动人口变动的九大趋势[J].人口研究,2008,6:30—43.

[229] 段成荣.流动人口对城市社会经济发展的影响[J].科技导报,1997,4:62—64.

[230] 段龙龙.新型城镇化与乡村振兴协同发展路径:逆城镇化视角[J].现代经济探讨,2021,5:10—16.

[231] 樊佩佩.从"居住权"到"发展权":大城市住房产权多元化与新市民居住正义的实现[J].学海,2021,6:102—108.

[232] 冯丹萌,许天成,万君."新村民"的概念界定、时代特征及政策回应[J].农村经济,2022,3:67—76.

[233] 冯健,周一星.南京市流动人口研究[J].城市规划,2001,1:16—22.

[234] 高潮.中国城镇化转型:难点·拐点·重点[J].建设科技,2013,5.

[235] 高强,程长明,曾恒源.以县城为载体推进新型城镇化建设:逻辑理路与发展进路[J].新疆师范大学学报(哲学社会科学版),2022,43(6):61—71+2.

[236] 高志刚.区域经济差异理论述评及研究新进展[J].经济师,2002,2:38—39.

[237] 辜胜阻,刘传江.中国人口流动与城镇化的理论思考和政策选择[J].人口研究,1996,3:1—4.

[238] 辜胜阻.中国自下而上城市化的制度分析[J].中国社会科学,1998a,2:60—70.

[239] 古春晓.新型城镇化——绿色城镇化——全国政协委员、住房和城乡建设部副部长仇保兴谈城镇化转型[J].建设科技,2013,5.

[240] 古恒宇,覃小玲,沈体雁.中国城市流动人口回流意愿的空间分异及影响因素[J].地理研究,2019,38(8):14.

[241] 顾朝林,蔡建明.中国大中城市流动人口迁移规律研究[J].地理学报,1999,3:204—212.

[242] 顾朝林,陈金永.大城市户籍应该逐步放开[J].城市发展研究,2001,8(6):25—33.

[243] 顾朝林,陈璐等.全球化与重建国家城市体系设想[J].地理科学,2005,25(6):641—653.

[244] 顾朝林,吴莉娅.中国城市化问题研究综述 I[J].城市与区域规划研究,2008a,2:104—147.

[245] 顾朝林.论中国当代城市化的基本特征[J].城市观察,2012,3:12—19.

[246] 顾朝林.中国城市化格局·过程·机理[M].科学出版社,2008.

[247] 郭克莎.工业化与城市化关系的经济学分析[J].中国社会科学,2002,2:2.

[248] 郭熙保.和谐社会的发展之路——从库兹涅茨假说谈起[C].全国高校社会主义经济理论与实践研讨会第 21 次年会,2007.

[249] 国际欧亚科学院中国科学中心.中国城市状态报告 2012/2013[M].外文出版社,2012.

[250] 国家人口和计划生育委员会流动人口服务管理司.中国流动

人口发展报告 2010/2011/2012/2013［M］.中国人口出版社,2010/2011/
2012/2013.

［251］国家人口和计划生育委员会流动人口服务管理司.中国流动
人口发展报告 2020/2024［M］.中国人口出版社,2020/2024.

［252］国家统计局.2012 年全国农民工监测调查报告.2013-05-27.
http://www.stats.gov.cn/tjfx/jdfx/t20130527_402899251.htm.

［253］国家统计局.2013 年全国农民工监测调查报告.2014.http://
www.stats.gov.cn/tjsj/zxfb/201405/t20140512_551585.html.

［254］国家统计局农村社会经济调查司.中国建制镇统计年鉴 2010
［M］.中国统计出版社,2010.

［255］国务院.国家新型城镇化规划（2014—2020）.2014-10-05.
http://www.gov.cn/zhengce/2014-03/16/content_2640075.htm.

［256］国务院人口普查办公室,国家统计局人口和就业司.中国 2010
年人口普查资料(电子版).2012.

［257］郝晋伟,赵民."中等收入陷阱"之"惑"与城镇化战略新思维
［J］.城市规划学刊,2013,5:6—13.

［258］何鹤鸣,张京祥.转型环境与政府主导的城镇化转型［J］.城市
规划学刊,2011,6:36—43.

［259］何熠华,杨菊华.安居还是寄居？不同户籍身份流动人口居住
状况研究［J］.人口研究,2013,6:17—34.

［260］何宇鹏,张同升.人口流动和中国城镇化的空间分布［J］.中国
劳动经济学,2007,2:88—100.

［261］贺雪峰.大城市的"脚"还是乡村的"脑"？ ——中西部县域经
济与县域城镇化的逻辑［J］.社会科学辑刊,2022,5:55—62.

［262］侯红娅,杨晶,李子奈.中国农村劳动力迁移意愿实证分析［J］.
经济问题,2004,7.

［263］侯玉娟.人口流动与农村消费可持续发展研究——基于电子
商务的调节作用［J］.商业经济研究,2021(17):60—63.

［264］黄婕.城市流动人口教育水平的相关性探究［J］.城市地理,

2016,5X:2.

[265] 黄乾.农民工定居城市意愿的影响因素——基于五城市调查的实证分析[J].山西财经大学学报,2008,4:21—27.

[266] 霍利斯·钱纳里,莫伊斯·赛尔昆.发展的型式:1950—1970[M].李新华,徐公理,迟建平译.经济科学出版社,1988.

[267] 姜俊丰.时空分异视角下的社会经济地位与流动人口长期定居意愿[J].人口与发展,2022,28(4):2—14.

[268] 姜晓晖.空间不匹配带来城市收缩的三重逻辑——制度空间位移、政策空间悖论与行为空间失衡[J].人文地理,2021,36(6):87—95.

[269] 蒋宇阳.从"半工半耕"到"半工伴读"——教育驱动下的县域城镇化新特征[J].城市规划,2020,44(1):35—43+71.

[270] 解永庆,缪杨兵,曹广忠.农民工就业空间选择及留城意愿代际差异分析[J].城市发展研究,2014,4:92—97.

[271] 靳小怡,刘诗奇,杜海峰等.新型城镇化研究的关键问题:农业转移人口的家庭功能与可持续发展[J].西安交通大学学报(社会科学版),2023,43(4):23—35.

[272] 景晓芬,马凤鸣.生命历程视角下农民工留城与返乡意愿研究——基于重庆和珠三角地区的调查[J].人口与经济,2012,3.

[273] 黎煦.刘易斯转折点与劳动力保护[J].首都经济贸易大学学报,2007(4):60—66.

[274] 李春玲.如何定义中国中产阶级:划分中国中产阶级的三个标准[J].学海,2013,3:62—71.

[275] 李聪,宗会明,肖磊.中国典型人口流出地区人口流动格局——以川渝地区为例[J].热带地理,2021,41(3):12.

[276] 李峰峰,周意.城市化理论二元结构分析框架文献述评[J].城市规划,2005,29.7:47—51.

[277] 李昊.劳动力流动对流入地区及流出地区城乡收入差距的影响[D].厦门大学,2012.

[278] 李浩,王婷琳.新中国城镇化发展的历史分期问题研究[J].城

市规划学刊,2012,6:4—13.

[279] 李红,张珺,欧晓静.边境省区县域城镇化与人口迁移的时空演变及机制分析——以广西为例[J].热带地理,2017,37(2):163—173.

[280] 李吉品,郭晓光.东北跨省流出人口的家庭化迁移及其影响因素研究[J].人口学刊,2018,40(2):105—113.

[281] 李茂,张真理.中国城市系统位序规模分布研究[J].中国市场,2014,36:12—31.

[282] 李明.对我国城市化动力机制的研究[D].西南财经大学,2006.

[283] 李楠.农村外出劳动力留城与返乡意愿影响因素分析[J].中国人口科学,2010,6.

[284] 李强.改革开放30年来中国社会分层结构的变迁[J].北京社会科学,2008,5:7.

[285] 李强.影响中国城乡流动人口的推力与拉力因素分析[J].中国社会科学,2003,1(5):125—136.

[286] 李树茁.中国80年代的区域经济发展和人口迁移的研究[J].人口与经济,1994,3:3—8+16.

[287] 李欣,吴志强.城镇化诺瑟姆曲线的新发现:局限、修正与精化[J].城市规划学刊,2023,3:19—26.

[288] 李燕凌,温馨.推进以县城为重要载体的城镇化建设:新发展格局中的战略选择[J].中国行政管理,2022,5:6—12.

[289] 李永杰,杨本建.中国特色的刘易斯转折点与城乡劳动力市场一体化的路径选择[J].华南师范大学学报(社会科学版),2008,2:24—31.

[290] 李永萍."一家三制":教育城镇化背景下的亲代陪读与农民家庭形态调适[J].经济社会体制比较,2022c,6:75—84.

[291] 李永萍.功能性家庭:农民家庭现代性适应的实践形态[J].华南农业大学学报(社会科学版),2018,17(2):44—60.

[292] 李永萍.家庭策略视角下的农民教育观念及其地区差异——基于江浙地区与西南地区的比较[J].暨南学报(哲学社会科学版),2022a,44(7):100—110.

[293] 李永萍.家庭代际分工与农村妇女地位提升[J].华中农业大学学报(社会科学版),2022d,3:157—166.

[294] 李永萍.家庭发展能力:理解农民家庭转型的一个视角[J].社会科学,2022b,1:94—107.

[295] 李永萍.市场区位:理解农民家庭结构差异的一个视角[J].理论月刊,2023a,7:93—101.

[296] 李永萍.新家庭主义:转型期中国农村家庭伦理形态分析[J].内蒙古社会科学,2023b,44(4):171—179.

[297] 李勇,王莉.劳动力市场分割与滞后城镇化:理论与经验证据[J].经济问题探索,2017,10:88—96.

[298] 李玉文,侯新烁,李五荣.人口双向集散对县域城镇化的影响及其空间梯度[J].经济地理,2021,41(9):91—102.

[299] 李震,顾朝林,姚士媒.当代中国城镇体系地域空间结构类型定量研究[J].地理科学,2006,26(5):544—550.

[300] 联合国人口司.世界城市化展望[DB/OL].2009.

[301] 梁进社,王旻.城市用地与人口的异速增长和相关经验研究[J].地理科学,2002,22(6):649—654.

[302] 梁明.中国城市化水平地区差异若干问题研究述评[J].理论界,2007,4:9—11.

[303] 林善浪,王健.家庭生命周期对农村劳动力转移的影响分析[J].中国农村观察,2010,1:25—33+94—95.

[304] 林艳,蔡文炎.浅谈我国就业的城乡统筹战略——基于刘易斯模型和托达罗模型[J].政策研究,2010,1:17—18.

[305] 林毅夫.新结构经济学——重构发展经济学的框架[J].经济学,2010,1:1—31.

[306] 刘彩云,高向东,王新贤.大城市流动人口迁移距离及其影响因素研究——以上海为例[J].西北人口,2020,41(3):1—11.

[307] 刘超.城镇化进程中的农民家庭策略与发展型家庭秩序——基于"一家三制"的讨论[J].宁夏社会科学,2022,1:161—167.

[308] 刘超芹.城市化进程中省际流动人口特征分析[D].西南财经大学,2013.

[309] 刘传江,徐建玲.第二代农民工及其市民化研究[J].中国人口.资源与环境,2007,1.

[310] 刘传江,郑凌云.城镇化与城乡可持续发展[M].科学出版社,2004.

[311] 刘传江.论城市化的生成机制[J].经济评论,1998a,5:57—62.

[312] 刘传江.中国自下而上城市化发展的制度潜力与创新[J].城市问题,1998b,3:11—14.

[313] 刘豪兴.农村社会学(第2版)[M].中国人民大学出版社,2008.

[314] 刘洪银.从中国农业发展看刘易斯转折点[J].西北人口,2009,4:15—18.

[315] 刘继来,刘彦随,李裕瑞等.2007—2015年中国农村居民点用地与农村人口时空耦合关系[J].自然资源学报,2018,33(11):1861—1871.

[316] 刘继生,陈涛.东北地区城市体系空间结构的分形研究[J].地理科学,1995(2).

[317] 刘建进.中国经济发展是否已经走到"刘易斯拐点"[J].中国社会科学院院报,2007.

[318] 刘降斌,刘秋明.房地产价格、人口流动以及城镇化水平相互作用机制研究[J].哈尔滨商业大学学报(社会科学版),2021,3:3—17.

[319] 刘君德,汪宇明.制度与创新——中国城市制度的发展与改革新论[M].东南大学出版社,2000.

[320] 刘君德.学习贯彻十六届五中全会精神推进我国行政区划体制改革健康发展[J].经济地理,2006,1:3—5.

[321] 刘丽娟.县域城镇化的区域差异及高质量发展路径[J].北京工业大学学报(社会科学版),2023,23(5):65—76.

[322] 刘丽娟.新生代农民工就近城镇化形成机制、实践基础及发展

路径[J].重庆社会科学,2020,10:18—31.

[323] 刘铭秋.人口跨域流动中的国家意志、制度惯性及融合治理[J].深圳大学学报(人文社会科学版),2022,39(5):112—121.

[324] 刘守英,章元."刘易斯转折点"的区域测度与战略选择:国家统计局7万户抽样农户证据[J].改革,2014,5:75—81.

[325] 刘涛,卓云霞,彭荣熙等.基于城乡人口变动视角的中国城镇化地域类型时空演变[J].地理学报,2022,77(12):3006—3022.

[326] 刘涛,卓云霞.中国县级人口变动的空间格局及影响因素——基于第七次全国人口普查数据的新探索[J].人口研究,2022,46(6):72—87.

[327] 刘彦随,杨忍,林元城.中国县域城镇化格局演化与优化路径[J].地理学报,2022,77(12):2937—2953.

[328] 刘竹阳,陈晨.我国人口流动的总体特征、空间格局及成因机制讨论(2000—2020年)[C].中国城市规划学会.人民城市,规划赋能——2023中国城市规划年会论文集(14区域规划与城市经济).同济大学建筑与城市规划学院,2023,16.

[329] 刘竹阳,陈晨.近30年来国内外人口流动的研究热点,进程和展望——基于CiteSpace的图谱量化分析[J].上海城市规划,2024,3:94—101.

[330] 龙瀛,吴康.中国城市化的几个现实问题:空间扩张、人口收缩、低密度人类活动与城市范围界定[J].城市规划学刊,2016,228(2):72—77.

[331] 卢锋.中国农民工工资走势:1979—2010[J].中国社会科学,2012,7:47—67.

[332] 卢青青.半工半家:农村妇女非正规就业的解释[J].农林经济管理学报,2021,20(3):402—410.

[333] 卢青青.家庭自主性与农民城市化的实践类型[J].农业经济问题,2020,10:135—144.

[334] 陆大道,薛凤旋.中国区域发展报告[M].商务印书馆,1997.

[335] 陆铭,李鹏飞.区位与分工:论统一大市场建设下的县域城镇化[J].农业经济问题,2023,517(1):18—28.

[336] 陆学艺.当代中国社会阶层研究报告[M].社会科学文献出版社,2001.

[337] 罗奎,方创琳,马海涛.基于生产函数视角的城镇化动力机制研究[J].地理科学,2017,37(3):394—399.

[338] 罗霞,王春光.新生代农村流动人口的外出动因与行动选择[J].浙江社会科学,2003,1:109—113.

[339] 罗震东,何鹤鸣.新自下而上进程——电子商务作用下的乡村城镇化[J].城市规划,2017,41(3):31—40.

[340] 罗震东.中国当前的行政区划改革及其机制[J].城市规划,2005,8:29—35.

[341] 马慧强,廉倩文,韩增林等.基本公共服务—城镇化—区域经济耦合协调发展时空演化[J].经济地理,2020,40(5):19—28.

[342] 马建堂.城镇化将进一步带动投资消费需求[N].中国日报网,2013-07-17. http://www. chinadaily. com. cn/hqcj/zgjj/2013-07-17/content_9604953.html.

[343] 宁越敏,李健.让城市化进程与经济社会发展相协调——国外的经验与启示[J].求是,2005,6:61—63.

[344] 宁越敏.90 年代上海流动人口分析[J].人口与经济,1997,9—16.

[345] 宁越敏.城市化原理[C].许学强,周一星,宁越敏编著.城市地理学[M].高等教育出版社,1997a.

[346] 宁越敏.新城市化进程:90 年代中国城市化动力机制和特点探讨[J].地理学报,1998,23(5):470—477.

[347] 宁越敏.中国城市化特点,问题及治理[J].南京社会科学,2012,10(19):7.

[348] 宁越敏.城市化研究的社会理论基础评述[J].城市问题,1990,1:18—22.

[349] 彭震伟,陆嘉.基于城乡统筹的农村人居环境发展[J].城市规划,2009,5:66—68.

[350] 彭震伟.改革城乡土地制度统筹解决农民工住房问题[J].城市规划,2012,3:15—16.

[351] 彭震伟.新型城镇化模式下的城乡统筹发展[J].时代建筑,2013,6:18—21.

[352] 钱振明.县城城镇化趋势与县城公共服务供给强化之路径[J].中国行政管理,2022,7:23—28.

[353] 上海同济城市规划设计研究院.《南阳市新型城镇体系规划》课题报告,2012.

[354] 邵岑,张翼."八零前"与"八零后"流动人口家庭迁移行为比较研究[J].青年研究,2012,4:1—11.

[355] 沈建法.1982年以来中国省级区域城市化水平趋势[J].地理学报,2005,60(4):607—614.

[356] 沈映春,王逸琪.京津冀人口流动与经济增长关系的实证分析与政策建议[J].经济纵横,2019,5:94—101.

[357] 盛来运.国外劳动力迁移理论的发展[J].统计研究,2005,8:72—73.

[358] 施德浩,陈浩,于涛.城市要素下乡与乡村治理变迁——乡村振兴的路径之辩[J].城市规划学刊,2019,6:107—113.

[359] 施德浩.家庭再叙事与教育资本化——微观视角下县域城镇化兴起的家庭、制度与空间[J].城市规划,2022,46(7):55—67.

[360] 石智雷.国外迁移劳动力回流理论研究述评[J].人口与发展,2013,1:29—37.

[361] 苏红键.中国县域城镇化的基础、趋势与推进思路[J].经济学家,2021,5:110—119.

[362] 速水佑次郎,神门善久.发展经济学——从贫困到富裕[M].社会科学文献出版社,2005.

[363] 孙敏.中国农民城镇化的实践类型及其路径表达——以上海、

宁夏、湖北三省（区、市）农民进城为例[J].中国农村经济,2017,7:44—55.

[364] 孙施文.中国的城市化之路怎么走？[J].城市规划学刊,2005,3.

[365] 谈明洪,范存会.Zipf 维数和城市规模分布的分维值的关系探讨[J].地理研究,2004,23(2):6.

[366] 同济大学—华中科技大学课题组.《湖北省城镇化与城镇发展战略研究》课题报告,2010.

[367] 涂正革,叶航,谌仁俊.中国城镇化的动力机制及其发展模式[J].华中师范大学学报(人文社会科学版),2016,55(5):44—54.

[368] 王春兰,丁金宏.流动人口迁居行为分析——以上海市闵行区为例[J].南京人口管理干部学院学报,2007,4.

[369] 王道铖.城市化,城市偏向对城乡收入差距影响的研究[D].山东财经大学,2014.

[370] 王德,彭雪辉.走出高城市化的误区——日本地区城市化发展过程的启示[J].城市规划,2004,11:29—34.

[371] 王德,叶晖.1990 年以后的中国人口迁移研究综述[J].人口学刊,2004,143(1):40—46.

[372] 王甫勤.人力资本,劳动力市场分割与收入分配[J].社会,2010,1:109—126.

[373] 王桂新,潘泽瀚,陆燕秋.中国省际人口迁移区域模式变化及其影响因素——基于 2000 和 2010 年人口普查资料的分析[J].中国人口科学,2012,5.

[374] 王桂新,沈建法,刘建波.中国城市农民工市民化研究——以上海为例[J].人口与发展,2008,1.

[375] 王桂新.1990 年代后期我国省际人口迁移区域模式研究[J].市场与人口分析,2003,4:1—10.

[376] 王桂新.中国经济体制改革以来省际人口迁移区域模式及其变化[J].人口与经济,2000,3:8—16＋22.

[377] 王桂新.中国人口流动与城镇化新动向的考察——基于第七

次人口普查公布数据的初步解读[J].人口与经济,2021,5:36—55.

[378] 王洪亮.河南省农村人口流出的成因、影响及对策研究[J].管理学刊,2018,31(5):46—56.

[379] 王建军,吴志强.城镇化发展阶段划分[J].地理学报,2009,64(2):12.

[380] 王婧雯,朱宇,林李月等.城—城流动人口统计口径的改进与新口径下的流动特征和影响因素[J].地理科学进展,2023,42(3):464—477.

[381] 王军.人口负增长背景下人口规模巨大的现代化及其人口发展战略[J].开放时代,2023,4:13—25.

[382] 王凯,李凯,刘涛.中国城市流动人口市民化空间分异与治理效率[J].城市规划,2020,44(6):22—30+112.

[383] 王凯风,陈利锋.新型城镇化进程中城乡收入差距的动态演化——基于含人口流动机制的二元DSGE模型[J].管理现代化,2018,38(3):40—44.

[384] 王利兵.家庭策略视角下的农民分家方式探讨——基于闽南北山村的考察[J].民俗研究,2013,5:140—146.

[385] 王利文.新时期我国城镇化进程中人口流动问题的对策分析[D].湖北大学,2011.

[386] 王良举,陈甬军.考虑基础设施因素的集聚经济效应估计——基于中国地级区域动态面板数据的实证研究[J].云南财经大学学报,2014,2:27—37.

[387] 王梅婷,周景彤.我国人口流动的新特征新变化[J].宏观经济管理,2022,6:30—37+45.

[388] 王宁.地方分层、人才流动与城市人才吸引力——"地理流动与社会流动"理论探究之二[J].同济大学学报(社会科学版),2014,25(6):47—55.

[389] 王培安、陈晨.功能家庭视角下我国县域城镇化的区域分异研究[J].上海城市规划,2024,2:90—97.

[390] 王瑞成.近世转型时期的城市化——中国城市史学基本问题初探[J].史学理论研究,1996,4:5—19.

[391] 王旭清.寒门温室:城镇化中农家子弟教育的家庭参与机制[J].中国青年研究,2021,12:98—105.

[392] 王亚男,冯奎,郑明媚.中国城镇化未来发展趋势——2012年中国城镇化高层国际论坛会议综述[J].城市发展研究,2012,6.

[393] 王亚楠,向晶,钟甫宁.劳动力回流、老龄化与"刘易斯转折点"[J].农业经济问题,2020,12:4—16.

[394] 王玉君.农民工城市定居意愿研究——基于十二个城市问卷调查的实证分析[J].人口研究,2013,4:19—32.

[395] 王月菊.人口迁移理论[R].2010.

[396] 王云,马丽,刘毅.城镇化研究进展与趋势——基于CiteSpace和HistCite的图谱量化分析[J].地理科学进展,2018,37(2):239—254.

[397] 尉建文,张网成.农民工留城意愿及影响因素——以北京市为例[J].北京工业大学学报(社会科学版),2008,1.

[398] 魏传光.中国农村家庭"恩往下流"现象的因果链条分析[J].内蒙古社会科学(汉文版),2011,32(6):140—144.

[399] 魏后凯,李玏,杨沫.东北县域人口流失的特征、原因及应对措施[J].社会科学战线,2022,8:89—95.

[400] 魏建飞,刘晓阳,丁志伟.中国中部地区城镇体系规模结构演变[J].地域研究与开发,2019,38(2):66—72.

[401] 吴帆.中国家庭功能变化与家庭发展能力建设[J].人口与计划生育,2017,9:35—37.

[402] 吴帆.中国流动人口家庭的迁移序列及其政策涵义[J].南开学报(哲学社会科学版),2016,4:103—110.

[403] 吴宏洛,王来法.城市化与就业结构偏差的相关性分析[J].东南学术,2004,1:7.

[404] 吴颖.高学历青年流动人口定居意愿及影响因素研究——以北京、上海为例[J].财讯,2019,12:2.

[405] 吴惠芳,吴云蕊,陈健.陪读妈妈:性别视角下农村妇女照料劳动的新特点——基于陕西省 Y 县和河南省 G 县的调查[J].妇女研究论丛,2019,4:28—38.

[406] 吴要武."刘易斯转折点"来临:我国劳动力市场调整的机遇[J].开放导报,2007,6:50—56.

[407] 吴幽.人口流动、代际收入差距与消费弹性——基于中国微观数据库的实证[J].商业经济研究,2021,24:60—63.

[408] 吴予敏.城市公共文化服务的结构二重性和社会行动者——以吉登斯结构化理论为视角[J].学术研究,2016,10:44—50+177.

[409] 吴宇哲,任宇航.以县城为重要载体的新型城镇化建设探讨——基于集聚指数的分析框架[J].郑州大学学报(哲学社会科学版),2021,54(6):65—71.

[410] 吴志强,杨秀,刘伟.智力城镇化还是体力城镇化——对中国城镇化的战略思考[J].城市规划学刊,2015,1:15—23.

[411] 吴志强.半城镇化的思考.同济·城市高峰论坛暨第 2 届金经昌中国青年规划师创新论坛,2012.

[412] 伍山林.刘易斯模型适用性考察[J].财经研究,2008,8:4—16.

[413] 仵宗卿,戴学珍,杨吾扬.帕雷托公式重构及其与城市体系演化[J].人文地理,2000,15,1:15—19.

[414] 武常岐,张昆贤,陈晓蓉.传统制造业企业数字化转型路径研究——基于结构与行动者视角的三阶段演进模型[J].山东大学学报(哲学社会科学版),2022,4:121—135.

[415] 习近平.高举中国特色社会主义伟大旗帜　为全面建设社会主义现代化国家而团结奋斗——在中国共产党第二十次全国代表大会上的报告[M].人民出版社,2022,31—32.

[416] 夏璐.分工与优先次序——家庭视角下的乡村人口城镇化微观解释[J].城市规划,2015,39(10):66—74.

[417] 夏柱智,贺雪峰.半工半耕与中国渐进城镇化模式[J].中国社会科学,2017,12:117—137+207—208.

[418] 肖倩.城乡制度一体化:破解农民工市民化进程中的制度性障碍[J].中共浙江省委党校学报,2016,32(2):91—98.

[419] 肖艳平.我国城市流动人口定居意愿及影响因素实证分析[D].浙江大学,2012.

[420] 谢周亮.户籍歧视对劳动报酬差异的影响[J].开放导报,2008,6.

[421] 新型城镇化怎样打开困局?——专访中国人民大学教授彭真怀新型城镇化[J].小城镇建设,2013,3.

[422] 熊波,石人炳.农民工定居城市意愿影响因素——基于武汉市的实证分析[J].南方人口,2007,2.

[423] 许学强,周一星,宁越敏.城市地理学(第2版)[M].高等教育出版社,2009.

[424] 许学强.我国城市体系的演变和预测[J].中山大学学报(哲社版),1982,3:40—49.

[425] 闫永涛,冯长春.中国城市规模分布实证研究[J].城市问题,2009,5:15—16.

[426] 杨静慧.家庭结构调适:进城务工农民的家庭策略实践[J].学术界,2017,9:167—175+328.

[427] 杨小凯.经济学—新兴古典与新古典框架[M].社会科学文献出版社,2003.

[428] 杨晓娇,王效科.中国城市化速度区域差异及其主要影响因素分析[J].生态科学,2019,38(3):36—44.

[429] 杨阳.城市化进程中的就业结构转换:以云南省为例[D].云南财经大学,2011.

[430] 姚上海.结构化理论视阈下农民工社会角色转型问题研究[J].学术论坛,2010,8:20—24.

[431] 叶超,于洁.迈向城乡融合:新型城镇化与乡村振兴结合研究的关键与趋势[J].地理科学,2020,40(4):528—534.

[432] 叶嘉安,徐江,易虹.中国城市化的第四波[J].城市规划,2006,

增-D1:13—18.

[433]叶裕民,黄壬侠.中国流动人口特征与城市化政策研究[J].中国人民大学学报,2004,2.

[434]叶裕民.中国城市化之路[M].商务印书馆,2001.

[435]易鹏.中国对转变经济发展方式动真格,制度提升调整效率[N].经济参考报(第7版).2009-12-09.

[436]殷江滨,李郇.中国人口流动与城镇化进程的回顾与展望[J].城市问题,2012,12.

[437]于浚湜.我国东北地区农村剩余劳动力转移问题研究[D].吉林大学,2010.

[438]余杰,赵伟.县城城镇化:载体功能、梯度格局与建设路径[J].城市问题,2022,11:14—23.

[439]郁海文,陈晨,赵民.新型农村社区建设的规划研究——以中原某市农村地区为例[J].城市规划学刊,2014,3:1—14.

[440]袁梦,杨华.农民县域城镇化的实践逻辑与社会风险[J].城市问题,2022,7:24—32.

[441]张贯磊.功能性家庭秩序:"两边开门"婚姻模式的代际干预及其内在张力[J].西北农林科技大学学报(社会科学版),2023,2(31):118—126.

[442]张杭,架敬东和徐志刚等.农村发达地区外来劳动力移民倾向影响因素分析[J].中国人口科学,1999,5:45—50.

[443]张建雷.接力式进城:代际支持与农民城镇化的成本分担机制研究——基于皖东溪水镇的调查[J].南京农业大学学报(社会科学版),2017,17(5):10—20+150.

[444]张捷,外向型工业化与二元经济结构的转变——对珠三角产业结构转型的思考[J],学术研究,2008,7:69—75.

[445]张锦宗,朱瑜馨,曹秀婷.1990—2000年中国城市体系演变研究[J].城市发展研究,2008,4:84—90.

[446]张京祥,范朝礼.试论行政区划调整与推进城市化[J].城市规

划汇刊,2002,5:25—28.

[447] 张京祥.对我国城市化研究的再考察[J].地理科学,1998,18(6):555—560.

[448] 张景华.城市化驱动经济增长的机制与实证分析[J].财经科学,2007,5:47—54.

[449] 张立.新时期"小城镇大战略"——试论人口高输出地区的小城镇发展机制[J].城市规划学刊,2012,1.

[450] 张立.城镇化新形势下的城乡(人口)划分标准讨论[J].城市规划学刊,2011,2:77—85.

[451] 张立.1980 年代以来我国区域城市化差异的演变——及其影响因素[J].城市规划,2010,5:9—17.

[452] 张蔚文,麻玉琦.我国县城分类建设发展思路[J].宏观经济管理,2022,4:20—25.

[453] 张文娟,陈露.2000—2020 年中国人口老龄化及其区域不平衡性的演变[J].人口与社会,2023,39(4):1—16.

[454] 张晓青.国际人口迁移理论述评[J].人口学刊,2001,3.

[455] 张雪霖.城市化背景下的农村新三代家庭结构分析[J].西北农林科技大学学报(社会科学版),2015,15(5):120—126.

[456] 张雪霖.代际责任与家庭发展能力的区域差异研究[J].南京农业大学学报(社会科学版),2020,20(6):43—52.

[457] 张一晗.教育变迁与农民"一家三制"家计模式研究[J].中国青年研究,2022,2:61—69.

[458] 张屹山,胡茜.产业结构调整、人口结构转变与潜在经济增长率[J].东南大学学报(哲学社会科学版),2016,18(2):94—102＋148.

[459] 张颖,赵民.论城市化与经济发展的相关性——对钱纳里研究成果的辨析与延伸[J].城市规划汇刊,2003,4:10—18.

[460] 张宇,徐铎轩.城乡协同目标下东北地区农村中小学空间潜力挖掘[J].当代建筑,2020,11:3.

[461] 张宗坪."刘易斯拐点在我国已经出现"证伪——"民工荒"假

象分析[J].山东经济,2008,3:61—65.

[462] 章铮.进城定居还是回乡发展?——民工迁移决策的生命周期分析[J].中国农村经济,2006,7:21—29.

[463] 赵国珍.再论新农村建设中的劳动力流动——基于刘易斯、托达罗人口流动模型的分析框架[J].学术交流,2008,5:107—111.

[464] 赵红军,尹伯成,孙楚仁.交易效率、工业化与城市化——一个理解中国经济内生发展的理论模型与经验证据[J].经济学(季刊),2006,5(4):26.

[465] 赵民,陈晨,郁海文."人口流动"视角的城镇化及政策议题[J].城市规划学刊,2013,2:1—9.

[466] 赵民,陈晨.我国城镇化的现实情景、理论诠释及政策思考[J].城市规划,2013,12:9—21.

[467] 赵倩."收缩型县城"的人口城镇化研究——以我国东北地区岫岩县为例[J].城市建筑,2021,18(12):16—19+40.

[468] 赵群毅,周一星,王茂军.近20年来我国城镇化发展速度的省区间比较—基于"五普"口径的修正[J].经济地理,2005,25(5):632—637.

[469] 赵艳枝.外来人口的定居意愿与合理流动——以北京市顺义区外来人口为例[J].南京人口管理干部学院学报,2006,4:17—53.

[470] 赵燕.新迁移经济学对研究我国农村劳动力转移问题的适用性分析[J].经济研究导刊,2011,11:8—10.

[471] 周一星,史育龙.解决我国城乡划分和城镇人口统计的新思路[J].统计研究,1993,10:55—61.

[472] 周一星,田帅.以"五普"数据为基础对我国分省城镇化水平数据修补[J].统计研究,2006,1:62—65.

[473] 周一星,于海波.中国城市人口规模结构的重构(二)[J].城市规划,2004,28(8):33—42.

[474] 周一星.城市化与国民生产总值关系的规律性探讨[J].人口与经济,1982,3:28—33.

[475] 周一星.城市地理学[M].商务印书馆,1997.

[476] 周志坚."民工荒"与"刘易斯拐点"——以兰溪市农民工供求和工资情况的调查分析为例[J].当代社科视野,2008,3:36—39.

[477] 周祝平.人口红利、刘易斯转折点与经济增长[J].中国图书评论,2007,9:4—12.

[478] 朱杰.人口迁移理论综述及研究进展[J].江苏城市规划,2008,7:83—85.

[479] 朱宇,林李月,李亭亭等.中国流动人口概念和数据的有效性与国际可比性[J].地理学报,2022,77(12):2991—3005.

[480] 朱宇,余立,林李月等.两代流动人口在城镇定居意愿的代际延续和变化——基于福建省的调查[J].人文地理,2012,3:1—6.

[481] 朱宇.城市化的二元分析框架与我国乡村城市化研究[J].人口研究,2001,2:53—60.

[482] 朱宇.户籍制度改革与流动人口在流入地的定居意愿及其制约机制[J].南方人口,2004,3.

[483] 朱云.县域城镇化实践的差异化类型及其形塑机制[J].城市问题,2021,12:38—47.

[484] 朱战辉.欠发达地区县域城镇化对农民家庭生计的影响机制研究[J].华中农业大学学报(社会科学版),2021,6:146—154+193.

[485] 邹德慈.对中国城镇化问题的几点认识[J].城市规划学刊,2004,3:3—5.

[486] 左鹏飞,姜奇平,陈静.互联网发展、城镇化与我国产业结构转型升级[J].数量经济技术经济研究,2020,37(7):71—91.

附　　录

A. 关于"可比的分县市城乡流动人口数据库"的补充说明

首先,笔者建立的数据库的原始数据主要有三个来源:

(1) 1987 年、2000 年、2010 年《中华人民共和国全国分县市人口统计资料》,整理并计算可得的统计指标包括:户籍总人口、非农人口、非农化率;

(2)《2000 年普查分县资料》和《2010 年普查分县资料》,整理并计算可得的统计指标包括:总人口、城镇人口、城镇化率、教育程度、各职业人口、各行业人口、分三次产业的从业人口、家庭户数、家庭规模、总人口的各年龄组人口(0 至 85 岁以上,每 5 岁为一档)、总住房建筑面积等;

(3) 31 个省区的分省的《2000 年人口普查资料》和《2010 年人口普查资料》,整理并计算可得的统计指标包括:

- 市人口,市人口—人户分离人口(跨乡镇街道半年以上),其中市人口中的人户分离人口可按照来源进一步细分为:本县(市/区)流入、本省其他县(市、区)流入和省外流入三类;

- 镇人口,镇人口—人户分离人口(跨乡镇街道半年以上),其中镇人口中的人户分离人口可按照来源进一步细分为:本县(市/区)流入、本省其他县(镇、区)流入和省外流入三类;

- 城镇人口,城镇人口—人户分离人口(跨乡镇街道半年以上),其中城镇人口中的人户分离人口可按照来源进一步细分为：本县（市/区）流入、本省其他县（市、区）流入和省外流入三类；

● 乡村人口的各年龄组人口（0 至 85 岁以上，每 5 岁为一档）、乡村少儿抚养比、乡村老人抚养比、乡村总抚养比；

● 城镇人口的各年龄组人口（0 至 85 岁以上，每 5 岁为一档）、城镇少儿抚养比、城镇老人抚养比、城镇总抚养比。

其次，在搜集 2010 年数据资料时，发现的问题和笔者的解决方案如下：

（1）在整理 31 个省区的《2010 年人口普查资料》的市、镇人口过程中发现：河北省、江西省仅有城镇人口数据，而没有单独的市、镇人口数据；在辽宁省、湖南省、四川省、新疆维吾尔自治区四省份的分省人口普查资料中，只有地级市数据，没有详细分县数据。这四个省份只能依靠人口普查分县数据。笔者结合人口普查分县资料和各省人口普查分市资料用内插法进行修补。

（2）在整理 2010 年各县市户籍总人口和非农人口时，发现 2010 年《中华人民共和国全国分县市人口统计资料》中的阜阳、宿州、巢湖、六安、亳州五个市的数据明显存在错误，本书的方法是这五个市用 2009 年的数据。

再次，在明确资料来源的基础上，要使得各个时点的数据具有更好的可比性，主要是要在对比过程中还原 1987—2010 年间行政区划调整带来的人口统计口径的差异。笔者使用中国行政区划网（http://www.xzqh.org.cn/）公布的 1987—2010 年全国县级以上行政区划变更情况，主要针对两类情况进行处理，一类是"市管县"、撤县设区、撤县设市、撤地设市等只改变归属关系而不直接改变行政边界的情况；另一类是涉及 2 个以下乡镇合并、镇改街道等，不对县市一级的城镇人口统计造成大的影响的区划调整。实际上，大多数的区划调整都可以归入以上两类。笔者的方法是以 2010 年为标准，将 1987 年和 2000 年两个时间点的行政区划归属关系调整到 2010 年，使其在空间边界上具有较精确的可比性。

B. 关于"可比的分县市经济就业数据库"的补充说明

首先,笔者建立的数据库的原始数据主要来自四个来源:

(1) 1988 年、2001 年、2011 年的《中国城市统计年鉴》,整理并计算可得的统计指标包括:1987 年、2000 年、2010 年各地级市的国民生产总值、分三次产业的增加值;

(2) 2001 年的《中国县域经济统计年鉴》,整理并计算可得的统计指标包括:2000 年各县级市、县、旗的国民生产总值、分三次产业的增加值(《中国县域经济统计年鉴》在 2001 年以后不再统计地区生产总值,而是仅统计第一产业和第二产业总产值,为保持一致,不再采用);

(3)《2000 年人口普查分县资料》和《2010 年人口普查分县资料》,整理并计算可得的统计指标包括:各职业人口、各行业人口、分三次产业的从业人口等;

(4) 31 个省区的分省的 2011 年《统计年鉴》《经济统计年鉴》或《年鉴》,整理并计算可得的统计指标包括:各县市的国民生产总值、分三次产业的增加值。

其次,在搜集 2010 年数据资料时,发现数据存在的问题和解决方案为:

(1) 在 31 个省区的分省市的 2011 年统计年鉴数据收集中,发现天津市、内蒙古自治区、甘肃省仅有国民生产总值,而不分三次产业;北京市、山东省、西藏自治区统计年鉴中没有市县统计资料。本书的修补方法是,对天津市、内蒙古自治区、甘肃省、北京市、山东省、西藏自治区采用《2011 年县域经济统计年鉴》获得一二产增加值,北京市、山东省、西藏自治区在各地《年鉴》或《发展年鉴》中摘得分县市的国民生产总值,进而推算第三产业增加值。

(2)《2000 年人口普查分县资料》和《2010 年人口普查分县资料》对行业的分类略有差异,笔者将两者进行一定的归并调整,统一为十一个门类,即

- 一产：农、林、牧、渔业；

- 二产：采掘业；制造业；电力、煤气及水的生产和供应业；建筑业、交通运输、仓储及邮电通信业；

- 三产：批发和零售贸易、餐饮业；金融业；房地产业；社会服务业；卫生、体育和社会福利业和教育、文化艺术及广播电影电视业；科学研究和综合技术服务业和地质勘查业、水利管理业；公共管理、社会组织等其他行业。

最后，在明确资料来源的基础上，要使得各个时间点的数据具有更好的可比性，主要是在对比过程中还原了 1987—2010 年间的行政区划调整带来的人口统计口径的差异。方法同附录 A。

后　记

　　本书的出版是笔者多年来学术研究的一次总结与阶段性成果。研究过程中的每一个阶段都充满了挑战和收获,感谢在这一过程中给予帮助和支持的每一个人。本书编写思路和提纲由陈晨、赵民拟定;第1章由陈晨、赵民撰写;第2章由陈晨、王灿、刘竹阳、李思颖撰写;第3章由陈晨、刘竹阳撰写;第4章由陈晨、刘竹阳、聂中义、王灿、李思颖撰写;第5章由赵民、陈晨撰写;第6章由陈晨、王培安撰写;第7章、第8章由陈晨、聂中义撰写;第9章主要由陈晨、张雨迪撰写;第10章由陈晨、赵民撰写;全书由聂中义协助修正与完善,最终由赵民、陈晨定稿。

　　希望这本书能够对相关领域的研究者有所帮助,并且能够引发更多的讨论和研究。笔者深知学术研究是一个不断进步和完善的过程,本书中的不足之处在所难免,诚挚希望各位读者不吝赐教,提出宝贵的意见和建议。

陈晨、赵民

2025 年 3 月 8 日

图书在版编目(CIP)数据

中国城镇化发展中的人口流动研究 ：特征、机制与
启示 / 陈晨，赵民著. -- 上海 ：上海人民出版社，
2025. -- ISBN 978-7-208-19601-8

Ⅰ. C924.24

中国国家版本馆 CIP 数据核字第 2025B71U94 号

责任编辑　赵　伟　陶听蝉
封面设计　胡　斌　刘健敏

中国城镇化发展中的人口流动研究:特征、机制与启示
陈　晨　赵　民　著

出　　版	上海人民出版社	
	（201101　上海市闵行区号景路 159 弄 C 座）	
发　　行	上海人民出版社发行中心	
印　　刷	上海商务联西印刷有限公司	
开　　本	635×965　1/16	
印　　张	17.25	
插　　页	2	
字　　数	232,000	
版　　次	2025 年 8 月第 1 版	
印　　次	2025 年 8 月第 1 次印刷	

ISBN 978 - 7 - 208 - 19601 - 8/C・745

定　　价　　72.00 元